沪江大学校门及理学院院长郑章成题写的校名

在沪江大学原址上发展起来的上海理工大学(王博/摄)

沪江大学的校徽和校训（左）。上海理工大学校训（右）沿用了其中的"信义勤爱"

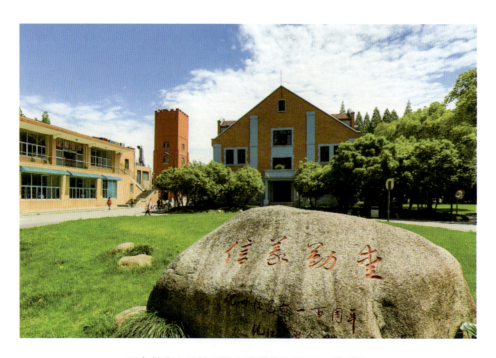

百年校庆之际沪江校友赠送的校训石（王博/摄）

从明媚灿烂的笑容中感受历史的温度。1937届的王辛南在当时的沪江大学化学实验室（吴元骠供图）

20世纪20年代的沪江大学科学馆(原件存于美国纽约协和神学院伯克图书馆)

沪江大学第一任化学系主任梅佩礼和首任中国籍化学系主任徐作和（来源：1921年、1925年《沪江年刊》）

1924届的张资珙先生。一生致力于教育事业、桃李满天下，培养了卢嘉锡院士、王佛松院士、刘更令院士、查全性院士、游效曾院士、应崇福院士、江元生院士、梁骏吾院士、范云六院士、陈文新院士

2013年,汪尔康院士(中)八十华诞之际,上海理工大学校友会潘淑平处长(左二)和化学系主任周仕林副教授(左一)、缪煜清教授(右一)前往拜贺时与汪尔康院士伉俪的合影

昨日沪江校园,今朝上理美景1(顾铮先/摄)

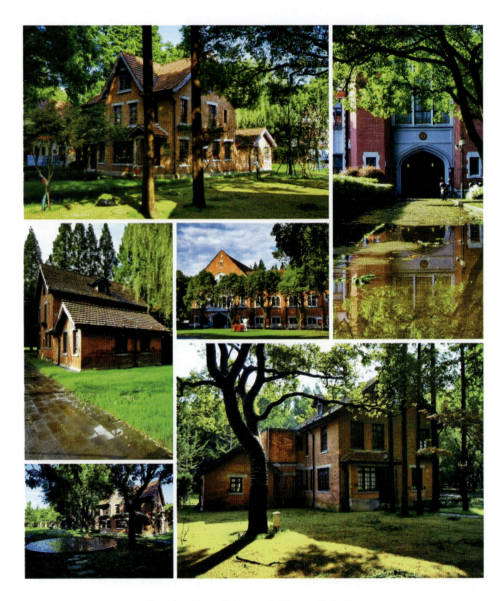

昨日沪江校园,今朝上理美景 2(顾铮先/摄)

上海理工大学一流本科系列教材

沪江大学化学史

缪煜清　王细荣　刘德强 ◎ 编著

中国科学技术大学出版社

内 容 简 介

沪江大学化学系走出了许多化学界的前辈与先贤。他们是中国化学事业的奠基人与开拓者;他们胸怀家国天下,或投身抗战、保家卫国,或参加革命、为党为民,在国家危难之际、在新中国建设和改革开放过程中做出了巨大的贡献。本书是对沪江大学化学系历史的全面梳理和总结,介绍了学校历史、办学理念、优秀师资、杰出校友以及轶事回忆等内容。

本书适合中国化学史、中国科技史、中国高等教育史的研究者和爱好者阅读,可作为大学化学、材料、环境、医药等相关课程的思政素材,也可以作为中小学化学教育科普读物和爱国主义教育参考书。

图书在版编目(CIP)数据

沪江大学化学史/缪煜清,王细荣,刘德强编著.—合肥:中国科学技术大学出版社,2021.10
ISBN 978-7-312-05270-5

Ⅰ.沪… Ⅱ.①缪… ②王… ③刘… Ⅲ.沪江大学—校史 Ⅳ.G649.285.1

中国版本图书馆 CIP 数据核字(2021)第 147570 号

沪江大学化学史
HUJIANG DAXUE HUAXUE SHI

出版	中国科学技术大学出版社
	安徽省合肥市金寨路96号,230026
	http://press.ustc.edu.cn
	https://zgkxjsdxcbs.tmall.com
印刷	安徽省瑞隆印务有限公司
发行	中国科学技术大学出版社
经销	全国新华书店
开本	710 mm×1000 mm 1/16
印张	17
插页	4
字数	323 千
版次	2021 年 10 月第 1 版
印次	2021 年 10 月第 1 次印刷
定价	80.00 元

序 一

我的青少年时代是在日寇侵略的战乱中度过的。1937年9月,我随父母由北平逃难到上海,先后入读沪上几所中学,1942年于三育中学高中毕业。还记得当年兼课的一位桂姓老师,他讲授的化学课十分贴近日常生活,生动有趣,还穿插着不少有机化学的知识,让我非常着迷。后来入读沪江大学化学系,与桂老师的化学启蒙颇为相关。

1942年,我考入沪江大学化学系。彼时,因淞沪会战失利、上海沦陷,沪江大学早已被迫撤离杨树浦校区,以位于公共租界内的城中区商学院真光大楼作为全校的临时校舍,办学条件受到了极大的限制。当时,我们去实验室做化学实验,要走到另外一幢大楼,在真光大楼和广学会大楼之间跑来跑去,非常不便。尽管如此,当时的化学系唐宁康先生仍然非常重视实验,认为应当实践在先。他和李君武先生一起克服困难,开设了很多实验课程。我也得以完成了很多化学实验,颇有收获。当时课间时间很长,一堂课结束,下一堂课也许要一个小时后才开始。课间休息时,同学们就跑到外滩公园休息看书。租界外炮声隆隆,租界内的学子尽可能抓紧一切时间学习。

此后由于战事吃紧,我于1943年4月抵达重庆,同年9月进入西迁贵州的浙江大学化学系借读,并于1947年毕业。新中国成立后,我到中国科学院上海有机化学研究所工作,并于1993年当选为中国科学院学部委员(院士)。多年来,我在有机化学方面取得了一点点成绩,党和国家也给了我很多荣誉,这一切都离不开母校的培养和教育,希望自己能为国家贡献更多的力量,为母校争光。

在沪江大学原址上发展起来的上海理工大学,秉承了沪江大学的精神,让我非常感动。这些年来,我也经常应邀前去上海理工大学和师生交流,看到美丽的校园,不由得回忆起年少时的求学生活。特别是《沪江大学化学史》这本书对历史进行了详细的考证,对当年的办学细节进行了仔细的还原,让我想起恩师唐宁康先生、李君武先生,想起和戴行洲、孙曾培、沃文翠、许菊、林英棣、张锦芳、张耀忠等老同学相处的时光,想起那些共同学习的日子,心中充满了美好的回忆。

感谢缪煜清、王细荣、刘德强三位老师的用心,愿沪江大学化学系的精神能在上海理工大学得到传承与发扬,相信上海理工大学化学系一定会腾飞奋进,再创辉煌!

戴立信

2020 年 10 月 20 日

序　　二

1949年,16岁的我有幸考入沪江大学,在那里度过了难忘的大学时光。《沪江大学化学史》这本书让我的思绪回到了久远的过去,让我想起了那些美好的青春时光,想起母校美丽的校园、浓郁的学习氛围、丰富的校园活动和温暖活泼的校园文化。

想起那些可敬的师长。想起徐作和先生、唐宁康先生、韩组康先生、吴浩青先生,他们亦师亦友,教给我科学知识和做人做事的道理,是我走上科学之路的引路人,也一直是我成长过程中的陪伴者;想起唐宁康先生的启发式教学和生动活泼的授课方式,正是在他的影响下,我对化学产生了浓厚的兴趣,并坚定了一生从事化学科学研究的决心;想起我在外国留学期间,韩组康先生在和我的导师、诺贝尔奖得主海洛夫斯基的通信中,多次表示对我的欣赏与支持。

忘不了我的老同学们,我们一起学习、一起参加各种校园活动。因为我的年龄较小,同学们对我关爱有加。还记得大二时,我的右眼在实验中不小心被烧伤了,大家积极捐款,爱心相助。想起这些,心中仍然充满感动与温暖。

中华人民共和国成立之初,国家百废待兴,各行各业急需人才。学校响应国家号召,决定让1949年入学的学生提前毕业,和1948年入学的同学一起,分配到祖国最需要的地方去。大西北、大东北、大江南北……哪里有需要,哪里就是我们落脚的地方。19岁的我带队,和谢洪泉、胡壮麒、廖世健、向仁英、姚克敏、李松灿、顾蕙祥、唐运千、杨静芳、董明珏、王桢枢、杨紫雯、赵鸣玉、李淑贞等15位沪江大学化学系毕业生,在1000多名浙江和上海的大学毕业生大团队中共乘火车专列于1952年9月15日来到沈阳,分配到东北各地参加经济建设。随后,沈之荃同学也调来长春应用化学研究所。同学们在祖国的四面八方、各行各业都做出了突出的成绩，成为母校的骄傲。

  早在2004年，我就和本书作者缪煜清同志认识并交流。2012年也曾应他邀请回到母校参观访问。他是一位富有人文情怀的化学工作者，对沪江大学化学系的历史如数家珍。也就是在那时，他开始着手撰写《沪江大学化学史》。本书内容厚重、细节丰富、考证翔实，真实再现了当时沪江大学化学系的整体风貌，也让我得以比较全面地了解沪江大学及其化学系的辉煌历史。这本书为校友记录了难忘的历史，为后人留下了宝贵的记忆，正如书中所言："回顾过去，仰望未来"。相信这本书一定能为年轻学者或在校学生带来收获！

  感谢本书作者缪煜清、王细荣、刘德强三位同志！感谢上海理工大学对沪江精神的传承与发扬！

江雷
2020年10月10日

前　　言

回顾历史是为了展望未来！

沪江化学，人才济济，从中走出了众多的知名学者和业界精英。先后在沪江大学任教或求学的有纪育沣、王序、郭慕孙、汪尔康、胡壮麒、沈之荃、戴立信、黄葆同、刘元方、吴浩青、侯祥麟等11位院士，以及中国早期化学领域的先驱王箴、韩组康、徐作和、顾毓珍、程耀椿等。有生物化学家、北京大学原校长张龙翔教授，化学教育家王箴教授、张资珙教授。有中国液体燃料与油脂化工先驱顾毓珍、中国液体燃料先驱卞柏年，中国油脂化工先驱贺闿、郁彼得、秦洪万，民族化工实业家及行业先驱，如天厨味精吴志超、印染化工舒昭圣、石粉化工马任全、玻璃工业徐肇和以及水泥行业泰斗陆宗贤等。

沪江化学的血脉融入了复旦大学、华东理工大学、同济大学、华东师范大学、浙江大学、武汉大学、厦门大学、上海有机化学研究所、上海生物化学研究所、长春应用化学研究所、大连化学物理研究所……开枝散叶，一脉相承！

回望过去，仰慕先贤，这曾经的荣耀与辉煌，承载着怎样的梦想！

在沪江大学原址上发展起来的上海理工大学继承了沪江精神——校训"信义勤爱"，化学系也秉承沪江大学化学系的精神，求真求义，为中国化学的振兴而奋进！

愿有一日，上海理工大学化学系的振兴能够重现沪江大学化学系曾经的荣耀！

缪煜清

2020 年 4 月 5 日

目　　录

序一 ·· (i)

序二 ·· (iii)

前言 ·· (v)

第一章　历史总览 ·· (001)

　一、1900~1911：初创成形 ····························· (003)

　二、1911~1927：发展壮大 ····························· (006)

　三、1927~1937：兴盛发达 ····························· (009)

　四、1937~1945：动荡坚守 ····························· (011)

　五、1945~1949：修复重启 ····························· (013)

　六、1949~1952：院系调整 ····························· (015)

　七、1952~2006：薪火相传 ····························· (016)

　八、2006年至今：继承发扬 ··························· (017)

第二章　办学理念 ·· (019)

　一、优秀的管理 ·· (021)

　二、中美协同办学与教授治校 ························· (024)

　三、雄厚的师资 ·· (026)

　四、严格的管理 ·· (026)

　五、视野开阔、中西结合、科学人文互通 ········· (027)

　六、奖学金和勤工俭学制度 ···························· (036)

　七、硬件建设 ··· (037)

　八、师生关系融洽、业余活动丰富 ·················· (042)

　九、校友会 ·· (045)

十、社会服务 …………………………………………………… (046)

第三章　优秀师资 ……………………………………………… (049)
　　一、沪江大学理科与化学系历任领导 …………………………… (051)
　　二、沪江大学化学系优秀师资 …………………………………… (052)
　　三、优秀师资代表 ………………………………………………… (055)

第四章　学生名单 ……………………………………………… (083)

第五章　杰出校友 ……………………………………………… (095)
　　一、中国学术团体的创始人或先驱 ……………………………… (097)
　　二、期刊编辑 ……………………………………………………… (100)
　　三、民族化工或中国化学的创始人或先驱 ……………………… (101)
　　四、院士 …………………………………………………………… (101)
　　五、科研院所与高校领导 ………………………………………… (103)
　　六、国务院政府特殊津贴享受者、全国人民代表大会代表与劳动模范 … (104)
　　七、省部级领导 …………………………………………………… (105)
　　八、上海市化工行业优秀人才 …………………………………… (105)
　　九、杰出校友代表简介 …………………………………………… (106)

第六章　轶事回忆 ……………………………………………… (231)
　　沈之荃院士一家三代的母校情结 ………………………………… (233)
　　忆沪江大学化学系前后三位系主任 ……………………………… (235)
　　点滴回忆和感言 …………………………………………………… (236)
　　感恩母校哺育，回馈社会国家 …………………………………… (241)
　　谦谦学者风范　殷殷爱国情怀 …………………………………… (244)
　　砥砺前行六十载　久久为功今犹璨 ……………………………… (246)

第七章　薪火相传 ……………………………………………… (251)
　　沪江美文，上理名言 ……………………………………………… (254)

参考文献 ………………………………………………………… (256)

后记 ……………………………………………………………… (258)

第一章

历史总览

沪江大学源起1900年,正式成立于1906年,至1952年院系调整停办,历经46年。沪江大学化学系的发展历程大致可分为八个时期:

一、1900～1911:初创成形

1900年庚子之乱期间,美南浸信会华中差会和美北浸礼会华东差会成员在上海避难,其间达成共识,决定联合创办一所大学。1901年,美北浸礼会华东差会传教士柏高德(J. T. Proctor Bai)博士正式起草声明并递交总部。1905年,双方总部通过了联合办学并列设立一所神学院和一所大学的决议,两所学校在同一个校园,由同一个董事会管理,但有各自的校长和教员。

1905年,清政府废除了基于四书五经的旧科举制度,制定了一套基于西方和中国知识体系的新学制,西学开始在中国学生中大受欢迎。

考虑到当时的圣约翰大学在上海西部已经颇有根基,1905年美南浸信会传教士万应远(Robert Thomas Bryan)博士等人决定在上海东北部的黄浦江畔购置一块荒滩土地筹办学校。

1906年,上海浸会神学院(Shanghai Baptist Theological Seminary,也称"上海浸会道学书院")先行在北四川路租地临时开办,万应远受聘为校长,魏馥兰(Francis John White)是神学院的第一位教授,1917年学院改名为神道学校。

同年,上海浸会大学堂(Shanghai Baptist College)成立,校长是柏高德。1908年,由魏馥兰等人负责的第一幢建筑思晏堂建成。思晏堂兼作教室、办公室、教堂和学生宿舍(图1.1)。1909年春,学校正式开学,学生主要来自上海、苏州、杭州、宁波、汕头等地的浸信会学院以及地方中学,年龄在15至25岁之间,每学期学费60块大洋。学校成立之初,师资仅有柏高德和乐灵生(Frank Rawlinson,图1.2)两位传教士和两名中国教师,乐灵生是学校的第一位教授。此时师资既不专业,也不稳定。

图 1.1　沪江大学思晏堂

（约摄于 1909 年）

图 1.2　沪江大学首位理科教师乐灵生

（来源:《慈幼月刊》1930 年第 5 期）

上海浸会大学堂开设的是一套六年制的课程(图 1.3),学生学成后可获文学士学位。学校开办之初实施的是博雅教育(liberal education,也称“完整教育”“自由教育”或“通识教育”),不分专业,所有课程都是必修的。首任校长柏高德宣称:“学校的首要目标是提供广泛的博雅教育,并且我相信这种教育是可以彻底基督教化的。”起初即有理科(又称格致或自然科学)之设,由乐灵生任教,他调走后由中国教员负责。课程分配有四年算学、一年化学、一年物理、一年天文、一年生理卫生。化学已设无机化学和有机化学。可以说,在分科之前,几乎所有学生都曾接受过化学方面的教育和训练,这些学生中涌现出不少化学、化工以及其他领域的先驱和大家。

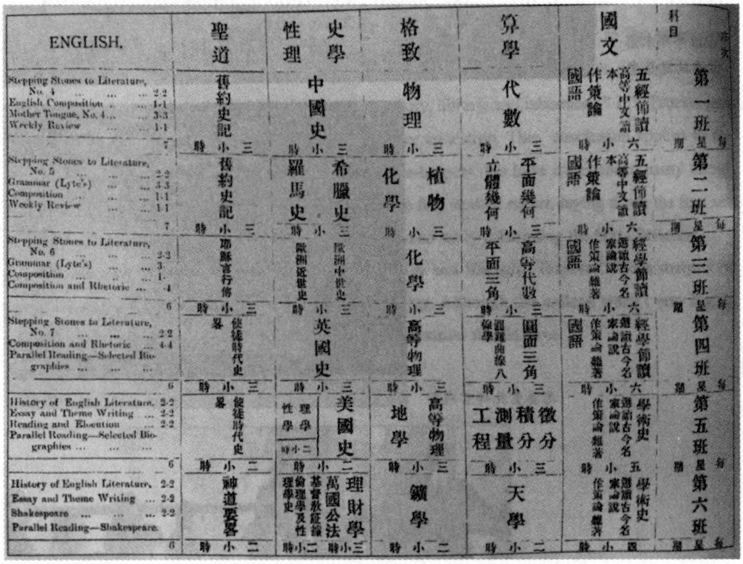

科目	國文	算學	格致	史學 性理	聖道	ENGLISH.
第一班 每星期	五經節讀 高等中文讀本 作策論 國語 六小時	代數 三小時	物理 三小時	中國史 三小時	舊約史記 三小時	Stepping Stones to Literature, No. 4 ... 2-2 English Composition ... 1-1 Mother Tongue, No. 4 ... 3-3 Weekly Review ... 1-1 7
第二班 每星期	五經節讀 高等中文讀本 作策論 國語 六小時	平面幾何 立體幾何 三小時	植物 化學 三小時	希臘史 羅馬史 三小時	舊約史記 三小時	Stepping Stones to Literature, No. 5 ... 2-2 Grammar (Lyte's) ... 3-3 Composition ... 1-1 Weekly Review ... 1-1 7
第三班 每星期	經學節讀 選讀古今名家論說 作策論雜著 國語 六小時	高等代數 平面三角 三小時	化學 三小時	歐洲中世史 歐洲近世史 三小時	耶穌言行傳 三小時	Stepping Stones to Literature, No. 6 ... 2-2 Grammar (Lyte's) ... 3 Composition ... 1- Composition and Rhetoric ... -4 6
第四班 每星期	經學節讀 選讀古今名家論說 作策論雜著 國語 六小時	圓面三角 圓錐曲線 八線學 三小時	高等物理 三小時	英國史 三小時	使徒時代史 畧 三小時	Stepping Stones to Literature, No. 7 ... 2-2 Composition and Rhetoric ... 4-4 Parallel Reading—Selected Biographies ... 6
第五班 每星期	學術史 選讀古今名家論說 作策論雜著 五小時	微分 積分 測量 工程 三小時	高等物理 地學 三小時	美國史 二小時；理學 性學 二小時	使徒時代史 畧 二小時	History of English Literature, 2-2 Essay and Theme Writing ... 2-2 Reading and Elocution ... 2-2 Parallel Reading—Selected Biographies ... 6
第六班 每星期	學術史 選讀古今名家論說 作策論雜著 四小時	天學 二小時	礦學 二小時	理財學 三小時；萬國公法 基督教徵論 倫理學及性理學史 二小時	神道要畧 二小時	History of English Literature, 2-2 Essay and Theme Writing ... 2-2 Shakespeare ... 2-2 Parallel Reading—Shakespeare. 6

图 1.3　1910 年上海浸会大学堂的课程表

(来源:吴禹星《大哉沪江》)

1910 年,梅佩礼(Fred Carleton Mabee)就职,意味着专业化学教师的到来。1911 年,学校设有化学、物理、植物学、动物学、地质学等学科。那时教师用英文授课,轻视中文。由于梅佩礼的专业为化学,此后化学得以重点发展,甚至还开设了国内急需的化工专业,这也和梅佩礼重视“学习的实际意义”有关。

这个阶段,海波士(Lydia Brown Hipps)称之为沪江大学“奠定坚实基础”的阶段,郑章成则称之为沪江大学理科的“草创之时期”。

二、1911~1927：发展壮大

1911年至1927年，中华大地大致经历了辛亥革命、清朝灭亡和中华民国成立，以及军阀混战和民族工业兴起。这一时期也基本对应魏馥兰校长的任职时段（1911~1928），被海波士称为沪江大学"成长的岁月"。

1911年，上海浸会神学院与上海浸会大学堂合并为上海浸会大学暨道学书院（Shanghai Baptist College and Theological Seminary），由美北浸礼会传教士魏馥兰担任校长，一批受过专业训练的传教士教师陆续进入学校，形成较为稳定的办学格局。

1913年，郑章成和邬志坚从上海浸会大学暨道学书院毕业。他们是沪江大学历史上的第一届毕业生，后赴美留学深造。

1914年春，已合并的两校正式确定中文名为"沪江大学暨道学书院"，英文名为"Shanghai Baptist College and Theological Seminary"。1915年，校董会决定将中文校名改为"沪江大学"，英文名改为"Shanghai Baptist College"，简称"Shanghai College"，并确定校训为"信义勤爱"。

辛亥革命推翻了封建专制统治，建立了中华民国，为中国民族工业的发展扫除了一些政治上的束缚和障碍。群众性的反帝爱国斗争此起彼伏，特别是"爱用国货"的口号，既抵制了帝国主义的侵略，也刺激了民族工业的发展。1914年至1918年第一次世界大战期间，欧洲各国忙于厮杀，无暇东顾，暂时放松了对中国的经济侵略，使在夹缝中生存的中国民族工业得到了一次发展的机会，出现了民族工业发展的"黄金时代"，民族资本主义工商业迅速发展，国家对于先进技术和技术人才的需求极其紧迫，沪江大学也顺应时代进入快速发展时期。

沪江大学的理科专业最初只有普通物理学、化学、生物学等，1915年开始有定性分析化学、生理学、卫生学，1916年又增加了定量分析化学、物理化学（图1.4）。

1916年，沪江大学改变原先的通识课程设置，规定从1916年起实施"选科制"（group system，也叫"分科制"，图1.5），设有教育与文学科（又称"文科"）、社会学科（又称"社会科"）、格致科（又称"理科"或"自然科学科"）、宗教科（又称"神学科"）

4门学科。其中格致科设化学、物理、卫生、生理、生物、天文、地质、算术8科。这意味着改变了传统的以文科为中心的美国人文教育模式，让学生能够根据自己的兴趣和社会需要在职业导向下学习。是年起，招生也不再局限于江浙地区而逐渐推广到全国9个省份。1917年，沪江大学毕业生获准由美国弗吉尼亚州颁发学位证书。

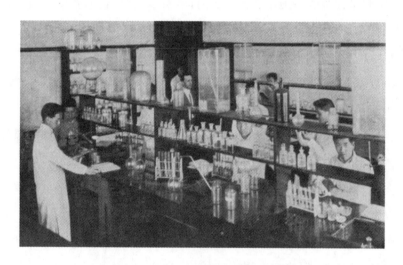

图1.4　1916年的沪江大学化学实验室

（来源：*Shanghai Baptist College*：*Photos and Facts*。本书由The American Presbyterian Mission Press于1916年出版）

◎滬江大學實行分科制

楊樹浦滬江大學 自魏馥蘭博士董景安君任校長以來校務蒸蒸日上先後畢業廿餘人或出洋或入政界或充教員以開辦十年之學校而有此斐然之成績實不易多覯惟其性質祇為文學科殊不足以造就專門人材以供中國今日之需用該校校長董事部及美國浸禮會等有鑒於此特於今年起實行分科制度 先分四科（一）教育與文學科 專為造就教授中學校之英文文學教員及專求歐美文學者而設由文學兼教育學碩士汪宗海及普荷福學士等教授之（二）社會學 此科專為四種人士而設（甲）入政界者（乙）入商界者（丙）教授此學者（丁）熱心社會事業謀從事於社會之建設改革者此科內容甚廣凡政治法律宗教歷史哲學經濟等皆合之特請由美國勃朗大學社會學碩士葛學溥主任教授畢業生巖恩椿等副之（三）格致科 內有化學物理衛生生理生物天文地質算術等八科專為造就中學校之格致教員及繼續研究專門學術者而設由美國哈佛大學格致碩士梅佩禮英國醫學博士雷蘆休及大學士伊文思楊家時樓秋生等教授（四）神學科 由道學博士魏馥蘭碩士勃朗來大學士普荷福等主教此科專為研究基督教真理從事教會青年會而設凡讀畢大學科一年級後皆得自由選擇一科以期學有所專畢業以供社會需用並受大學士學位以資鼓勵凡向該校索閱此項章程者須附郵票二角云

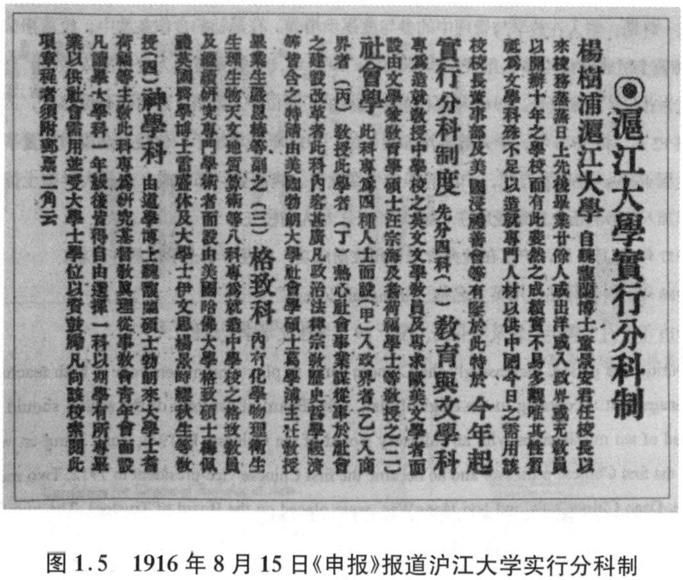

图1.5　1916年8月15日《申报》报道沪江大学实行分科制

1918年，沪江大学调整分科为教育学科、社会学科、理科、宗教科、国文科。

沪江大学第一届毕业生郑章成，1919年自美国学成归国后开创了沪江大学生物学系，并重点发展医学预科，学生毕业后可直接进入医学院正科。徐作和也于1919年进入化学系，成为继梅佩礼之后的支柱力量。郑、徐二人是沪江大学第一批受到西方科学训练的中国籍教授。此时，各系专任教席、助教仅一两人；实验室设备仪器、图书资料、学科教材也只是满足基本需求而已。

沪江大学是在文科基础上发展理科的，最初仍只授予文学士学位（B. A.），1920年决议从本年秋季一年级开始，凡毕业于理科者，可获得理学士学位（B. S.）。此时理科分为工业化学科、医学预科、格致师范科。

工业化学科旨在培养分析家、化学家、化学工程师。除了基础科学课程之外，还设有定量分析化学、分析化学、有机化学、物理化学和工业化学等科目。

医学预科（即医学先修科）的课程包括化学、物理、生物，以及公共必修课数学、中文、英语等，使学生满足国内外医学院一年级的入学要求。

格致师范科的课程在每门基础、科学课程至少两课之外，还包括心理学、社会学、中等教育、实践教学，使学生能胜任中小学教师。

实验室及教学仪器设备是发展理工科的必需条件。经过多年的筹划和募捐，沪江大学于1921年建成了科学馆，无论是馆舍还是内部设备都达到了当时国内最先进的水平，为理工科的发展提供了坚实的保障。化学系所设24门课程中，有21门包含实验课。这个阶段，沪江理科可以称为郑章成所说的"试验之时期"。1921年，学校增设了普通科和商科，前者适合那些还没有决定其终身事业或希望有广泛选择的学生，后者则是迎合上海及中国其他城市对商业经理人的巨大需求。

1923年，沪江大学的学科被确定为综合、教育、社会科学、自然科学（理科）、宗教、商业管理六科，进一步确定理科培养的方向为医学预科、格致师范和工业化学。1924年，学校正式开始授予理学士学位，学生欲得理学士者，除必修两年普通课程外，还须在各自系科再修业两年。当时教科书均为英文原版书。化学课程有六种，除物理化学外，都开有实验课。其时科学馆内设有工业化学研究所（工业研究实验室），专备上海各工厂之实验，持续了两年时间。

20世纪20年代初期，化学系化工专业得到了重点发展，学校聘请了一批化工专家作为顾问,并经常邀请相关社会专家来校演讲。1925年始任系主任的徐作和还开设了工艺化学课,内容涉及日常用品的各个方面,如肥皂、颜料、纸革、油漆和化妆品等,并经常组织学生到一些化工厂参观并要求撰写参观报告,这些化工厂涉及糖、水泥、皮革、煤气、漆胶、染料、玻璃等日常生活的各个方面。这一措施让学生更直观地认识到化工工艺在现实生产中的体现和应用以及化工在日常生活中的重要性。这一时期是沪江大学化学系从创立逐渐走向成熟的阶段。结合当时社会状况,学校采取的一系列发展措施,基本上确立了化学系的实用发展方向。

沪江大学选科制的实施是其从小型学院发展为正规大学的转折点。通过把高等教育和职业育人相结合,沪江大学逐渐形成了自己的应用性学科的特色,特别是化学紧密结合社会实际需要,受到了社会的广泛欢迎。

三、1927～1937:兴盛发达

1927年至1937年是南京国民政府执政的十年,也大致对应沪江大学第一任中国籍校长刘湛恩执掌沪江大学的时期(1928～1938)。

五卅运动之后,反帝爱国情绪高涨,北京政府教育部于1925年公布了《外人捐资设立学校请求认可办法》,规定这些学校的校长必须是中国人;如校长原为外国人,必须由中国人担任副校长;学校董事会中的中国人数目应过半;学校不得以传布宗教为宗旨,不得将宗教科目列入必修课。这些规定促使了沪江大学从教会大学向世俗高校的转变,也迎来了中国人自己管理沪江大学的开端。

魏馥兰校长积极响应新政策,随即提出辞呈,并宣布:"沪江大学旨在服务中国。无论在何种情形下,必尊视中国的法律和主权,故必须注册,并且使此校早日为一完全中国人之学校,归中国人自办,并绝对的有利于中国人。"

1928年2月,刘湛恩校长就职,他提出"学术化、人格化、职业化及平民化"的"四化"办学模式(图1.6)。在以"大学的使命"为题的演讲中,宣称大学具有培养人才、研究学术和改造社会的三重使命。

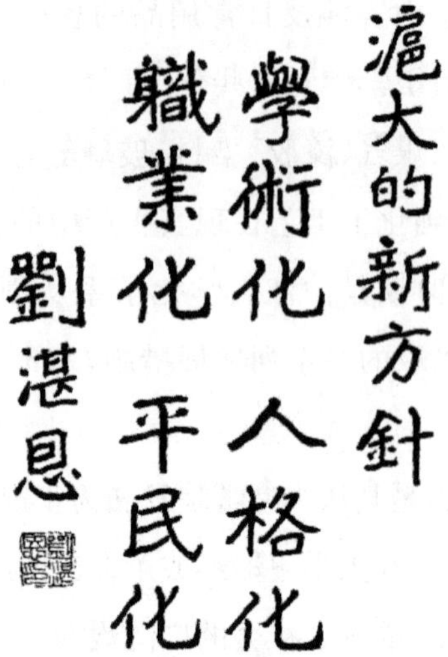

> 沪大的新方针
> 学术化 人格化
> 职业化 平民化
> 刘湛恩

图 1.6　刘湛恩在 1928 年《沪江年刊》上关于办学模式的题词

(来源：《沪江戊辰年刊》)

1927 年至 1937 年，南京国民政府在政治、外交、军事、经济、文化、教育、社会、边疆民族政策等各方面皆取得了一定成就。与此同时，沪江大学的发展也达到了一个引人瞩目的高峰。

1929 年，国民政府正式批准沪江大学立案，并更名为私立沪江大学。由此，沪江大学作为一所私立大学正式融入中国的高等教育系统，所颁发的学位得到了政府的承认。教育部每年提供津贴，学校的仪器设备、图书杂志、博物馆、实验室、课程实验等也不断完善。沪江大学在刘湛恩的领导下开启了全盛的十年。这一阶段，郑章成称为沪江大学理科的"兴奋之时期"。

在当时"职业化"的学科发展理念的影响下，沪江全校分文、理、商三院，其中理学院下设生物、物理和化学三系。学生选择一系为专修科，学业为期四年。各系分设专修课程，除普通中英文外，无需涉及他院别系课程。自此由广泛之"完整教育"变为狭义专门。此时化学系设有 26 门课程。

1931 年，沪江大学将英文校名更为"University of Shanghai"，取消了原英文校名"Shanghai Baptist College and Theological Seminary"中的"Baptist""Seminary"等词。

由于国民政府只承认世俗教育而不承认宗教教育,伴随着沪江大学的快速发展,神学院逐步萎缩。1935年神学院停办,代之以一个宗教学科。因宗教而兴起的沪江大学慢慢地转移到世俗教育的方向,为中国培养了一批接受先进西式教育的科技、管理等方面的人才。

20世纪30年代初,国民政府从"国家需要"出发,制定了增设和强化理、工、农、医等"实科"的政策。1933年,沪江大学的五年规划明确将"化工"列为其几个职业化发展的学科之一。1934年,沪江大学理科的招生人数已位列各私立教会大学之首。化学作为沪江大学理科专业的典范,自然成为其理科发展的领头羊。1936年,理学院院长郑章成提出的"大学理科的四使命"之第三使命为"以研究科学之成果,作为人类日常之应用……介绍新学说、新方法,俾国内工艺制造家,有所借镜。"这些主张又从主观上促进了化学学科实用取向的稳固和进一步发展。

四、1937~1945:动荡坚守

这一阶段是中国全面抗战的艰难时期,海波士称之为沪江大学"生存斗争"的阶段。

1937年8月开始的淞沪会战失利,上海沦陷,沪江大学被迫撤离杨树浦校园,以位于公共租界内的城中区商学院作为全校的临时校舍,办学条件受到了极大的限制。1938年,沪江大学加入"华东基督教联合大学"后,化学系与理学院的其他学生在联合大学租借的慈淑大楼五楼上课,并与其他三所大学共用图书馆和实验设备(图1.7)。据1939年12月23日的《总汇报》报道,约1936年成立的沪江大学化学会,于12月22日下午在沪江大学所属的慈淑大楼五楼522号房间举行联谊大会,与会学生极为踊跃,会场颇为热闹。当时的办学条件十分困难,各校每位系主任都希望回到自己的校园,摩擦和误会时有发生。有一次,圣约翰大学的工作人员认为"沪江大学的教师惯于要多出课堂所需的材料量",而沪江大学教师李君武则报告说,她要的用量是按照教科书规定的,她提前一星期就通知了材料间,但后者只准备了五分之一的量,耽误了实验课。当时,沪江大学的师资也严重不足,像化学系这样的大系也只有一个教师顶着,一人要上七门课和实验课,工作量之大可以想见。戴立信院士回忆其1942年考入沪江大学化学系,不到一年便转到圆明园路上课,其间去做化学实验时,要走到另外一幢大楼。在真光大楼和广学会大楼之间跑来跑去,非常不便。尽管如此,戴立信还是完成了很多化学实验,颇有收获。

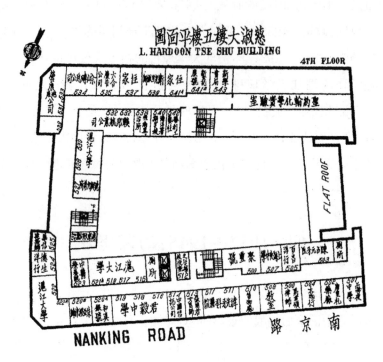

图1.7 沪江大学所在的南京路慈淑大楼5楼平面图
(来源:1939年版《上海市行号路图录上册》)

1938年,刘湛恩校长遇刺身亡。

1941年,太平洋战争爆发后,上海租界沦陷,教会联合大学解散。1942年,沪江大学被迫作出了学校无限期停办的决议,沪江大学同学会决议组成立"沪江书院",由郑章成先生主持教务。书院在战火中延续了沪江的火种,化学系仍然是其规模最大的一个系,在保持"职业化"特色的同时,突出化工特色。书院在刘澶镇的主持下开设了一系列工业化的课程(包括工业化学、技术分析、化学工程等),并从上海协会租用实验设备,使得书院能在实验方面提供最优质的教育。

这个时期,战火使得国内民族工业受到重创,化学系随着学校辗转颠簸,教学条件亦在此环境下严重缩水,但师生们始终秉承传统、奋斗不息,涌现出一大批优秀学子,其中包括后来当选为中国科学院院士的郭慕孙、黄葆同、戴立信等。这些优秀学子成为抗战胜利后恢复祖国建设的中坚力量。

五、1945～1949:修复重启

1945年至1949年,沪江大学修复重启。这一阶段对应解放战争与中华人民共和国成立时期,海波士称之为"大学的重建"与"共产主义的兴起"。

1945年,日本政府正式宣布无条件投降,沪江大学随即宣布恢复办学。1946年,沪江大学返回杨树浦校园并正式开学,校董会正式选举凌宪扬为大学校长。此时,理学院下设有化学(附工业化学)、生物学(附医、护士学预科)、物理学(附电气工程)各系。化学系仍由唐宁康任主任,除原有从事有机化学的陶桐外,新聘了获布朗大学博士学位的卞柏年和浙江大学毕业的吴浩青等。但是,由于化学系学生人数较多,而当时沪江大学规定每系只能有两个半教授,因此课程开设捉襟见肘。为解决学校化学系教授职数的限制,加强化学系工业化学和化学工程方面的课程,学校邀请在上海化工厂服务的沪江大学化学系毕业生成立化学同学会。该会成员为学校化学系学生讲授化工课程,赞助或开设化学工业讲座,内容包括有机化学、造纸工业、窑业工业、电化工业、印染工业、化工机械、工厂管理等,使得沪江大学化学系仍然得以保持化工特色,并且仍是沪江大学学生人数最多的系。

校园内的格致堂(科学馆)虽然修缮完毕,但里面的设施残破不堪。化学实验室没有煤气,只能用临时赶造的洋铁皮酒精灯做火源,由于温度不够,不得已好几架酒精灯一起用,极易引发火灾。简单的一个实验也要花费五六个小时,直到1947年,才把煤气装上。

中华人民共和国成立前夕,沪江大学部分教职员工前往香港、台湾地区,有些远渡重洋,在世界各地开枝散叶。此后,沪江大学在台湾地区的校友于1958年在台北市成立私立沪江高级中学;沪江大学香港同学会在1987年为纪念母校建校80周年而创办沪江小学。

沪江大学80周年校庆统计的香港校友名单如下：

陈庆华、徐湛星、陈文灿、阮维扬、凌志扬、胡苏民、黄锡龄、郑迖、韦瀚章、韦幹贻、曹秀群、伍洲泉、杨丽明、陆凤翱、田宝青、王爵才、张月莲、饶定基、黄华鼎、孔昭健、颜宠矶、石少君、余桂清、周生华、徐亮星、苏慧贞、黄浣生、霍葆强、吴祖庆、黄孝贞、张炳南、郭少凯、陆瑞英、尤绍曾、李树芬、冯玉权、董厚璋、张胜华、唐庸尚、汪慧楞、顾祥贵、李佩萱、许惠源、黄若瑁、张振楣、包永沂、李作献、徐景新、张训同、袁忠恺、侯少临、黄佐时、卓观锐、梁淑亚、邓小陶、过杰庆、张振楞、张梵龙、张碧寒、曹伯中、李錝良、李维鼎、林卓卿、陈颂量、叶季康、陈国珍、金士贵、王恭瑞、王能学、林树基、胡仲平、盛锺骧、杨柏南、李菏生、田怡庭、金如新、曹允祥、麦超兰、姜瑞铝、孙志勋、黎永乐、毕禹微、林秀莲、陈纯华、王沔、汪南云、李寿康、李立、黄金想、叶如矶、老慕贤、吴新民、林灿然、耿庆增、钱绍卿、陈荣春、袁士中、林菊英、王遵傅、田念祖、刘佩佩、吴锦蓓、龚甲龙、荣鸿庆、杨开宝、陆增镛、王裕人、朱仕铨、田筱韵、梁慧珠、劳兆森、陆洁芬、唐少保、孙方中、孙秉枢、蔡国衡、赵博缨、张雄谋、张宜振、杨衍培、梁知行、刑仪沅、周孝成、王德平、洪燮廉、陈自新、杨世惠、杨德光、谢元龙、赵承芬、刘锦德、荣德渊、郭豫芳、张珍如、杨锡先、程知真、卓中康、贝聿嘉、俞伟磐、夏志明、董公奇、李鹤军、朝如晦、曾超群、臧桂林、徐承顺、陈惠民、陈其艮、温道泉、方之迪、马景耀、贝幸鋭、俞德祯、冯惠霖、郑宁贻、鲍贤亮、戴访梅、顾鸿源、宋文雨、徐国洪、陈文龙、项伟晃、萧君遐、金元芳、郑禄德、潘祖垣、邓炽仁、温锡元等。

沪江大学90周年校庆统计的台湾校友名单如下：

丁武始、文忠杰、王富昌、王申望、王国琦、毛素云、甘礼俊、司徒金城、朱寿康、朱抚松、江思聪、沙济良、沙依仁、余壁扶、沈文贵、沈剑虹、沈明玉、杜学成、李珠、李桑、吴厚璋、吴厚珍、吴翼千、林君植、杜红芙、周锦儒、周联华、洪娟、洪锦丽、洪才贤、范德峰、郎英、梁颂銮、章应灏、徐承孝、徐金珠、徐昌五、孙义宣、孙治强、浦满芳、陈伟观、陈耀华、陈昌蔚、陈恭震、陈惠民、袁宝琪、郭秀宏、郭可珍、郭璠孙、张奎娣、张瑞华、彭婉滋、杨梧秋、张维熊、邹文锦、裘达均、冯静玉、冯传枢、叶履正、董伯生、虞舜、管亨馨、刘世达、刘宗烈、樊长松、蒋彦士、蒋彦中、蒋起麟、蒋滋善、秦凯、潘昭铠、潘小明、赵廷枢、郑钦明、钱鹏伦、钱龙韬、卢海鸣、谢保祺、龚强、萧孙祺、阮郁瑶、徐仁荣、庄永。

六、1949～1952：院系调整

中华人民共和国成立后，沪江大学脱离了美国教会的羁绊，无论是董事会还是校务会都是由中国人做主。为了保证学校的进步，采用民主协商的方式，经教职工同意，1950年成立了学校最高行政决策机构——校务委员会，主任委员兼常务委员为余日宣硕士，常务委员为蔡尚思教授、王烈伟硕士、张春江硕士，委员有郑章成博士、郑世察硕士、徐中玉硕士、吴浩青硕士、黄文几博士、李嗣范硕士、戴行德学士、赵雨民先生和张富顺先生。

1951年，中华人民共和国人民政府从教会手中接管沪江大学。

1952年，中国高等学校按照苏联模式进行院系调整，沪江大学被撤销。大部分院系如化学系、生物系、物理系、中文系、英文系、历史系、社会学系并入复旦大学；教育系、音乐系、社会学系并入华东师范大学；工商管理系、经济系、会计系、银行系和国际贸易系并入上海财经学院（今上海财经大学）；政治系并入华东政法学院（今华东政法大学）；物理系的电讯专业并入上海交通大学。

沪江大学副校长、代校长蔡尚思调入复旦大学任历史系主任，后任复旦大学党委委员、副校长等职。

中文系朱东润教授调入复旦大学中文系，1957年起任复旦大学中文系主任，是国务院学位委员会第一届学科评议组成员、国务院古籍整理规划小组成员，任中国作家协会理事、上海古典文学学会名誉会长、国际笔会上海中心理事、《中华文史论丛》主编，是我国现代传记文学的开创者之一。

中文系教授、图书馆馆长徐中玉调入华东师范大学中文系，后任系主任、文学研究所所长等职。他也是教育部中文学科评议组成员，任全国高教自学考试中文专业委员会主任、《文艺理论研究》《古代文学理论研究》主编、上海作家协会第五届主席，是中国作家协会第七届名誉委员。

施蛰存调入华东师范大学，1993年获得"上海市文学艺术杰出贡献奖"。

兼职教授苏渊雷调任华东师范大学历史系教授、华东财委会计划部专员，兼任中国民主同盟上海市委宣传委员会副主任,后任全国佛教协会常务理事、上海教协会副会长、宗教学会理事等职。钱钟书曾用"精微融贯、通才达识"八字来概括他的学术成就。

中文系系主任朱维之调入南开大学,任中文系外国文学教研室主任、中文系主任。

建筑科系主任哈雄文教授1950年起任复旦大学、上海交通大学教授,后任同济大学、哈尔滨工业大学教授,中国建筑师学会理事长。

理学院院长郑章成调入复旦大学生物系。

沪江大学和大夏大学的生物系标本室合并为华东师范大学动物标本室。

....

沪江大学化学系也被分拆成了许多部分,师资队伍并入复旦大学、华东化工学院、华东师范大学等大学和研究机构,却也意外地开枝散叶、薪火相传。

吴浩青调入复旦大学化学系,1957年创建了国内第一个电化学实验室,1980年当选中国科学院化学部学部委员(1994年改称院士)。

化学系系主任唐宁康调入华东师范大学并担任第二任化学系系主任,在1956年教育部教授评级中被评为二级教授。

程耀椿调入华东化工学院,在1956年教育部教授评级中被评为二级教授,1959年加盟清华大学化工系。

李明馨调入华东化工学院,1953年又到浙江大学,担任浙江大学化学系副主任,并于1991年起享受国务院政府特殊津贴。

王箴任上海市纺织工业局技术处副处长、合成纤维厂筹建办公室副主任,参加筹建上海合成纤维研究所。

....

化学系的学生则转入复旦大学化学系。

七、1952~2006:薪火相传

1952年,华东工业部在沪江大学原址和原校舍的基础上新建了上海工业学校,1953年更名为"上海第二机器制造工业学校",后又更名为"上海机械制造学校",1958年升格更名为"上海机械专科学校",1960年升格为本科院校"上海工业学院",不久便更名为"上海机械学院",1994年更名为"华东工业大学"。1996年6月7日,教育部发文,华东工业大学与上海机械高等专科学校合并组建上海理工大学,次年3月正式挂牌,并将学校的英文校名定为"University of Shanghai for Science and Technology",以纪念其前身沪江大学。

八、2006年至今:继承发扬

2006年,适逢上海理工大学百年校庆,学校回顾历史、展望未来,在原来沪江大学校训"信义勤爱"的基础上,确定了"信义勤爱,思学志远"的八字校训。如今,在上海理工大学的校园内,校训石静默而立,凝望着每一位从它身边走过的学子。上海理工大学承续了沪江校园之地,也延续着百年沪江精神。

图1.7　百年校庆之时,沪江大学校友捐赠的校训石

上海理工大学百年校庆时,全国乃至世界各地的校友纷纷返校祝贺。在统计

出来的优秀校友中,有相当一部分毕业于原沪江大学化学系,这引起了校方的关注。当时上海理工大学只有很少的化学老师,承担全校的化学公共基础课教学,归属也并不科学。2007年,学校决定在理学院恢复化学教研室,重塑往日辉煌。2008年,应用化学专业正式开始招生。2010年,化学系成立,下设大学化学教研室、应用化学教研室、化学实验教学中心以及应用化学研究所。2021年,为了推动优势学科的发展,学校决定将化学系与材料学院合并,化学学科迎来了进一步大发展的新机遇。回顾过去,仰望先贤,化学系将秉承沪江传统,让辉煌成就梦想。

第二章

办学理念

一、优秀的管理

从沪江大学创立到走向辉煌,其创始人、历任校长、理学院和化学系负责人都表现出深远开阔的视野、高尚的教育情怀、先进的教学理念和高超的管理水平。

1. 历任校领导

柏高德(1906~1911,校长)

魏馥兰(1911~1926,校长)

刘湛恩(1928~1938,校长)

樊正康(1938~1939,校务长;1939~1942,校长)

朱博泉(1942~1944,沪江书院院长)

郑章成(1944~1945,沪江书院院长)

凌宪扬(1944~1946,代校长;1946~1949,校长)

余日宣(1949~1952,校务委员会主任)

其中魏馥兰和刘湛恩两位校长做出了极为突出的贡献。

魏馥兰校长是沪江大学的创办者之一,毕业于美国渥太华大学,先后获理学士和文学硕士学位,另于罗彻斯特神学院获神学学士学位。他于1901年来华,1911年继柏高德博士出任沪江大学代校长、校长,至1928年离职。任职期间,他奠定了沪江大学的校园规模和建筑格局,实现了男女同校,推进了"沪东公社"服务社会,实现了沪江大学从教会大学向一般大学的转变。

魏馥兰校长思想深邃、视野开阔、文采斐然,他对1905年在黄浦江边沼泽地选址筑校考虑深远:

"这实在是块不利于建屋盖楼的地皮。但是这块土地有一个优点,可以一览无余地看到黄浦江——这条上海大都市与世界商业往来的通道。这些人在浑浊的江水里看到了一些尚未显示的东西。他们看到了毗邻一个有朝一日将成为世界最大都市的城市的各种好处,他们看到了拥有无穷资源和亿万人口的中国的广袤土地,而这个大都市是这片土地的一个大门。"

魏馥兰饱含深情,对1908年沪江校园的第一幢楼——思晏堂作了生动的描述:

"由于无路可通,大批客人从上海坐轮船沿黄浦江而下,大费周章才登上江边的泥滩。周围是一片荒芜凄凉的景象,很难令人对这所学校抱有希望。在沼泽芦苇丛中有一大堆土、一座脚手架、一堆堆准备砌楼的砖头,正中间是一方石头。但是,这石头不但是思晏堂的奠基石,也是整个学校的奠基石。这是凭着信仰奠下的,这种信仰结出了果实。"

与柏高德不同的是,魏馥兰来华后的主要活动不是宣教而是从事教育工作,这使他更多地从教育角度而不是宣教角度来办学。

他尤其强调中国人参与学校领导工作的重要性和必要性。他认为,一所大学除非在中国人的领导下永久地办下去,否则永远不会变成一所中国的学校。因此他为学校挑选最能干的中国籍教授和职员。1919年,他招聘了第一位受西式教育的中国籍教授、大学首届两名毕业生之一的郑章成博士。直到其离任,沪江大学的教师队伍发展到80多人,其中大部分是中国人。

1928年,魏馥兰积极响应北京政府关于教育本土化的要求以及沪江师生的期望,他认为基督教教育只有最终成为中国人自己的事业,才能在中国社会真正地生根滋长。他随即提出辞呈并宣布:"沪江大学旨在服务中国。无论在何种情形下,必尊视中国的法律和主权,故必须注册,并且使此校早日为一完全中国人之学校,归中国人自办,并绝对的有利于中国人。"魏馥兰的态度受到沪江大学师生的热烈欢迎。1936年,沪江大学为酬答魏馥兰的劳绩,特筹建大学礼堂暨思魏堂联体建筑以资纪念,其后成为沪江大学标志性建筑之一。1949年,校董会常务委员会决定将大学礼堂也命名为"思魏堂",以纪念魏馥兰校长为沪江大学发展做出的贡献。

1928年,沪江大学第一位中国籍校长刘湛恩就职,他提出"学术化、人格化、职业化及平民化"的"四化"办学模式。在以"大学的使命"为题的讲座中,他宣称大学具有培养人才、研究学术和改造社会的三重使命。刘湛恩就任后,对这所美国基督教浸礼会创办的宗教气息浓郁的大学,进行了一系列的整顿和改革。他竭力削弱宗教对学校的影响,强调教学工作的独立性,避免教会对教学的干预。

他压缩宗教课程,改为选修课,并不计学分;每周日的礼拜活动,改为自愿参加。他聘请涂羽卿、余日宣、徐作和、蔡尚思等优秀的专家学者任教;增设了许多新的专业课程,如商科的工商管理、国际贸易、银行、会计等专业;在化学系外又另设生物系;医预科(即医学先修科)专业与协和医学院挂钩,协和医学院承认沪江大学的学分,学生在沪江大学就读几年后经考核及格,就可进协和医学院,沪江医预科实际上成为协和医学院的预科。他多次出国考察、募款,扩建校舍,购置了一流的实验仪器设备。刘湛恩认为学校不应专为中上层人士的子弟服务,也应面向贫寒子弟。他在沪江大学设置了多种奖学金、助学金,并大力提倡半工半读,以帮助家境贫困、学习勤奋的学生修完学业。有的学生因参加爱国民主活动,校方企图以不让毕业来阻挠。刘湛恩与校方进行说理斗争,保证这些爱国学生得以毕业。个别学生寒假期间因路费困难无法回家,他便让学生住在自己家中。刘湛恩特别重视课堂学习和实际工作的结合,注意加强商科各专业与上海工商企业金融机构的联系,并建立自幼稚园到高中一整套教学实验体系。在杨树浦附近工厂区和农村设立社会服务和调查中心,以便学生接触实际和进行社会调查。他力排众议,在接近上海市区商业中心的圆明园路创办"城中区商学院"。不久,又将杨树浦校本部的商学院迁并于城中区。商学院除大学本科四个系外,并为在职青年设置大学专修科、普通科和单科训练的特科。商学院还为解决在职青年学生和兼课教师时间上的冲突,充分利用夜间业余时间授课。这种打破传统高等教育模式的创举,实为以后我国"夜大"的发端。由于这些改革,沪江大学在当时的私立大学中以学风纯朴闻名,较少教会气,更多中国化。尤其是商科和化学系,在教学水平上居上海各大学之首。沪江城中区商学院的建立,受到在职青年的欢迎,入学人数迅速增加。第二学期学生人数即达500多名,占沪江大学全校学生半数以上,超过了校本部。1937年,日本侵略军侵占上海,租界沦为"孤岛",刘湛恩置一己安危于度外,日夜为抗日工作而奔忙。翌年春,日伪酝酿在南京组织傀儡政权,妄图拉刘湛恩落水,使其担任伪"教育部长",刘严词拒绝。刘因其抗日爱国言行而被日伪视为眼中钉,他曾多次接到谩骂和威胁恫吓的电话和信件。1938年4月7日晨8时半,刘湛恩突遭日伪收买的暴徒狙击,牺牲时年仅43岁(图2.1)。

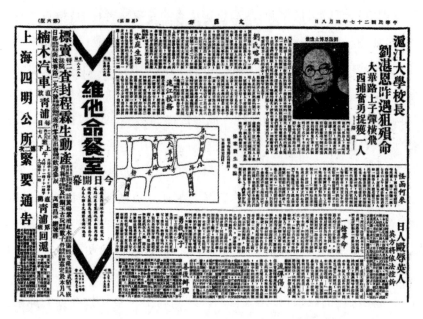

图 2.1　1938 年 4 月 8 日的《文汇报》刊登刘湛恩遇刺的消息

2. 理科和化学历任负责人

在沪江理科和化学的发展过程中,历任负责人起到了重要的作用,他们的事迹将在后续章节中介绍。

1906 年至 1910 年:传教士乐灵生负责格致科课程的授课。

1910 年至 1925 年:专业化学教师梅佩礼负责格致部以及化学系。

化学系主任或负责人:梅佩礼(1910~1925)、徐作和(1925~1937)、李国柱(代理)(1937~1941)、唐宁康(1941~1952)。

理学院院长:郑章成(1929~1942,1942~1945,1946~1951)。

二、中美协同办学与教授治校

沪江大学从最初由美国传教士主导到中国师资接管办学,双方在合作的基础上，逐步实现了平稳的转移。这种合作有力地促进了中国籍师资的成长，也让学生得以体验两国文化的精华。沪江大学成立之初，就一直有意引入中国籍师资的参与。魏馥兰在1905年的报告中就提出"董事会由10名传教士构成，等中国人的兴趣及贡献达到足够程度时，将选举中国人加入董事会。"1910年1月，仅有的4名师资中就有董景安和潘子放两位中国籍教师。1910年的董事会会议，提出了一个修改合作条款以便中国人可选为大学和神学院教授的建议。同年还提出了选举中国人进入董事会的决议。1911年神学院讲师董景安当选为学校第一位中国籍教授。1912年董事会批准了两位华人代表的任命。魏馥兰校长看到了由华人领导的必要性，他深信，一所大学除非在中国人的领导下永久地办下去，大学永远不会成为一所中国的学校。因此，他努力为学校寻找最优秀的中国籍教师。1919年，他招聘了沪江大学第一位受西式教育的中国籍教授郑章成，郑章成后来担任了理学院院长和副校长。

五卅运动之后，北京政府教育部于1925年公布了《外人捐资设立学校请求认可办法》，规定这些学校的校长必须是中国人；如校长原为外国人，必须由中国人担任副校长；学校董事会中的中国人数目应过半；学校不得以传布宗教为宗旨，不得将宗教科目列入必修课。这些规定促使了沪江大学从教会大学向普通高校的转变，也迎来了中国人自己管理沪江大学的开始。魏馥兰校长积极响应，随即提出辞呈。1927年，董事会26名成员中，有16位是中国人。1928年，沪江大学第一位中国籍校长刘湛恩就职，开启了中国人治校和沪江大学本土化的时代，也迎来了学校的兴盛时期。校长、教务长、大部分主管和系主任陆续由中国人担任，学校的管理权逐步从传教士转到中国人手中。学校声誉日隆。

基于美国高等学府的"教授治校"原则和浸会历来反对集权的传统，沪江大学的管理体制特别强调了教授会的地位。1914年的决议规定，任何教师都有权就他认为重要的事项个人向董事会提出建议。为了使学校的管理正规化，沪江大学于1915年成立校务会，由正副校长及3名教授会选出的代表组成。教授会章程规定，"此为校内最高行政机关，按照董事会宣布方针，执行教授会议决案件"，"教授会由本校教授、副教授组织之，教员与助教不得与焉"，"教授会通过校长每年提交一份报告"，即向董事会提交校务报告的不是校长，而是教授会，这意味着是教师而不是校长有责任上交报告，也就是说是教授会接受董事会管理校务的委托，校长只是他们的代表。

三、雄厚的师资

沪江大学化学师资力量极为雄厚,前后有百人之多,毕业于欧美知名大学的外教和海归人才比例相当高。沪江大学的学生也得以从这些优秀的教育者身上获得最新的科学技术知识与技能。这些教师的学术水平高、热爱教育、品德高尚、充满爱心。陆续入职的中国教师往往是学贯中西,他们既经历过先进的现代科学教育的洗礼,也饱受中国传统文化与思想的熏陶,教学水品高超,通过言传身教,培养了众多优秀的沪江学子。

四、严格的管理

沪江大学承继美国教会学院的传统,特意将校址选在偏僻的乡间,认为"远离都市的恶浊影响,更适宜讲求学术,更利于塑造品格,更能保障美德"。沪江大学制定了严格的校规校纪,以约束学生的行为。为了使学校在一种脱离尘世的环境中形成一个独立的社区,规定所有教师和学生都必须住校,并严格限制学生离校外出,要求"诸生平日不得擅自出外,惟礼拜六下午如得校长允准,始可出外,并于当晚六时前回校,此出外权力约以一月一次为限。至于家中要事不得不告假者,当先由父兄或得保证人具函,道明真实理由,迳交校长察夺可否,不得附于学生函内转交。所荒功课应于归校后补足"。每天课后下午四时才可以在校外左近散步,"惟出入须缴名券,而返校亦当在六时前,并在外不得有不规则之举动,违者停其应享之散步权,甚且记过,以示之惩"。在校内,学生都住集体宿舍。为符合禁欲主义的简朴,早年规定学生来校时带的行李为"四季衣服、罗帐、面盆、书、灯、梳、刷、巾布等,又丝巾十条以备拭唾之用。此外稗官小说与一切珍贵及无用之物,均不准携带。……诸生于开学日均须齐到,以免旷课。如开学日不到即记五过,以后每日迟到一天即记一过,至三礼拜后仍不到者则不准入学"。为了培养学生的绅士品格,沪江大学规定,"诸生无论何时何地,往来交涉当以谦让为主,不得妄自尊大,不然轻则斥责,重则记过或面责";"凡烟酒、赌博、斗殴、毁骂及考试夹带等事,本校视为最大之过者,比受严谴或自退"。

著名外交家顾维钧的遗孀严幼韵女士曾在沪江大学就读,两年之后,因为感觉沪江大学的校规和舍监管理太过严苛而转入复旦大学继续学业。

沪江大学的学业要求同样十分严格。对此,1952届校友顾志澄回忆说:"沪江大学用的是和当时美国大学一样的学分制,虽然是60分就能及格,但是要70分才能毕业。学校还把学生成绩近似看成正态分布曲线,如果题目简单,有可能80分都算不及格。"

五、视野开阔、中西结合、科学人文互通

美国浸礼会外交使团协会地区秘书长、20世纪20年代初任沪江大学校董的詹姆斯·亨利·弗兰克林(James Henry Franklin,1872~1961)博士(图2.2)曾说:"开往上海的每一艘轮船都会经过这所大学的视线……在这样一个校园里,任何一名有思想的学生都能感到世界的浩瀚。"

这句话体现了沪江大学创始者们开阔的视野,在今天也成为上海理工大学的名言,激励着每位上理人的梦想与追求。

图2.2 詹姆斯·亨利·弗兰克林博士
(来源:1921年《沪江年刊》)

1. 中西教育的结合

作为美国教会成立的大学,无论是经费来源、人员往来、教育理念还是管理模式,沪江大学与美国之间具有紧密的联系。沪江大学的学生接受了较为完整的西式教育,形成了科学与人文互通的知识体系;他们拥有良好的英语表达能力,与来自美国的教师和管理者建立了良好的友谊;再加上沪江大学本身又是贵族学校,学生毕业后进入社会拥有良好的就业机会或社会资源,出国留学深造的学生也不在少数。据1923年统计,迄至1922届毕业生共有100人,其中就有46人留美深造,比例高达46%,成为当时极为紧缺的精英知识阶层。洛氏基金会还为沪江大学徐作和、郑章成等人的研究提供了一定的资助。该会为教师培训提供了很大的支持,资助徐作和、郑章成、涂羽卿等人赴美攻读博士学位。留学深造者有的归来报效祖国,有的留居美国,通过各种形式为中国的发展贡献力量。

20世纪80年代统计的在美国的沪江校友名单如下:

唐文珍、张瑞碧、张鹏翮、张效良、张一骏、张耕生、张保罗、张心治、张碧寒、陈爱雪、臧桂林、张蔚观、赵李崇祐、陈春波、杨茂芳、陈李绮迪、陈家巍、陈祖裕、董美丽、陈南滇、陈伟民、陈迺沅、周公亮、贾观立、江起鹤、钱春视、路家瑠、周文彬、周申甫、周生华、周孝成、周月亭、周维鼐、朱培生、丘景行、朱谱康、朱吴秀亚、钟蕴香、章楚、范家桢、郑宁贻、冯瑞麒、冯传枢、何逸岑、夏璐亚、夏谷雷、夏屏方、何祖绍、谢滔、谢洪畴、薛德音、许怀均、吴振坤、徐李耀贞、徐大椿、许伟光、胡和声、何金声、王文娴、黄祖禹、周美玲、桂胜英、甘豫昌、沈惟瑜、郭绮琴、金冬日、谢静娟、顾树立、孔士谔、关超仰、邝天培、林启正、林石瑛、李锦泉、李启惠、朱纯、李廷栋、杨球熙、周宏英、吴璧双、李月梅、李鉴荣、李兴贤、李黄颖仪、李宁、李毛曼仪、李汝超、李永松、梁国权、罗惠慈、林朝曦、林天鹤、林荣基、林君直、刘培德、罗纯仁、乐俊鑠、陆熙崇、雷冯雪芬、陆子亮、黄慧娟、马永梁、毛孝琛、张锦霞、吴国祥、沙荣存、夏循安、张南寿、邵世洪、沈庆钊、沈卞顼孙、徐雅龄、孙以勤、孙宝庆、孙慧濂、董雅丽、徐芝英、谭廷泽、蔡慕熙、蔡慕莲、丁景源、丁国豪、唐张润志、唐乃添、曾恩荣、马中洁、钱鹏伦、王贾秋蕊、王恭方、王学武、汪郭兴熊、韦愿、文李美珠、宋闪宝、荣元祺、汪克鑫、张素斐、王以钺、王孟修、王龙生、王守正、王文琪、黄永熙、吴信珍、吴厚珍、冯静玉、吴伟东、吴民休、伍启元、伍爵才、张月莲、吴逸民、吴继贞、吴继炽、杨柏南、杨植、杨麟、杨培之、杨文傑、杨永广、金葆宜、姚翠珠、余康荣、余肇荣、余颜枒生、严保民、殷郑晶辉、杨文辉、孙罗星、余郁光、余田光、刘莉莉、虞以道、袁陈碧媛、荣卞簏年、徐美玲、秦律宣、徐松石、张维桢、冯叔凯、林尚忠、林尚意、陈善珊、孔杨瑾娟、金家麟、袁瀚英、郑洁华、李贵灵、奚立惠、刘谦泰、李廷栋、郑继成、许瑾、王守法、唐月明、毛孝琇、毛孝璧、王熙、徐双瑜、陈文达、蔡权民、楼礼钰、张肇宁等人。

沪江大学开办之初使用中文教学，声称"本校的宗旨是用中国人自己的语言给他们以全面的学院教育。英文作为一门科目来教，但其他科目授课都将用中文授课。"然而，在上海这个国际大都市，英语有明显的应用价值。学生选择到教会学校求学，一个很重要的因素就是希望能在那里掌握英语。1911年魏馥兰出任校长后，响应学生的呼吁，除国学课程外，其他课程全部改用英语授课。魏馥兰称这一改革为一场"革命"。由此，沪江学生的英文水平得到大幅度的提高，很多学生也成为中华人民共和国成立初期外交、社会工作和教育领域的骨干人才。

1920年，郑章成回忆到：当时的教科书，均用英文原版。出色的英语水平也为这些学生日后走上工作岗位、了解国际最新科技进展、进行前沿科学研究或技术开发奠定了基础。1937届校友朱铁蓉于1950年投身于湘雅医学院（今属中南大学）的英语教学，工作了将近38年，曾担任外语教研室主任、外语系主任。中华人民共和国成立后的老一辈湘雅学子几乎都是朱铁蓉教过的学生。1943届校友郭慕孙在沪江大学时，就喜爱英文写作并选修相关课程，大学一年级就向校刊投稿并发表，得到了英文教师的赏识。三年级时，他被任命为英文校刊 *Shanghai Spectator* 的主编。后来他注意到中国科学院化工冶金研究所（现更名为过程工程研究所）研究生科技英文论文写作能力的欠缺，便主动为青年科技人员举办了8期科技英语写作讲习班，撰写并出版了《怎样写好科技英文论文》一书。1944届校友张承谟，后转学圣约翰大学，任上海外国语学院（今上海外国语大学）英语教授。1948届校友舒昌新于1992年退休后，受聘为吉林化纤厂腈纶项目指挥部技术顾问，在和外商技术交流与合同谈判中担任翻译工作，并为工厂培养了一批年轻的专业英语人才。他感到在沪江大学学到的专业知识和英语技能发挥了很好的作用，心里十分高兴。这些外语技能为沪江大学、沪江大学化学系专业的毕业生走上工作岗位、发挥才干起到了重要的作用。

注重英语教学的同时，沪江大学也重视国文教育，声称"本校于国文一科加意注重,使学生无偏重西文之弊"。1916年,沪江大学推行"选科制"后,国文系的主要任务就是承担公共课,同时也为各科开设选修课,如诗经与礼记研究、诗词学、诗经及易经研究、中国哲学史、文字学等,甚至还在高年级开设翻译课程。主持国文系的董景安和林朝翰先后被提升为教授,也说明学校对国文的重视。1924届校友张资珙学贯中西,想必也受益于这样的教育体系。

2. 科学人文互通、学科交叉互补

20世纪的高等教育模式一直左右于两种取向,一种是从19世纪延续下来的博雅教育(libral education),强调文化与哲学的陶冶,以提高人的综合修养素质;另一种是20世纪崛起的专业或职业教育(professional/vocational education),认为教育必须向人提供一技之长以使之见用于社会。基督教高等教育以其对宇宙和生命的终极真理的强烈兴趣,在本质上倾向于博雅教育。但是,既然学校不可能脱离社会而存在,那么教育也就不能完全脱离社会的现实需要,也应当为人们在现实社会中的成功创造条件。因此,沪江大学的发展,反映了平衡这两种教育取向的探索过程。

作为一所教会大学,沪江大学开办之初的核心理念是博雅教育,突出宗教与人文教育,其课程包括拉丁文、希腊文、希伯来文、逻辑学、修辞学、圣经等,也包括化学、物理、数学、生物、地质等自然科学(表2.1)。柏高德在大学开办前就宣布"它的首要目标是提供广博的博雅教育",这在课程设置上体现为郑章成后来所称的"完整教育",即"所有课程,皆系必修,更无所谓文理科之区别焉"。实行通识课程设置,没有文理系科的区别,也不分专业,所有学生都用同一套课程表,只有少量选修课。这种博雅教育思想充分体现了学科互通的思想,文、理、工、艺、体有机地融合在一起,对人才的培养起到了积极的作用。即使后期开始分科教育后,这种完整教育仍然发挥着作用,因为此时的师资很大一部分来自早期接受完整教育的沪江大学毕业生。在这样的教育思想下,所培养的学生知识结构合理,具有优秀的品德和综合素质。

文科教育引导学生从语言、音乐、艺术等人文社会科学方面提高自身素质和文学底蕴,塑造创造力、执行力、想象力等人文品质,所有这些都使学生在以后的职业生涯和个人生活中获益匪浅。世界史、学术史、化学史等人文课程进一步开阔了学生的视野和深度,使得学生成为较早具备国际视野和人文精神的科学人才。特别

是为大四学生开设的化学史课程,持续两学期,每周授课2小时。化学史课程的重要性在胶体化学家傅鹰先生的名言中得以体现:"化学给人知识,而化学史给人智慧。"1924届校友张资珙早在20世纪30年代就开始了中国化学史的研究,为中国科技史专家、英国剑桥大学的李约瑟撰写《中国科技史》提供了大量的帮助。

表 2.1　1915 年的课程科目设置

科目	课程
外文	英文文法、文辞法程、读本、作论、泰西文学史、名家著作、莎士比亚、英文论
国学	经学节读、选读名家论说、作策论杂著、学术史
哲学	逻辑学、哲学史、伦理学
宗教	耶稣言行传、使徒史略、使徒书信、基督教见证
自然科学	平面三角、圆面三角、测量、分析几何、微积分、化学、物理学、天文学、生物学、地质学、化工
社会科学	英国史、美国史、经济学、政府论、教学法、心理学、社会学、万国公法

来源:王立诚《沪江大学简史》。

　　文科课程还包括哲学史、逻辑学、修辞学、学术史等,对培养学生的科学素质具有重要的促进作用。除了扎实的英文基础,化学系的同学多数还选修了德文和日文,为他们今后的工作发展提供了条件。实际上,沪江大学的毕业生中有不少人掌握了多门外语,也有的是在工作后继续学习其他语言。1928届校友舒昭圣于1956年任上海市印染工业公司副经理,为解决硫化色布发脆、凡拉明蓝布泛红等行业通病,他以精通德文、英文之便利,广泛搜集翻译国外有关的技术资料,提供染纱厂进行防脆效果对比试验,取得明显成效。1945届校友姚锡福回忆说:"我在沪江大学所受的教育,使我打下了比较扎实的基础。第一是外文的基础,我们当时读的英文课本是'居里夫人',除国文外,其余课程的课本基本多是英文的。第二外语是德文,当时教我们的老师原来是美籍瑞士人Kelhover,太平洋战争爆发后是德籍犹太人Heinrichdorf博士。第三外语是日文,由中文系的朱维之教授兼教。中华人民共和国成立后我又自学俄文。"1947年毕业的染整专家李培智在1956年后,利用熟悉英语和自学德、俄、日等多门外语的优势,为青年技术人员辅导外语,指导他们查找国外文献。

　　沪江大学开办之初即有理科之设,课程分配有四年算术、一年化学、一年物理、一年天文、一年生理卫生，这些自然科学相关课程给学生奠定了良好的科学素养。1916年起设置格致科，内有化学、卫生、生物、生理、物理、天文、地质、算术8科。1916年徐志摩就读沪江大学时，课程科目分为国文、算学、英文、格致、政学、史学、理学、圣道、哲学。徐志摩的化学及实验课程曾获89分的成绩。

1920年，化学系的课程已经比较完备了，共有24门课程。1923年，规定理科总学分为159~161，其中必修课99~101学分，专业选修课30~38学分，任意选修课22~30学分。所有学生的必修课中，公共课有71学分，含国学18学分（国学治要、模范文及作文、中国文学史和中国文化史），英文18学分（修辞、阅读、泛读与作文和文选），宗教18学分（新约、旧约、伦理学和宗教史），体育7学分，普通生物学6学分，唱歌、音乐欣赏、学习法、卫生常识各1学分。理科学生在国学和英文两类中至少各修4学分。1931年的公共必修课有国文、英文、生物学、教育、政治、音乐、哲学、伦理学、体育，非主修理科学生要求在物理、化学、数学、地理学中选修6~8个学分。化学系课程设置也十分丰富，有化学概论、化学常识、无机化学、定性分析、定量分析、有机化学、应用化学、营养化学、理论化学、工业化学、工业分析、有机化合物的制造法、定性有机分析、定量有机分析、高等工业化学、化学史、化学书报讨论、化学研究等（图2.3）。

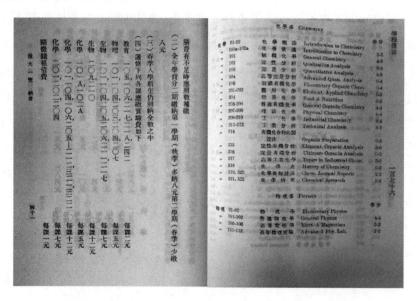

图2.3　1931年的沪江大学选课费用和化学系课程表

（来源：《民国二十年度私立沪江大学一览》）

沪江大学化学系的教育注重学科交叉。据1937届校友沈思明回忆,1933年他进入沪江大学学习,主修化学。当时第一辅修多数是物理学,第二辅修学科必须在主修学院之外,如工商管理、语文、英语等。其积极意义在于使学生有广泛的知识面,培养一专多能的人才。1946届的校友记得学校开设了内容广泛的专业课和选修课,尤其注重国民经济紧密相关的化工相关课程,有工业化学、染料化学、油脂化学、胶体化学、冶金化学、近代化学、生物化学、药物化学、工业细菌学等,也涉及化学与生物医药的关联学科。

1924年,美国芝加哥大学博士葛德石(George B. Cressey)抵达上海,任职于沪江大学地质地理系,并于1924年至1929年间担任助教授兼系主任。1928年,沪江大学地质地理系在全国已经拥有一定地位。"收集的岩石、矿物、化石等标本总计已经超过5000件。中国地图的收集也很完整,同时还有800多张幻灯片,所有资料及设备的总价值估计已经超过5000美元。"然而,沪江大学理科最有声誉和最受重视的是生物和化学两科。

3. 基础与应用并重

沪江大学开办之初即有化学,由于当时实施的是"博雅教育",不分专业,所有课程都是必修,可以说当时的所有学生都曾受益过化学的熏陶和训练。1910年到来的化学专业教师梅佩礼重视"学习的实际意义",甚至还开设了国内急需的化工专业。

同时沪江大学也在修正最初的博雅教育理念,接受曾被认为是下里巴人的职业教育概念,发展专业特色,增强使学生适应未来职业需求的训练。1916年,鉴于"文学科殊不足以造就专门人材以供中国今日之需用",沪江大学开始实行专业分科制度,其中格致科又下设化学、物理、卫生、生理、生物、天文、地质、算术八科,由梅佩礼先生负责。大学三、四年级的学生,可任选一科,以期造就专门人才。长期负责理科的梅佩礼"一直尝试在基础理科课程中揭示学习的实际意义"。由于他的专长是化学,因此重点发展了化学系。梅佩礼认为,教育在本质上是一种生活的训练,因此学校的教育,包括宗教的和文化的设置,应当尽量地贴近社会,只有这样才能有效地保持教会教育的成果。这种观点使他注重职业训练。梅佩礼在《1916年的沪江大学》中写道:"自然科学主要提供化学、物理、生物、地质学、生理学、卫生学、数学方面的训练,以供在中学教授此等科目,或在专科学校进行理工科的深造。在基础自然课程中,也要让学生明白研究的实际意义。在一些必修课程中,如有机化学和卫生科学,更容易进行这个想法。"化学系不仅开设普通理论课程,也发展了当时国内急需的化工专业教学。梅佩礼指出,在学习一些特定的课程时,学生应该对上海的工厂和工程进行参观,例如,水净化厂、发电厂、电解产品厂、玻璃厂、重化学品厂、丝绸厂、棉花厂等。他还要求学生必须完成参观报告,作为正常的实验课堂作业。

伴随着民族工业的发展,化学、化工得到进一步的重视。1923年沪江大学确定各科时,化工被明确为理科培养的三个方向之一。梅佩礼于1925年回国后,徐作和任化学系主任并继承了这一传统。课程设置在原本就注重化工的基础上,更增添了诸如工艺化学、应用化学基础、食物与营养、技术分析、工程化学、有机量化分析、有机制剂、工业化学案例等课程。其中工艺化学课内容涉及日常用品的各个方面,如肥皂、颜料、纸革、油漆和化妆品等。为了让学生对化工生产过程有感性认识,化学系还组织学生去工厂参观。在徐的主持下,先后有伯顿(A. T. Bawden)、拉敦(A. L. Radom)、欧文思(W. G. Owens)等外籍教师,以及林天骥、王箴、缪钟彦、蔡志云(音)、曾瑞显等留美归国的硕士、博士为教学骨干,师资力量不断增强。结合当时的社会状况,学校采取的一系列发展措施基本上奠定了化学系的实用发展取向,也受到社会的欢迎。化学系成为沪江大学理科中最强的一系,其课程设置的系统性在化工方面堪称国内大学之最,常被称为"工业化学系"。

刘湛恩任校长后,公开把"强调职业化"作为沪江大学办学的基本方向。在办学思想中,沪江理科既重视科学基础的教育,也重视科技应用的训练,尤其关注理工之间的彼此促进。1936年,理学院院长郑章成提出"大学理科的四种使命",一是探究宇宙万物之理、扩张眼界、启发智能;二是学习科学方法,运用科学方法;三是促进科学应用,使之服务人类福祉"以研究科学之结果,作为人类日常之应用……介绍新学说、新方法,俾国内工艺制造家有所借镜";四是培养科学兴趣,探究科学之美,享受科学探究的快乐。这些内在的办学观念和外在的教育政策,在一定程度上促使沪江大学在理科中实施工程教育。

4. 注重实验、实习、实践,与企业良性互动

从梅佩礼先生开始,学校就注重理科实验法教学,推崇理论知识与实验结合的

教学方法，沪江大学化学系也开设了大量的实验课程。

沪江大学化学、化工专业的发展既适应了国民政府对工业的发展需求，也获得了企业界的广泛支持，和企业界建立了紧密的联系。

学校聘请了一批化工专家作为顾问，并经常邀请相关社会专家来校演讲。比如聘请李耀邦博士为学校工业化学部顾问员，邀请工业名士聂云台来校做"科学与工业之关系"的演讲。

在培养方向上，徐作和把眼光放在上海这个城市的社会需要上。他强调，"上海位于中国工业中心之一，我们的化学毕业生能够在工厂工作，对工业发挥他们的影响，这所学校就会对公众提供更好的服务"，因此"从我们在工厂工作的毕业生的情况看，我们的学生应该在化工上有更深入的训练"，而且，"鉴于各厂家、研究机构及其他单位都有竞争性考试，我们必须给毕业生提供一定程度的高级训练"。为了让学生对化工生产过程有感性认识，化学系还组织学生去工厂参观并要求书写参观报告。仅1930年春，化学系就组织学生去明华糖厂、英租界自来水厂、上海水泥厂、上海大英煤气厂、大华皮厂、宝山玻璃厂、中国肥皂公司、龙章纸厂、振华油漆厂、炽昌胶厂、天厨味精厂、萤昌火柴厂、纶昌印花漂染公司等各类工厂参观学习，这让学生更直观地认识到化工工艺在现实生产中的体现和应用以及化工在日常生活中的重要性。

1946年抗战结束之后，学校面临师资不足的困难，同时为了加强工业化学方面的课程，沪江大学邀请在上海化工厂服务的沪江大学化学系毕业生，成立化学同学会，并请会员为化学系学生讲授化工课程，赞助或开设化学工业讲座，如有机化学、造纸工业、窑业工业、电化工业、印染工业、化工机械、工厂管理等。

化学系得到了上海工业界的支持，助教应元裁在1930年从事的胶木研究就是在民族化工实业家吴蕴初的资助下进行的。吴蕴初也将其子吴志超送到化学系学习，并在沪江大学设立了化学奖。

徐作和在洛氏基金会的支持下，从事从麦麸水解物中提取谷氨酸钠盐的研究，提高了产品的质量，他的学生甚至因此创办了一家制造厂。1935年的《沪大校闻》报道，学生王树衡毕业时发明了从豆饼中提取一种重要工业原料酪素的办法，超过以往从大豆中提取的原料量，使成本大为降低。

刘湛恩校长提倡学用并重。1931届校友马任全深受其益，他在校读书时，常于假日帮助开办石粉厂的父亲书写英文信件、研发新产品、处理厂务等。刘校长得知后，深表赞许，认为读书兼职是学以致用，应该提倡，并特许其在不影响功课的情况下随时可以出校。马任全后来经营的顺昌石粉厂也成为远东最大石粉厂，跻身于世界先进行列。1930年，马任全、徐肇和、王敬业、倪家玺、陆宗贤抱着兴办化学工业、走实业救国之路的想法，各出100银元，创办"大华实业社"，利用假日和课余时间研制简易的日用化工产品，如爽身粉、去污粉、留兰香牙膏等。这些产品用料精细、工艺讲究、制作精良、包装新颖，受到本校师生和沪上用户的欢迎，尤其是留兰香牙膏成为上海同类产品的佼佼者，销路日增。马任全等人看到沙利文和义利等厂生产麸皮黑面包需要全麦面粉，我国素不生产，而石粉厂有各种磨粉设备正可利用。故向市场购进小麦试制，但多次将样品送交沙利文试用，均因发酵不好而不能采用。后来向福新面粉厂购到数百斤美国小麦，磨粉后由永安公司等经销，颇受外侨主妇们的欢迎，沪江校园的中外老师也多乐于购用。他们除了办理大华实业社外，还配合当时反对日本帝国主义的爱国行动，与多家国货厂商，如华福帽、中国化学工业社、三友实业社、永和实业公司、家庭工业社等联系，为他们在母校销售对同学适销的产品。

六、奖学金和勤工俭学制度

　　沪江大学收费高昂，但也设立了各种奖、助学金，包含荣誉奖金、指定奖金、贷金、勤工自助和普通奖励等。一些成绩优异的学生每年可以得到60元以下的奖学金，同时必须保证在沪江大学以优异的成绩完成四年学业。梅佩礼为纪念其夫人设立了梅氏化学奖金，每年捐献100元奖励化学系成绩最优者。潘梓彝先生每年捐献100元奖励化学系成绩最优者。吴蕴初的天厨味精厂在沪江大学专门设立了化学奖，每年捐赠100元奖励化学系成绩最优者。据祁天锡报告，"上海是一个工业中心，早已有数家这样的企业给予这个学院小额资助"。基于浸会的清教传统，勤工俭学成为沪江大学的一大特色。在沪江有相当一批家境并不富裕靠勤工俭学维持学业的"自助生"。据称"有四分之一的学生，在这条可敬可贵的路上奋斗，希望达到他们高尚的求学目的。他们从学堂或教会里借款去付学费或学膳费的全部;却于每天没有功课的时候,抽出一、二点钟作工还债:管图书馆呀,管电话呀,监督工人呀,经售教育用品和食物呀,开设理发店呀,创办学校储蓄银行呀,以及他种可以得工资的事业。"这些奖、助学金对优秀学生起到激励、奖赏作用,对贫困生起到助学、磨炼作用,有助于学生的成长和成才。

七、硬件建设

1. 校园建设

沪江大学建校之初就遵循美国和英国的办学样式和建制,传言称一度可以和英国牛津大学相媲美。在远避市区尘嚣的宁谧环境中,沪江大学像一座令人赏心悦目的大花园,在绿草如茵、栽着柳树和常青灌木的校园内,巍巍矗立着四十余幢具有美国弗吉尼亚风格的洋楼建筑群。思晏堂、思伊堂、思裴堂、伊文思堂、思魏堂、体育馆、健身房、格致堂、图书馆,以及附中思乔堂、思孟堂、思雷堂……课余饭后,同学们喜欢三五成群,或在黄浦江边散步,或在草地上围坐,仰望夕阳白云,俯听浦江潮声,俨然一幅世外桃源景象。直到20世纪60年代初期,整个沪江园的占地面积非常大,可以说是上海占地面积最大的一所大学。学校整个布局非常宽松,校园建筑、亭台楼阁、喷水池、树木花草等在上海高校中都是首屈一指的。

2. 实验室与科学馆

发展理科的首要条件,是必须有充足的实验室设备。最初,自然科学系的实验室在思晏堂的三楼。

1921年,沪江大学科学馆(Science Hall)落成(图2.4)。该馆由美国加州特里特(M. C. Treat)夫妇捐款、梅佩礼教授规划设计,耗资13.67万美元(即20万洋元),长125尺,宽48尺,为钢筋混凝土结构,楼高4层并建有地下室,共有45个房间,馆内煤气、用电、自来水、抽气管等无不具备。除物理学、生物学、化学、地质各系实验室、教室外,还有科学演讲厅及陈列室等,其中化学系占据科学馆第3层楼,含天秤室1间、药品储藏室2间、实验室5间、教室1间、教员预备室3间。

图 2.4　位于科学馆的化学系药品储藏室之一隅

（来源:《科学丛刊》1928 年第 1 期）

沪大科学馆被誉为"国内仅见之建筑物",实验设备也跻身于一流大学的行列,达到了当时国内最先进的水平,是当时国内理科实验设备最完善者,为化学进一步发展提供了广阔的前景。前美国推事教授来华考察中国科学时,盛赞:"中国各大学理科设备最完者,当推沪大之科学馆!"1952届校友顾志澄说:"我们有上海唯一一台比色机,有全上海最好的实验室。"

3. 图书馆

沪江大学图书馆最早设在 1908 年末竣工的思晏堂二楼的一间房子内,当时藏书仅数百册。1912 年魏馥兰正式就任校长,他认为:"任何一所大学都不能没有图书馆。只要有了图书馆,不管其他的是否缺乏,大学均可照常运行。图书馆是大学的心脏。"这一年,沪江大学理科主任、化学教授梅佩礼开始兼任图书馆委员会主任。由于当年特里特先生慷慨解囊,捐赠 100 美元为图书馆购买了一套全新的《大英百科全书》,再加上不久后晏马太(Matthew T. Yates)博士的捐赠,图书馆馆藏才初具规模。1915 年,图书馆从思晏堂的二楼搬到了一楼,馆舍增加到两间房子,一间为阅览室,一间为书库。1920年,图书馆用房又有所扩大,增加到4间房子。

1928年沪江大学专用图书馆竣工,馆藏图书已达2.6万多册,其中中文图书13500册,英文图书12500册。这座图书馆是沪江大学第一幢在国内筹款建造的大楼,亦是一座沪大中国人治校和师生合作的纪念碑。整个图书馆大楼分为两层,支架全用钢骨建筑,极其牢固。下层为阅报室、教员研究室、管理员办公室、书目检索室以及后来成立的国际关系图书馆,左为储书室;上层为可容纳200多人的阅览室(图2.5),其中划出一小部分为管理员办公室。上下呈递图书则用升降机,方便快捷。新馆设施先进,软木地板上铺设有油地毡,墙壁四周装有暖气片(是沪江大学内唯一有取暖设施的地方),光线亦充沛,故深受读者欢迎。对此,当年沪江大学的一名学生曾写道:图书馆二楼"屋子里四周都是玻璃窗,真畅快得很!从窗子里往外看,这东去的大江就是我眼底的画图。倘使我真能坐下读书,就是波浪打上岸头,也可以弹动我的心弦;哪怕是浪点儿溅湿了雪白芦花,也给我不少的诗意!在这样的环境里,要是我学问再没有进步,那我真是'朽木不可雕也'了!"1936届校友沈贻谷回忆沪江大学时期的图书馆时说:"图书馆晚上光线充足,又很安静,是温

图2.5 1928年启用的沪江大学图书馆二楼阅览室

(来源:《葛德石与沪江大学》)

习功课的最好去处。图书馆馆长Thompson女士和蔼可亲,她教我如何查阅卡片,如何借阅图书,如何查找资料,这对我离校后受用很多。"

1948年,沪江大学扩建图书馆,并将这幢建筑命名为"湛恩纪念图书馆"(Herman C. E. Liu Memories Library)。当时的沪大校长凌宪扬说:"湛恩纪念图书馆代表了沪江子弟对沪江本身和中国高等教育的共同挚爱。而且,它还体现了为之所建的人——刘湛恩的崇高和功绩。"1949年3月26日,在沪江大学春季运动会期间,学校在图书馆前广场举行湛恩纪念图书馆开幕典礼。到1952年院校调整时,沪江大学图书馆馆藏中文图书已达83525册,其中西文图书为48315册。沪江大学停办后,图书馆藏书随各专业院系调拨给上海图书馆,以及复旦大学、上海财经学院、华东师范大学、华东政法学院、华东化工学院等大学图书馆(图2.6,图2.7)。

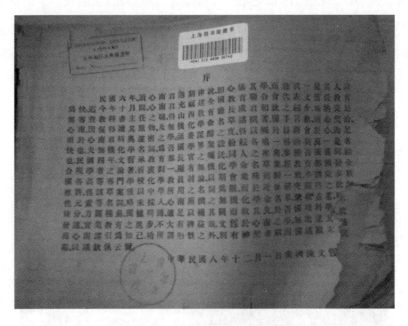

图2.6 上海图书馆馆藏的原沪江大学图书馆藏书《无机化学命名草案》书影

THE VOICE

SHANGHAI COLLEGE WEEKLY

Vol. X　　　November 13, 1920　　　No. 1

EDITORIAL

OUR VOICE, known for several years as a monthly magazine, will hereafter be changed into a weekly paper. The present and coming issues will be newsy in nature. The decrease in the size of each issue will be balanced by the increase in the number of issues.

We have felt for some time that the VOICE monthly while of good quality from a literary point of view has nevertheless failed to meet the practical need of a newspaper. Our past experience has pointed out to us our unprecedented opportunities and possibilities of turning out a newspaper of a more practical quality. We are exceedingly anxious to have the coöperation and constant advice of the students, alumni, and teachers of this college and hope that they, by keeping us informed as to what they are doing, will help us make our paper full of life.

We regret that on account of the reorganization of the VOICE, our work has been much hampered, and consequently, the present issue has not come out as early as it might otherwise have.

In making this change, we, the editors, as well as the managers, have done our best to try to meet the criticism offered and shall endeavor to give satisfaction not only to the students within this college but also to our friends outside of this campus.

　　　　　　　　　　　　　　　　　　　　G. B. L.

图 2.7　华东师范大学图书馆收藏的原沪江大学图书馆藏书书影

八、师生关系融洽、业余活动丰富

由于传教士都住在校内,他们的妻子也充当义务教员或分担校内工作,为形成家庭化的校园环境提供了条件。而且,由于浸会的平等传统,沪江校内也竭力避免等级意识,不论是达官富商的子女抑或打杂的校工,一律以礼相待,渗透着平等精神。教师还时常邀请学生去家中,与自己家人一起办茶话会、吃茶点、谈笑娱乐,以联络感情。魏馥兰校长的夫人和其他一些教师于1913年还发起成立"感亲会",引导学生探讨如何实现最佳的家庭生活。刘湛恩校长也常请学生到家中作客,师生谈笑风生,热烈讨论,唱歌做游戏,毫无隔阂。学生赞誉教师们"课外与学生交接极有平等精神,""在教员和学生之间,社交空气很是完美。在教室之外,教员对待学生,好像朋友一样,学生若来求助,教员莫不竭力相帮"。沪江大学的老师具有非凡的人格魅力,知识丰富,教学深入浅出,让学生们很是崇拜。师生之间交流不断,有时吃饭、午休的时间都能看到三五成群的学生围着一名老教授讨论问题。受师生间的这种感情影响,学生之间也充满了互助友爱的精神,新、老学生之间,级与级、班与班之间,均一视同仁,不厚此薄彼。在沪江大学任教的外籍教师和不少中国学生结下了深厚的师生情谊。哲学和英语演讲学老师普天德(Gordon Poteat)就在1938届校友朱谱康的心中留下了深刻的印记,1945年,朱谱康来到美国后,为表达对昔日老师的无限深情,他以"Gordon"作为自己的英文名。而1937届校友朱铁蓉也回忆选修了普天德博士开的"公众演讲"课,她还在1938年翻译并出版了普天德所著的《基督教最初发展故事》一书。后来朱铁蓉终身从事英语教育,应该说很大程度上受到了普天德的影响。

沪江大学受到欧美文化影响,具有显著的宗教、艺术和人文氛围。作为增进感情、铸就团体精神的一种体现,学生的社团组织和交谊活动异常活跃。为培养学生的自理和组织能力,沪江大学在开办之初就推行教师指导下的学生自治体制,每一级设立级会,有自选的委员和级长,全校则设学生自治会,负责全校宿舍、食堂、浴室、卫生、消防等事务。课余生活中西合璧、丰富多彩,涌现了青年会、感亲会、英文文学会、科学会、德文会、翻译社、戏剧社、书法研究会、口琴学会、社会服务团等数十个学生社团。沪江大学的学生社团活动既丰富了学生的课余生活,也锻炼了体魄,陶冶了人格,培养了自治和社会组织能力,养成了服务社会的价值观念,在教会学校塑造学生品格中具有重要的地位。

其中志在研究科学、养成著述能力的科学社(又称自然科学研究社),是沪江大学课外活动中最早创立的学术团体,沪江理科各系的系主任为该社顾问,主要负责人、成员、作者基本上都以学生为主。1928年该社有社员65人,其中女社员14人。该社曾编辑出版《沪大科学》《科学丛刊》(图2.8)《科学世界》等刊物,这些刊物主要刊载有沪江师生在化学方面的文章。

图2.8　1934年《科学丛刊》封面

1931年,九一八事变起,日本侵占中国国土,国人闻之无不气愤填膺、热血沸腾。沪江大学化学系师生响应国家军事救国的需求,积极参与到军事化学的学习和研究中。《沪大科学》于1932年出版了一期"军事化学专号",发表有徐作和的《军事化学之重要性》、徐肇和的《科学社设立军事化班之目的》、龚鼎洛的《T.N.T制法略述》、T.T节译的《克洛匹克林》、宗贤的《溴氰甲烷烟之制造》、徐肇和等人合作的《莫斯太气之制造》、陈贤凡的《电力固定空中硝素法》、张叔介的《烟屏》、邬申鹄的《炸弹》、章宏梁等人的《毒气之防护》。

《科学丛刊》年刊1934年出版的第4期,内容全为化学,而且都是同学们自己研究所得的文章,有郑宁远的《除虫菊之有效成分》《硝化淀粉》、邬申鹄的《六O六之综合》、张沾卿的《二溴荧光染料》《军用烟》、陈贤凡的《邻位氨化磺甲苯之制造》《桐子之分析》《活性炭》、林世芬的《铜在生命中之功用》、曹初宁的《中国钨矿及其分析法》、陆宗贤的《三硫化四磷之工业制造改良法》、徐肇和的《青油之氢化》、俞人骏的《芥子气之研究》、钟良芳的《金属元素定性分析不用硫化氢之实验》、陈汲刚的《耐火醋酸纤维软片制造之比较》。科学社及其刊物对培养学生的科学兴趣和科学管理能力起到了很好的作用。

科学社停办后,沪江大学化学系的学生约于1936年又成立了化学学会,尽管1937年淞沪会战后会务有所停顿,但在1939年便开始复社,化学系的各任主任为该会的顾问。此外,1936年,沪江大学1937届主修化学的学生基于"联络感情,共同切磋研究之心得"的宗旨,成立了沪江大学廿六级化学会。该会设会长、书记、干事、会计、出版各1人,"任期为一学期,连选得连任之,但以二次为限";该会"每学期出版化学期刊一册,并自民念五年秋始,每星期出版化学周刊一册"。1936年夏,该会出版了创刊号《化学》,但仅在1936年10月出版秋季学期号(即第2卷第1期)后便停刊了。《化学》创刊号和第2卷第1期中均载有《沪江大学廿六年级化学会宪章》《沪江大学廿六年级化学会会员及职员题名》。

此外,学分制的教学模式给学生们提升了很大的学习空间,每学期除了必修的专业课外,还可以自由选择喜欢的科目,如音乐、舞蹈、美术等。音乐活动也是沪江大学的一大特色,作为课外活动,它不仅娱乐身心,而且是一种巨大的道德和精神力量。唱诗班和话剧团在沪上颇具盛名,这种特色甚至诞生了沪江大学专门的音乐系。

学校极为重视体育,设有棒球、足球、网球、篮球、排球、游泳等课程或球队,也有体育会社团。学校每年春季还有相同于牛津和剑桥两所大学的划艇比赛。沪江大学在20世纪20年代后已成为华东地区一支体育劲旅,在华东八大学体育赛事中的篮球、足球、网球、垒球比赛中均多次获得过锦标,校足球队队员张邦伦后成为上海著名足球运动员。每逢举办运动会,校园内便万人争睹、气氛高涨。1930年,学校甚至创办了中国第一个健身组织——沪江大学健美会。这些体育活动唤起了学生们的竞争意识和团结精神。

九、校友会

同学之间和师生之间的交际对于改善人际关系、增进彼此感情、培养团队精神有着不可估量的作用,他们的情谊也延续到了毕业之后。

1914年,由沪江大学的毕业生和肄业生所组成的同学会成立,这是保持学校教育成果、在社会上建立支持者群体的重要组织,首任会长为于寿椿。同年,学校还成立了"校外同学通讯社",每周向肄业和毕业生发信,问候之余询问其就业等情况。随着沪江大学校友的日益增多,不少人具有了较高的社会地位和经济实力,同学会的力量也日益壮大。有些成员甚至成为学校的董事,直接参与了学校的管理,他们也为学校募捐起到了重要的作用。1946年,战后的沪江大学师资不足,化学课程开设颇为困窘。是年8月15日晚上,沪江大学校长林宪扬、化学系系主任唐宁康邀请在上海化学工业各厂服务的沪江大学化学系毕业生,在银行俱乐部举行化学系同学座谈会,会上一些校友提议组织沪大化学同学会。9月8日,化学同学会便在沪江大学科学馆举行成立大会(参见《民国日报》1946年9月8日第4版)。一些化学同学会会员为化学系学生讲授化工课程,赞助或开设化学工业讲座,如有机化学、造纸工业、窑业工业、电化工业、印染工业、化工机械、工厂管理等。

校友会对维系同学之间、师生之间、校生之间的情谊发挥了重要的作用,既促进了学校的发展,也帮助了沪江校友的成长。

十、社会服务

沪江大学社会学系曾开启了中国社会学教育的一个优良传统，即以大学为依托，把人才训练和社会服务结合起来，实现"产学研一体化"，树立了大学的社会责任和社会形象。这一优良传统的体现者，则是沪江大学社会学系于1917年创建的沪东公社，它被认为是中国最早的社会服务机构。1913年成立的社会学系也被认为是后来华东师范大学社会学系的起源之一。沪东公社在提供社会工作服务的过程中，安排了大量沪江大学社会学系的学生，使他们在实务操作中得到了训练。而且，沪东公社的历任负责人均为该系教师，又促进了研究的开展。这种情形与今天高校教师领办社会服务机构有异曲同工之妙。沪江公社既是一个学生的社会实验基地，开展广泛的社会服务训练，培养其服务精神；也是一个把宗教慈善事业和社会文化教育结合起来，企图按照基督精神和现代公民水准建立"一个朝向自我实现的社区"，从而系统地解决各种社会问题的试验场。对于当地社会，它是一个提供医疗、教育、娱乐和宗教的社区服务中心。

葛学溥是沪江大学社会学系的创始人，美国布朗大学毕业生，作为一名传教士来到中国，担纲沪江大学的社会学课程。在教授"社会调查"课程的过程中，葛学溥指导学生在杨树浦地区的东部搜集有关住房、人口、工业、教育、宗教等方面的资料，并制成图表，这是中国大学中进行的最早的社会调查。杨树浦一带工厂林立，人口密集，工人的居住条件和生活条件都相当差，社会矛盾突出。可能就是这次调查引发了葛学溥创办社会服务事业的信心，他于1915年在沪江大学校内组织了一个"沪江社会服务团"，实施慈善方面的救济，并且希望通过对社会状况的深入研究达到改正社会陋习的目的。"沪江社会服务团"附设了八个小组，开展面向贫民的社会服务工作。1917年，葛学溥将社会服务范围进一步扩大，在校外设立了一个社区服务中心，英文名是"The Yangtzepoo Social Center"，直译为"杨树浦社区中心"，葛学溥给它起了一个很优雅的中文名字——"沪东公社"，此后一直伴随杨树浦的居民走过了三十多年的风风雨雨。

沪东公社依靠中外企业的赞助和学校师生的捐助，义务开办男童学校、女童学校和工人夜校，在当地工人及其子女中普及文化知识，并开设缝、编结、刺绣、家政等职业课，后进一步发展到创办幼儿园和中学、开办医院和诊所、组织体育娱乐活动、放映幻灯片和电影等。除此以外，沪东公社还开办了民众图书馆、民众代笔处、民众食堂、民众茶园、民众同乐会、施诊所等，为社区居民提供多样化的服务。1937年八一三事变爆发，社会环境发生了急剧变化，沪东公社的活动也随之发生了很大的变化，主要表现在直接参与当时的难民救济，以及专门面向学徒开设夜校等，这些活动一直持续到抗战胜利。

第三章

优秀师资

沪江大学化学师资力量极为雄厚,前后有百人之多,毕业于欧美知名大学的外教和海归人才比例相当高。沪江大学的学生也得以从这些优秀的教育者身上获得最新的科学技术知识与技能。这些教师的学术水平高、热爱教育、品德高尚、充满爱心。陆续入职任教的中国教师往往是学贯中西,他们既受到先进的现代科学教育,也饱受中国传统文化与思想的熏陶,教学水品高超,通过言传身教,培养了众多优秀的沪江学子。1952届校友顾志澄回忆说:"我们沪江大学的师资可是当时上海最好的,光是化学系就有10位教授。有一位研究分析化学的唐教授,非常厉害,他上课把重点讲得清清楚楚,把化学里所有精彩的地方都讲得非常透彻,剩下的需要学生自己私下下苦功夫细细去品味。还有一位研究化工的陈教授,他汉语说得还没有英语好,我们都要他用英语上课。他上课给出的笔记非常详细而且实用,曾经有工作了大半辈子的老工程师看到他的笔记,马上拿笔要抄写,可见他在化工领域水平特别高。"

1931年,洛氏基金会副主席甘恩就沪江大学理科的印象指出:"主要是从事教学,看来研究工作做得很少。"受制于当时的环境与条件,基础科学研究确是无暇顾及。但在教书育人、科学传播、化工服务方面沪江大学化学系做了大量的工作。他们成立科学社,创办《沪大科学》杂志。张资珙、颜任光、侯或华、苏祖斐等人经常撰文在科学社的刊物上发表,并开展对各学科知识的宣扬活动。《天籁》于1912年创刊,是沪江大学最具影响力的学术刊物,首任社长就是沪江大学学生、后来任沪江大学理学院院长的郑章成,化学系的师生也积极参与运行和投稿。

一、沪江大学理科与化学系历任领导

1906～1910:传教士乐灵生负责格致科课程的授课。
1910～1925:专业化学教师梅佩礼负责格致部以及化学系。
化学系主任或负责人:
1910～1925年　梅佩礼;
1925～1937年　徐作和;

1937~1941 年　李国柱（代理）；

1941~1952 年　唐宁康。

理学院院长：

1929~1942，1942~1945（沪江书院），1946~1951 年　郑章成。

二、沪江大学化学系优秀师资

沪江大学化学系人才辈出，其雄厚的师资力量功不可没。浏览下面这份名单，可以发现当时的沪江大学化学系拥有数量众多、名校毕业的外教和归国学人：

1910~1925　梅佩礼教授，麦克马斯特大学学士，哈佛大学文学硕士，曾任职于麻省理工学院；

1915~？　于寿椿，沪江大学学士；

1916~1917　杨景时（理化科、格致科）讲师，东吴大学文理学士；

1916~1919　缪秋笙（理化科、格致科）讲师，沪江大学文学士；

1919~1923　甘霖（Ralph B. Kennard）教授，麻省理工学院化学工程学士学位，哥伦比亚大学师范学院文学硕士；

1919~1937　徐作和教授，东吴大学理学士、硕士，美国芝加哥大学哲学博士；1944~1947 兼职教授、特别讲师；

1923~1924　李启谦讲师，沪江大学理学士；

1924~1925　奥古斯特·齐威格（August Zellweger）代理教授，伯尔尼大学哲学博士；

1924~1927　张资琪助教，沪江大学理学士；

1925~1927，1940~1952　唐宁康教授，沪江大学理学士，密执安大学博士；

1926~1927　沈熊庆副教授，理学士、硕士、哲学博士；

1927~1928，1932~1935　林天骥讲师，沪江大学文学士，布朗大学硕士、康奈尔大学博士；

1927~1928　王家屿助教，理学士；

1928～1929,1942～1952　王箴副教授,罗宛尔纺织专校学士,密执安大学硕士、康奈尔大学博士;

1929～1932　亚瑟·塔尔伯特·鲍登(Arthur Talbot Bawden)教授,丹尼森大学科学学士,俄亥俄州立大学科学硕士、哲学博士;

1929～1930　孙桂林助教,沪江大学理学士;

1930～1931　周太初助教,沪江大学理学士;

1930～1931　应元栽助教,沪江大学理学士;

1931～1932　贺其炽助教,沪江大学理学士;

1931?　沈镇南,兼职讲师,俄亥俄州立大学化工学士,路易斯安那州立大学糖业工程硕士;

1931?　孙京华助教,沪江大学理学士;

1931?　林继南(信息不详);

1932～1935　陈观深助教,沪江大学理学士;

1932～1935　潘宝德助教,沪江大学理学士;

1932～1933　程日光助教,沪江大学理学士;

1933～1934　陈贤凡助教,沪江大学理学士;

1934～1935　亚历山大·L·拉多姆(Alexander L. Radom)讲师;

1934～1935　约翰·E·S·韩(John E. S. Han),兼职教师;

1934～1935　周生华助教,沪江大学理学士;

1934～1937　钟良芳助教,沪江大学理学士;

1934～1937　曾瑞显讲师,俄亥俄州立大学博士;

1935～1936　威廉·G·欧文思(William G. Owens),访问教授、博士;

1935～1936　陶祥霞助教,沪江大学理学士;

1936～1941　葛兴骥助教,沪江大学理学士;

1937～1941　李国柱教授,沪江大学理学士,密执安大学博士;

1938～1941,1943～1947　李君武助教,沪江大学理学士;

1939～1941　沈济川讲师,理学硕士;

1939～1942,1947～1948　施嘉钟讲师,依利诺大学硕士;

1940～1941　刘志平讲师,理学硕士;

1940～1942　顾远芗助教,沪江大学理学士;

1940～1943　方金涛助教,沪江大学理学士;

1941～1945　刘澶镇,兼职讲师;

1941～1943　孙锡琪助教,沪江大学理学士;

1942～1947　陶桐讲师,威斯康星大学理学士,芝加哥大学硕士;

1942～1944,1951～1952　尤启文助教,沪江大学理学士,亚克朗大学硕士;兼职教师;

1943～1944　屠庆宇讲师,助理员;

1944～1945　周绮霞助教,沪江大学理学士;

1945～1947　宗瑛助教,沪江大学理学士;

1946～1947　李兆雄助教,沪江大学理学士;

1946～1948　孙册助教,沪江大学理学士;

1946～1949　卞柏年教授、沪江大学理学士,布朗大学学士、硕士、博士;

1946～1952　吴浩青副教授,浙江大学理学士;

1947～1948　吴翼千助教,沪江大学理学士;

1947～1952　王于上助教,沪江大学理学士;

1948～1949　邱鸿章,兼职教授;

1948～1952　陈再谋,沪江大学理学士,助教;

1949～1950　傅贻春(信息不详);

1949～1950　吴志高(信息不详);

1949～1952　林琰助教,沪江大学理学士;

1949～1952　程耀椿教授,清华大学理学士、哥伦比亚大学博士;

1949～1952　顾毓珍,油脂工业教授;

1949～1952　金培松,酿造工业教授,劳动大学毕业,威斯康星大学硕士;

1950～1952　石华鑫,兼职教师;

1950～1952　刘正炯,兼职教师;

1950～1950　金耀麟助教,沪江大学理学士;

1950～1952　李明馨助教,沪江大学理学士;

1950～1952　张伟如,兼职讲师,交通大学理学士、斯坦福大学硕士;

1950?	章元若,兼任教授;
1950?	侯希忠,兼任教授;
1950?	李继陞教授;
1929?	贺闾,密西根大学理科学士、硕士;
1929?	艾承燧助理;
1951～1952	储润科教授;
1951～1952	陈维新,兼职教师,柏林大学工学硕士;
1951～1952	李颖川,兼职教师,大同大学理学士;
1951～1952	李嘉音,兼职教师,沪江大学理学士、燕京大学硕士;
？～？	韩组康,兼职教授;
？～？	邵稼麟,兼职教师,威斯康星大学学士、康奈尔大学博士;
？～？	刘淮业,兼职教授,华盛顿大学化学硕士。

三、优秀师资代表

梅佩礼

梅佩礼教授(1883～1955),1883年11月28日出生于加拿大安大略省诺福克县维托里亚,从麦克马斯特大学毕业后赴哈佛大学进行四年研究,于1910年获文学硕士学位。1910年6月下旬在剑桥大学与米丽亚姆·A·宾利(Miriam A. Bentley,1887～1971)结婚后即赴沪江大学任职。1910年至1925年,曾任沪江大学第二任格致部主任、第一任化学系主任、图书馆委员会主任、科学馆规划者,1916年代副校长,编写《理科实验法》(图3.1)。

梅佩礼的夫人米丽亚姆·A·宾利,是拉德克里夫学院文学士,1910年至1925年任沪江大学英文系教员。离开沪江大学后,梅佩礼迁居美国弗吉尼亚州,后赴缅因州,任贝茨学院化学教授。

梅佩礼可以说是沪江大学化学系的创始人,他是沪江大学第一位专职化学教师,也是格致科、化学系和理学院的创始人。由于他的专长是化学,因此重点发展了化学系。梅佩礼认为,教育在本质上是一种生活的训练,因此学校的教育,包括宗教的和文化的设置,应当尽量地贴近社会,只有这样才能有效地保持教会教育的成果。梅佩礼在《1916年的沪江大学》一文中写道:"自然科学主要提供化学、物理、生物、地质学、生理学、卫生学、数学方面的训练,以供在中学教授此等科目,或在专科学校进行理工科的深造。在基础自然课程中,也要让学生明白研究的实际意义。在一些必修课程中,如有机化学和卫生科学,更容易进行这个想法。"他指出,在学习一些特定的课程时,学生应该对上海的工厂和工程进行参观,例如,水净化厂、发电厂、电解产品厂、玻璃厂、重化学品厂、丝绸厂、棉花厂等。而且他还要求学生必须完成参观报告,作为正常的实验课堂作业。学校所处的地理位置为学生们提供了很多实验扩展的机会,也保证了讲师能对科学话题开展讲座。梅佩礼奠定了沪江大学化学系的基础,为沪江大学化学系的飞速发展做出了重要的贡献。

图 3.1　梅佩礼与徐作和合编的《理科实验法》内封

郑章成

郑章成教授(1885～1963),福建闽侯人,教育家、生物学家,曾任沪江大学教授、生物系主任、理学院院长、副校长(图3.2)。

图 3.2　郑章成

郑章成是1908年上海浸会大学(沪江大学前身)正式招生的首批几名学生之一。1913年,首届两名毕业生为郑章成和邬志坚。随后郑章成赴耶鲁大学学习,并于1919年获得哲学博士学位。1919年他回到母校,成为沪江大学第一位受西式教育的高学历华人教授。1920年至1951年,他出任沪江大学教授、生物系主任。1922年至1926年,任沪江大学副校长。1929年至1942年、1946年至1951年,担任沪江大学理学院院长,也是学校第一任理学院院长,对沪江大学理科的发展做出了重要的贡献。1952年院系调整后,因身体原因,未再从事工作。

郑章成于1919年学成归国后开创了沪江大学生物学系并任系主任。其间,他聘请了许多知名教授,培养出了大批生物科学高级人才,学生赞扬他的创业精神,尊称他为"系主人"。他讲授生物学,自编了四册讲义,并著有《大学生物学》等书,但从不照本宣科,而是要求学生自行预习。他的文献讨论课也采用启发式教学,培养学生独立思考和科学观察的能力。郑章成长期担任理学院院长,在发展生物系的同时,也为化学和医学预科的发展做出了突出的贡献,对沪江理科的壮大居功至伟。他培养的学生,有些成了中国科学院院士,不少当了教授,真是桃李满天下。

郑章成具有先进的教育理念,他在 1936 年提出的"大学理科的四使命",认为:

"大学研究科学,应有四种使命。宇宙内之事实,或来自天然界,或来自人间,此种事实,不能以人力而更改,亦不能以环境而转移者,吾人称之为学理或公例。此公例,即人类公有之遗产,亦即人类共同之常识。吾人以此常识,编成课程,列入实验,证明公例之实现,表示事理之大同,援古证今,调和中外,俾学者扩张眼界,启发智能,此为研究理科之第一使命。

科学之理论与公例,由运用科学方法而得者,始有存在与发展之价值。如何运用科学方法,经过若何步骤,比较务精密,取舍求得宜,去成见,以溯因果,不虚假以证是非,以现象求抽象,以已知测未知。抱冒险进取之精神,用准确就范之手术,精益求精探讨事理。工欲善其事,必先利其器。善用科学方法,即为发明真理之利器也。此为沪大研究理科之第二使命。

以研究科学之结果,作为人类日常之应用。利用科学之好结果愈多,即增加人类之愉快与幸福。科学本无私,共诸同好;发明无止境,不嫌细小;师生合作,鼓励后生,介绍新学说、新方法,俾国内工艺制造家,有所借镜,教学互助。不弃旧,不务新,从本身文化中求新发明,俾学者认识吾国蕴藏丰富探讨采取,供给不尽,充分利用而已。此为沪大研究科学之第三使命。

研究科学,不专为其利用而后研究。探讨新理,从事发明,即应以探讨与发明为标准,何必言利。专一门有一门之兴趣,作一事有一事之乐境。人生乐观,不仅限于五官之享受。体肤不爽,亦未必即为精神之痛苦。

真善美科学之精义也。陶情养性,纯粹科学之态度也。知新宇宙之浩大,而不信人类正气更为浩大。知物质中心之奥妙,而不信人类中心更为奥妙。倾重物质,轻视精神,此为大科学家所不齿。达尔文终身研究天演学,至老而以不能享受诗歌为叹息。吾不愿沪大研究理科学者,亦有此叹息焉。此为沪大理科之第四使命。"

郑章成先生学贯中西,既有很高的科学素养,也有深厚的国学功底(图 3.3)。其国学修养在诗作《思晏堂秋晚》(载于 1912 年 11 月出版的《天籁报》中文版第 1

卷第2期第12～13页)上体现得淋漓尽致,当时他还是在读的学生:

思晏堂秋晚

烟水长江入画图,天高万叠乱云铺。群山远近分浓淡,村树模糊认有无。
半幅去帆悬古渡,一行归雁落平湖。渔歌唱罢人何处,月映寒汀水绕芦。
万里云罗淡未收,谁家吹笛在江楼。渔灯暗逗芦村远,蟹火深藏荻岸秋。
烟破翠微归一鹤,潮平沙渚落双鸥。晚来似觉嫌云密,未吐银蟾伴夜游。
晚明霁色爱晴霞,水郭荒村望眼赊。对岸绿林沽酒市,隔江红楚卖鲈家。
草枯驿路秋嘶马,枫冷霜天暮集鸦。时有野翁遥唱返,肩携黄菊一锄花。

图 3.3　郑章成为 1944 年《沪江年刊》题词

(来源:《沪江民三十三年年刊》)

"沪江大学"校名即由郑章成题写,许多沪江校友重访母校故地,一见"沪江大学"那四个熟悉的大字,在母校生活的情景便一下涌上心头,从心底泛起对郑老师的崇敬、怀念之情。郑章成还创办了校刊《天籁》杂志,并为杂志题名。

郑章成先生是一位令人尊敬的爱国学者。九一八事变后的一次大会上,他慷慨激昂地说:"天下兴亡,匹夫有责。我是一个中国人,值此国难当头,我有责任上前线抗战。可是,我年老体弱,得不到上前线的机会,我愿送我儿子上前线!"讲到这里,郑先生老泪纵横、声音哽咽、语不成声。1937年淞沪会战爆发后,军工路的沪江大学校址被日军占为兵营,沪江大学本部迁至城中区商学院,后又与东吴大学、圣约翰大学等校组成上海基督教联合大学。1941年太平洋战争爆发后,日军占领上海租界,教会联合大学解散,沪江书院成立,郑章成主持教务,坚持办学。1944年至1945年,郑章成接替朱博泉担任沪江书院院长。

郑章成的家人均与沪江大学有关(图3.4)。他的夫人盛祖新(1891~1960?),上海贝满女校毕业后赴美留学,回国后任上海贝满女校校长,曾任中华基督教女青年会全国协会会长、沪江大学女生监学、沪江大学女生理事会顾问、沪东教会夏令儿童义务学校顾问等职。1950年,郑章成夫妇与郑辉夫妇、廉铁民夫妇,被沪江大学教会同仁评选为治家有道、教子有方的模范父母。他的长女郑怀美(1918~2000),中国妇产科内分泌临床研究的开创者、著名妇产科专家,有"医学界的女外交家"之誉,于1936年毕业于沪江附中,1936年至1939年于沪江大学医预科学习,

图3.4 1977年冬,郑章成的子女与原沪江大学教授普天德、林卓然、涂羽卿的家属在上海衡山宾馆聚会时合影,左起:普天德次女 Priscilla Poteat、郑肖成、林尚贤、郑怀美、涂羽卿夫人 Muriel Hoopes、普天德长女 Ann Poteat、涂省、郑又成。

(来源:《沪江大学纪念集1906~1986》)

晚年曾任沪江大学校友会副会长、会长。其长子郑又成，1942年毕业于沪江大学（书院）物理系，获理学士学位，1942年至1944年任沪江书院物理系助教。其次子郑继成，先后就读于沪江大学附中和沪江书院，1945年毕业于沪江书院化学系。其三子郑肖成，先后就读于沪江附中、沪江大学（肄业），1985年沪江大学校友会成立后，任校友会第一至第五届常务理事兼副总干事，及第六届理事（不设常务理事），1991年为沪江校园内新湛恩纪念图书馆内陈列的刘湛恩塑像和刘湛恩纪念碑积极奔走。

甘霖

甘霖教授（1891～1978），先后在哥伦比亚矿业大学、麻省理工学院学习化学工程，1916年获麻省理工学院学士学位，1919年获哥伦比亚大学师范学院文学硕士，1919年10月代梅佩礼任沪江大学格致部主任，兼任工业化学教授（图3.5），1924年至1926年任沪江大学物理学教授，其间任沪江大学物理系主任。1927年以题为 The Mean Free Path of Alkali — Metals in Different Gases 的论文获芝加哥

图 3.5 任沪江大学工业化学教授的甘霖

（来源：1923年《沪江年刊》）

大学物理学哲学博士学位,后赴土耳其伊斯坦布尔,任罗伯特学院物理系主任,1930年至1932年在美国国家标准局任职,1932年起任威尔逊师范学院物理系主任,第二次世界大战期间在美国国家标准局航空仪器部任职,1946年至1962年,先后供职于美国海军武器实验室、美国空军、美国中央情报局、美利坚大学、美国天主教大学,晚年曾担任工业顾问。

徐作和

徐作和教授(1895~1954),字汝梅,江苏吴江人,沪江大学第二任化学系主任,也是首位担任沪江大学系主任的中国人(图3.6)。曾任沪江大学科学社编辑出版的《科学丛刊》《科学世界》《沪大科学》顾问,沪江大学科学社、化学学会顾问。

图3.6 徐作和教授

1918年毕业于东吴大学,获理学士学位,后获分析化学硕士学位。毕业后到沪江大学化学系任教直至1937年,期间赴芝加哥大学深造,并获博士学位。1925年至1937年任沪江大学第二任化学系主任。1932年8月参与发起成立中国化学会,1930年至1936年间,与吴承洛等人轮值担任《化学工业》的主编,1937年至1940年任教华中大学,抗战期间迁校云南喜洲期间任理学院院长,1941年至1954年任九福制药厂厂长兼研究室主任(其间曾兼任沪江大学化学系教授),1954年任上海市人民政府地方工业局试验室工程师,曾任中华全国自然科学专门学会联合会上海分会常务委员会委员、中华化学工业会理事长、中国化学会上海分会常务理事。

1919年进入沪江大学化学系后,徐作和成为继梅佩礼之后的支柱力量。1925年梅佩礼回国后由徐作和任系主任,他继承了化学系重视化工的传统,进一步增添了课程设置诸如工艺化学、应用化学基础、食物与营养、技术分析、工程化学、有机量化分析、有机制剂、工业化学案例等。开设的工艺化学课,内容涉及日常用品的各个方面,如肥皂、颜料、纸革、油漆和化妆品等。在徐的主持下,先后有伯顿(A. T. Bawden)、拉敦(A. L. Radom)、欧文思(W. G. Owens)等外籍教师,以及林天骥、王箴、缪钟彦、蔡志云(音)、曾瑞显等留美归国的硕士、博士为骨干,化学系的师资实力更有所增强。

在培养方向上,徐作和把眼光放在上海这个城市的社会需要上。他强调,"上海位于中国工业中心之一,我们的化学毕业生能够在工厂工作,对工业发挥他们的影响,这所学校就会对公众提供更好的服务。"因此"从我们在工厂工作的毕业生的情况看,我们的学生应该在化工上有更深入的训练"。而且,"鉴于各厂家、研究机构及其他单位都有竞争性考试,我们必须给毕业生提供一定程度的高级训练"。为了让学生对化工生产过程有感性认识,化学系还组织学生去工厂参观并要求书写参观报告。仅1930年春,化学系就组织学生去明华糖厂、公共界自来水厂、上海水泥厂、上海大英煤气厂、大华皮厂、宝山玻璃厂、中国肥皂公司、龙章纸厂、振华油漆厂、炽昌胶厂、天厨味精厂、萤昌火柴厂、纶昌印花漂染公司等各类工厂参观学习,这让学生更直观地认识到化工工艺在现实生产中的体现和应用以及化工在日常生活中的重要性。

徐作和在洛氏基金会的支持下,从事从麦麸水解物中提取谷氨酸钠盐的研究,提高了产品的质量,他的学生甚至因此自己创办了一家制造厂。据1935年《沪大校闻》报导,徐作和的学生王树衡毕业时发明了从豆饼中提取一种重要工业原料酪素的办法,大大降低了生产成本。

徐作和在沪江大学任职期间,曾翻译教材《最新实用化学》(图3.7)(与钟良芳合译,N. H. Black,J. A. Conant原著,沪江大学化学社1936年出版)、《普通化学》（与人合译，H. G. Deming 原著，初版中译本由上海图书公司 1936 年出版，第五版中译本由中外书局 1947 年出版）等，将当时国外最新的化学知识引进到国内。

图 3.7　1936 年 9 月 3 日《民报》刊载的《最新实用化学》广告

在徐作和领导下，沪江大学化学系逐渐走向成熟。结合当时社会状况，化学系成为沪江理科中最强的一系，其课程设置的系统性在化工方面堪称国内大学之最，常被称为"工业化学系"。

李国柱

李国柱教授（1908～1994），1928 年毕业于沪江大学，获理学士学位，留校任化学助教，后留美获密执安大学硕士、博士学位。留美期间，因其成绩优良，被教授邀请协助编写教材，1937 年至 1941 年（又说 1938 年至 1940 年）重返沪江大学任教授，后担任化学系代理主任。

1937 年，沪江大学化学系主任徐作和因八一三战争爆发时无法携家眷来沪，只得辞去沪江教职，于是学校聘任李国柱代理化学系主任，李国柱于 1941 年离开沪江大学后,唐宁康被聘为化学系代理主任。

太平洋战争爆发后,李国柱带领沪江大学化学系的张维熊、张承璧、周镜潭、施文蔚、李国光同学在江西赣州开办江西苎麻厂。抗战胜利后,李国柱已在政府工厂担任要职,但应时任化学系主任唐宁康之请,来到沪江大学化学系讲授化工原理课程,且不收取报酬。李国柱晚年被聘担任牙买加研究所主任,退休后侨居加拿大安大略省温莎市,1994年6月6日在侨居地去世。

唐宁康

唐宁康教授(1899~1974),浙江奉化人,化学教育家,生物化学、分析化学的先驱,沪江大学最后一任化学系主任。

1917年,唐宁康毕业于沪江大学,1927年在洛克菲勒基金会资助下前往美国留学深造,获芝加哥大学硕士,1930年获密执安大学化学博士学位。当时沪江大学编制已满,唐宁康回国后只好先去北京协和医学院任教,此后又先后任教于湘雅医学院、国立中正医学院(现陆军军医大学的主要前身之一,任教务长、训导处主任)、中法大学,1941年起任沪江大学化学系代理主任、第四任即最后一任化学系主任。在1948年成立的上海生物化学会中担任监事,该学会对筹组中华人民共和国成立前的中国生化学会起了重要推动作用。沪江大学解散后进入华东师范大学化学系任第二任系主任,从事无机及分析化学的教学与研究,1956年被教育部评为二级教授。

唐宁康先生是我国生物化学、分析化学的先驱,也是著名的化学教育家,他一生桃李满天下、育人无数,学生对他的记忆也极为深刻。胡壮麒院士回忆说:"四年的大学生活大大地提高了我的专业水平,对我的成长影响最大的有唐宁康教授、吴浩青教授和蔡尚思教授。"郭慕孙院士回忆说:"唐先生是一位极有系统、治学严谨的学者。他一边讲课一边在黑板上写。只要按他的格式抄在笔记本上,就成了教材。"戴立信院士回忆说:"唐宁康先生非常重视实验,实践在先。"唐宁康先生讲课生动易懂,汪尔康院士曾专门写了一篇饱含深情的文章《忆恩师唐宁康教授》(图3.8)。著名儿童营养学家、医学教育家苏祖斐与唐宁康亲如家人,说他学识渊博、和蔼可亲、平易近人,既是良师也是益友。

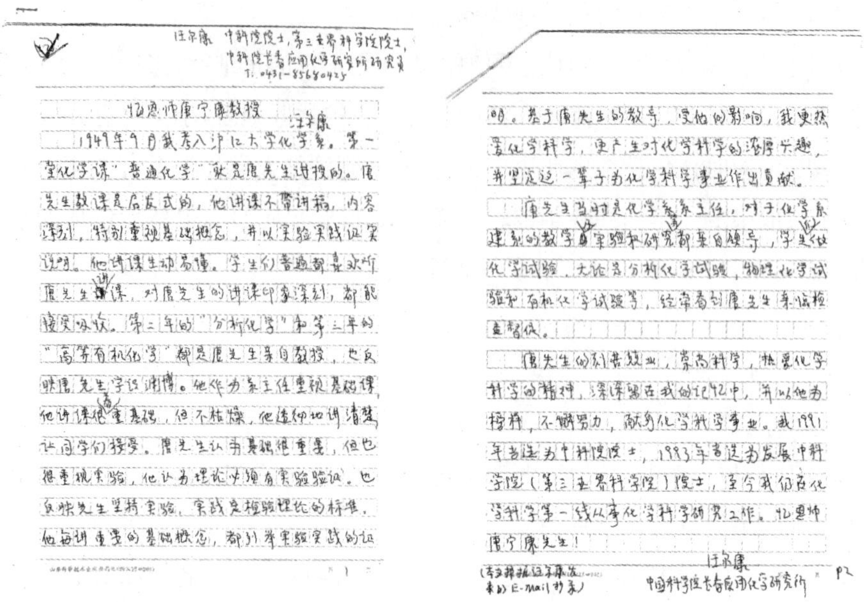

汪尔康 中科院院士，第三世界科学院院士，
中科院长春应用化学研究所研究员
T: 0431-85680425

忆恩师唐宁康教授
汪尔康

1949年9月我考入沪江大学化学系。第一堂化学课"普通化学"就是唐先生讲授的。唐先生教课是启发式的，他讲课不带讲稿，内容深刻，特别重视基础概念，并以实验实践证实说明。他讲课生动易懂。学生们普遍都喜欢听唐先生讲课，对唐先生的讲课印象深刻，都能接受吸收。第二年的"分析化学"和第三年的"高等有机化学"都是唐先生亲自教授，也反映唐先生学识渊博。他作为系主任重视基础课，他讲课很看重基础，但不枯燥，他透彻地讲清楚让同学们接受。唐先生认为基础很重要，但也很重视实验，他认为理论必须有实验验证。也反映先生坚持实验，实践是检验理论的标准。他每讲重要的基础概念，都列举实验实践的证明。基于唐先生的教导，受他的影响，我更热爱化学科学，更产生对化学科学的浓厚兴趣，并坚定这一辈子为化学科学事业作出贡献。

唐先生当时是化学系系主任，对于化学系建系的教学、实验和研究都亲自领导，学生做化学试验，无论是分析化学试验，物理化学试验和有机化学试验等，经常看到唐先生亲临检查帮促。

唐先生的刻苦敬业，崇尚科学，热爱化学科学的精神，深深留在我的记忆中，并以他为榜样，不懈努力，献身化学科学事业。我1991年当选为中科院院士，1993年当选为发展中科学院（第三世界科学院）院士，至今我仍在化学科学第一线从事化学科学研究工作。忆恩师唐宁康先生！

汪尔康
中国科学院长春应用化学研究所

（本文根据汪尔康发来的E-mail抄录）

P2

图 3.8 汪尔康院士手写稿

程耀椿

程耀椿教授(1894～1980)，别号子茂，广东中山人，曾任教于沪江大学(图3.9)。

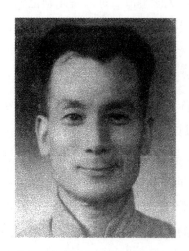

图 3.9 在沪江大学化学系任教时的程耀椿

（来源：1950年《沪江年刊》）

1919年，程耀椿毕业于清华学校化工系，1922年获伦斯勒理工学院化学工程师学士学位，1924年、1927年先后获哥伦比亚大学化学工程硕士、博士学位。回国后，先后在中山大学、浙江大学、复旦大学任教。

程耀椿先生曾于1919年参加五四运动，1930年在麻省理工学院发起成立中国化学工程学会(图3.10)，并当选为第一届理事会会长，顾毓珍为书记，张洪沅为会刊委员会主席，杜长明为会计，何玉昆为干事，其余四位均为当时麻省在读的博士或硕士。学会成立后，在世界范围内迅速吸纳化学化工人才，队伍不断壮大，还聘任国民党元老张静江、爱国华侨陈嘉庚、《申报》总经理史量才、化工界泰斗范旭东、侯德榜等为名誉会员。1930年9月7日,学会在麻省理工学院召开了第一届年会。1930年代初,随着第一、二届理事会成员相继回国,该会也回迁到了祖国。

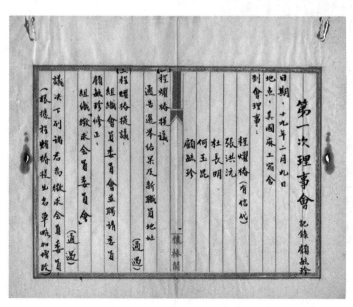

图 3.10 华东理工大学学校档案馆征集的1930年中国化学工程学会第一届理事题名及理事会记录稿

1936年回国后,任浙江大学工学院化学工程学系教授,1938年随浙江大学举校迁至广西宜山(今宜州),后再迁遵义。

程耀椿于1949年至1952年任教于沪江大学。1952届校友黄曰侯对程耀椿先生的教学方法印象非常深刻。据黄先生回忆,程耀椿在教学中十分看重自学,也就是启发式教育。那时候,程耀椿先生每周都会要求学生写一篇摘记,内容不限,但是一定要与化学相关。也正是这种一开始的硬性要求,久而久之便变成了一种习惯。

1952年沪江大学解散后,程耀椿转入华东化工学院(今华东理工大学),1956年被教育部评为二级教授。1959年底加盟清华大学化工系任教授。

王箴

王箴教授(1899~1994),字铭彝、叔箴,江苏江阴人,化学教育家、染化专家、中国化学纤维工业奠基人之一,曾任教沪江大学,晚年任沪江大学校友会顾问。

图3.11　1928年至1929年任沪江大学化学系副教授的王箴
(来源:1929年《沪江年刊》)

王箴早年有感于国家贫穷落后,屡遭外侮侵凌,因而发愤读书,决心走"科学救国"的道路。无论小学、中学、大学以至国外留学,都是成绩优异、名列前茅,经常跳级或提前毕业。1918年毕业于上海大同学院普通科,1923年获美国麻省罗宛尔纺织工学院染化学士学位,1924年获密执安大学化学硕士学位,1926年获康奈尔大学哲学博士学位。

1926年回国后,王箴参与南京中央工业试验所筹建工作,次年转任厦门大学化学系(第二届)系主任,后又任浙江大学化工系教授、之江大学教授兼化学系、化工系主任,交通大学化学系教授。1928年至1929年,任沪江大学化学系副教授(图3.11),曾于1928年4月20日带领沪江大学科学社20余人,参观五洲制药固本制皂厂。1943年起,先后任沪江书院化学系教授,沪江大学化学系教授、兼职教授。

1923年至1925年间,王箴在美国与庄长恭、傅鹰等筹建中华化学会,担任第一至第四届中华化学会会长。1932年8月,与其他44位化学研究人员在南京发起成立中国化学会,并当选为学会普及工作委员会副主任委员。1953年至1957年任中华化学工业会副理事长、理事长。1958年至1990年任上海市化学化工学会副理事长兼秘书长,1984年任名誉董事长。

1946年,王箴和陈聘丞、曹梁厦等发起创刊《化学世界》,担任编纂、编辑委员会主任委员等工作,达40余年。他还曾主编会志《化学工业》,担任过《化学》《化学工业与工程》《化学学报》的编委,为我国化学工业的推广交流、国内外科技信息的传播,发挥了重要作用。

王箴是中国化学纤维工业奠基人之一。1952年,他参加筹建了上海合成纤维研究所,组织技术力量制订合成纤维发展规划,亲自参加研究工作,并从苏联引进卡普纶(锦纶)整套建厂图纸。1952年至1955年任上海市纺织工业局技术处副处长,合成纤维厂等建办公室副主任。1956年调任上海市化学工业局技术处科研办公室,任国家技术二级工程师、总工程师、副总工程师、高级工程师、顾问等职。1964年至1975年当选第三届全国人民代表大会代表,1962年作为特邀人士参加第三届全国政协第三次会议。1991年享受国务院政府特殊津贴。

王箴通晓英、德、法、俄、日五国语言,长期笔耕不辍,曾编著《化学汇解》《更新高中化学》《大学普通化学》《化学初步》《化工基础》《化工辞典》等。尤其是他参与编写的、1952年由商务印书馆出版的《普通化学》教材是第一部中国人自编的教科书,该书理论与实用并重,所选实例多取自中国。

王箴学识渊博,对中国化学史颇有研究,也是著名的化学教育家,先后开设有普通化学、理论化学、分析化学、有机化学、染料化学、香料化学等课程。

顾毓珍

顾毓珍教授(1907~1968),字一真,原籍江苏无锡,出生于河北省保定市,化工学家、教育家,中国液休燃料与油脂工艺研究的开拓者,中国流体传热理论研究的先行者，曾任教于沪江大学(图3.12)。

图 3.12　顾毓珍教授

1921年，顾毓珍毕业于无锡辅仁中学，随即考入清华学校，1929年、1932年份别获麻省理工学院化学工程学士、博士学位。博士论文《水在圆管中流动时的传热机理研究》发表于1933年的《英国化学工程师学会》丛刊上。《化学工程师手册》一书中提到，顾毓珍提出的关于流体在圆管中流动时的流动阻力计算公式，基础理论可靠且便于实际应用，特予采纳，并称之为"顾氏公式"，得到国际学术界的公认，这是我国科学家在化学工程学科领域做出的杰出贡献之一。

顾毓珍担任麻省理工学院中国留学生同学会会长和中国工程师学会美洲分会会长时，和程耀椿等人一起于1930年发起成立中国化学工程学会(图3.13)，成为该学会创始人之一并长期担任该学会书记工作。1931年，他参与创办了《化学工程》期刊。1932年，在中国工程师学会刊物《工程》季刊上，他发表了题为《化学工程》的论文。这是较早向我国读者介绍化学工程学科的一篇论文，对我国化学工程学科的发展起到了推动的作用。

图 3.13　中国化学工程学会第一届年会合影(左2:顾毓珍)

顾毓珍是中国液体燃料与油脂工艺研究的开拓者。1933年回国后,他历任南京、重庆、北平的中央工业试验所代所长、所长,从事液态燃料代用品的研究。1934年在上海浦东筹建中国酒精厂,同时还进行以植物油裂化制液体燃料的科学研究。1939年后,中工所陆续在重庆北碚建设了五个试验室和三个实验示范工厂,顾毓珍任油脂试验室主任、汽车燃料试验室主任,兼油脂实验工厂厂长。油脂试验室是我国早期的主要的油脂学术研究机构,为我国现代化油脂工业的起步培养了大量的人才。1940年,他试验成功"氯化钙脱水法制造高浓度酒精",使其浓度达到98%～99%,能取代汽油而作为液体燃料。

在中工所工作期间,顾毓珍曾在金陵大学、燕京大学、清华大学兼职授课,讲授油脂工业等课程。1943年他撰写了《中国十年来之油脂工业》一文,刊于中国化学会的《化学》十周年纪念刊上。顾毓珍系统地研究了大豆油、菜籽油、棉籽油、桐油、芝麻油、蓖麻油、花生油等压榨时各种因素对油收得率的影响,归纳成方程式。他的这一工作对油脂工业的生产与发展有很大的促进作用。抗日战争胜利后,顾毓珍担任中央工业试验所代理所长,1947年调北平筹建工业试验所,1948年被任命为经济部北平工业试验所所长。

中华人民共和国成立后,顾毓珍受聘于同济大学任化学系教授,讲授化工原理和工业化学课程,同时兼任沪江大学等校教授,讲授油脂工业课程。

1952年全国院系调整,顾毓珍到华东化工学院任教,一直担任化工原理教研组主任和化学工程教研组主任职务。1956年加入九三学社,并被推选为上海市第二、第三届政协委员。先后编写出版了《液体燃料》《油脂制备学》《化工计算》《湍流传热导论》等书,为国内油脂工业生产奠定了理论和实践基础。1957年和成都工学院张洪沅教授、天津大学丁绪淮教授共同编写出版了《化学工业过程及设备》一书,这是我国专家编写的第一部全国高等院校化工原理通用教材,曾多次再版、修订发行,几十年来一直是化工原理的主要教材及教学参考书。顾毓珍所著的《化工计算》一书,曾先后再版九次,是一本深受化工专业师生欢迎的教学参考书。

贺闿

贺闿(1902～1966),湖北江陵人,中国油脂化工先驱,曾任教于沪江大学。

1924年清华大学毕业，同年留美。1926年获密歇根大学建筑和工程学院化学工程学士学位，1927年获密歇根大学研究院军用化学理学硕士学位，其研究生导师是世界放射化学之父摩西·格姆伯格；归国后，历任中央大学、沪江大学、复旦大学教授。1931年起任实业部汉口商品检验局工程师、化学工业品检验处主任、代局长，重庆、汉口商品检验局局长，兼中国植物油料厂厂长。中华人民共和国成立后曾任食品工业部上海科学研究所油脂室主任，20世纪50年代被评为国家二级工程师。

中国化学工程学会是中国化工科技工作者的学术性团体，1930年2月在美国成立，1930年迁回国内。1935年在天津成立中国化学工程学会新理事会，张洪源、张克忠、侯德榜、刘树杞、曾昭抡、贺闿、韩组康、杜长明、顾毓珍等9人为理事，会长为张洪源。《化学》于1934年由中国化学会在南京创刊，宗旨为："传播化学知识，推广化学应用，提倡化学研究。"主要内容包括化学进展、化学教育、化学新闻、化学撮要、化学工业、化学出版及会务记载等。戴安邦任总编辑，第一届编委会由方乘、曹元宇、张江树、汤元吉、余兰园、贺闿、张资珙、顾毓珍、曾昭抡、吴承洛、马杰、裘家奎等13人组成。

1935年夏，以中国工程师学会北京分会会长顾毓琇为团长的考察团对广西壮族自治区桐油进行了考察，特邀民国实业部贺闿对广西桐油进行了全面细致的考察。贺闿1934年撰写《桐树与桐油》，1937年编著《世界桐油文献》等，1949年出版专著《中国植物油脂》。

中华人民共和国成立后，贺闿任轻工部上海工业试验所工程师，1955年初，轻工部决定，在天津建立油脂工业研究室，并调上海工业试验所贺闿同志任副主任，同时将重庆工业试验所从事油脂研究的人员，调入天津油脂工业研究室，同年又改建于河南郑州。

1957年，食品工业部决定将食品工业管理局所属食品工业科学研究室、上海芳香工业科学研究室筹备处、上海制皂厂所属中心试验室油脂研究部分、重庆工业试验所油脂制备部分、油脂工业管理局所属油脂工业科学研究室（郑州）与该部上海科学研究所合并，仍命名为"食品工业部上海科学研究所"。同年调入郑州油脂研究室副主任贺闿等，贺闿任油脂室主任。

1960年贺闿借调至上海食品工业学校当教师，1961年任轻工业部香料工业研究所工程师。

吴浩青

吴浩青(1914~2010),江苏宜兴人,电化学家、物理化学教育家、中国电化学研究的开拓者之一,中国科学院院士,曾任教于沪江大学(图3.14)。

吴浩青1935年毕业于浙江大学化学系,中华人民共和国成立前先后在浙江大学、国立湖南蓝田师范学院、沪江大学等校任教(图3.15)。

1946年夏天,由浙江大学程瀛西先生介绍,吴浩青来到沪江大学任教,最初一年只是教员,然后升任讲师,1949年升副教授,其间教授物理化学和有机化学课程。1949年8月,吴浩青出任沪江大学事务委员会主席、校务委员会委员。

图3.14　吴浩青院士

图3.15　在沪江大学任职时的吴浩青

(来源:1950年《沪江年刊》)

1952年院系调整，吴浩青调至复旦大学化学系，历任化学系副主任、主任，推动了复旦大学化学系的发展。1980年当选为中国科学院化学学部委员（中国科学院院士）。

吴浩青是中国电化学的开拓者之一，1957年筹建了中国高校第一个电化学实验室。致力于锑元素电化学性质的系统研究，确定了锂的零电荷电势，得到国际公认。手机改变了人类的生活方式，然而鲜有人知道，手机所用锂电池的理论基础，就是吴浩青院士的锂电池"嵌入反应机理"。这比日本学者在《科学》杂志上发表第一篇关于锂电池的文章整整早了十年，吴浩青也因此被称为中国"锂离子电池之父"。

吴浩青撰有《物理化学》《化学热电力》《电化学动力学》等专著，从教七十余年，为我国培育了大批优秀人才，其中有多位学生已是中国科学院院士，还有很多学生成为教授、总工程师及研究所所长。许多学生都还记得他的课堂风格："包容了优雅的风格和节奏，描述了科学世界中人类所面临的多种复杂问题，详尽而奥妙。"他对学生要求严格。一位素来成绩很好的同学在电极过程动力学的课程期末考试中只拿了一个C等级。因为要申请出国，该同学找到吴浩青求情，希望能提高一下分数。吴浩青直接拒绝，但可以让他重考一次。严师出高徒，这位学生如今正活跃在美国尖端化学研究第一线。吴浩青常把教书和园艺作比较，他说："栽树就像培养学生一样，一定要打好基础，根深叶茂才能成材。"1978年，吴浩青去英国参加国际光化学会议时，了解到英国的统计热力学教材已有较大更新，回国后，即为研究生开设了统计热力学课程。

林天骥

林天骥（1898~1992），1898年1月28日出生于广东省汕头市附近一小岛上的开克桥村。1916年考入沪江大学，先主修医预科，后改为化学，1919年毕业，获沪江大学文学士学位，回广东任某教会中学自然科学教师，1921年赴美国布朗大学留学，次年获得硕士学位，随后进入康奈尔大学深造工业化学，1924年获该校哲学博士学位。1924年至1926年，在美国纽约生产清漆、涂料的托克兄弟公司工作。1926年底归国后任教沪江大学，讲授工业化学及技术分析，同时兼任刘鸿生在苏州创办的鸿生火柴公司工程师。

当时,生产出来的火柴质量不过关,鸿生火柴公司连年亏损。总经理刘鸿生通过沪江大学校长魏馥兰,物色到了制造火柴的化学人才——林天骥。林天骥不负众望、孜孜以求,成功改进了火柴,改进后的火柴头大、发火快、火苗白,磷面经久耐用,超过了洋火柴。一时大开利市、销量大增,甚至远销到东南亚,利润逐年翻番。

1928年,林天骥赴苏州全职加入鸿生火柴公司。1931年,他应邀到上海"中国火柴公司"担任生产部经理。1932年至1935年,兼任沪江大学化学讲师,并于1933年成为中国化学会上海分会最早的会员(图3.16)。1936年,出任中国植物油公司副总经理,专门负责技术工作。1937年抗日战争全面爆发后,先到温州丽水创建一个桐油厂,后赴重庆创建一家菜籽榨油厂。1943年4月,在重庆成立由15人组成的非常时期沪江大学校董会,林天骥当选为副董事长,1946年当选为沪江大学校董会董事长。是年11月23日,沪江大学在杨树浦校园内广邀校友宾朋,隆重庆祝建校40周年。校庆当天,林天骥代表校董会发表贺词。

图 3.16　左:任沪江大学化学讲师的林天骥
　　　　　右:任沪江大学兼职化学讲师的林天骥
(来源:《沪江年刊》)

1949年3月26日,在沪江大学春季运动会期间,学校在图书馆前广场举行湛恩纪念图书馆开幕典礼,沪大校长凌宪扬和沪大董事长林天骥先后致辞。1949年8月,林天骥离开大陆赴香港,1951年举家迁往新加坡,后来成为新加坡科技界、教育界、企业界、学术界有声望、有贡献的人物,世界动物饲料工业的先驱者。1969年,林天骥获颁新加坡科学会金质奖章。1978年,他80岁退休时,获颁新加坡金币有限公司的一枚纪念金币。晚年移居美国西雅图市,1992年3月9日去世。

韩组康

韩组康教授(1894～1968),原名恩绶,湖南长沙人,生于宝庆(今邵阳),化学教育家,中国化学仪器、仪器分析及电化学的先行者,20世纪30年代曾兼任沪江大学化学系教授。

自幼勤奋好学,读中学时就爱好化学。他看到当时中国社会贫困落后,认为是科学不发达的原因造成的,要使中国富强起来,必须提倡科学。在14岁时就自己写了一本化学书,由其父代为整理装订。

1910年,16岁的韩组康入长沙雅礼大学预科,为学校刻印抄写文稿所得缴纳学费,后因成绩优异得到学校奖学金,免去全部费用。韩组康在学习期间,就立志献身于化学事业,决心用自己的全部精力和心血为化学事业做出贡献,他学习成绩优秀,化学、英语尤为突出。1914年因病辍学后,到北京父亲处养病,装备自家的化学实验室,自学成才。

病愈后,1919年应长沙雅礼大学徐善祥教授之邀,韩组康回长沙湘雅医学专科学校(湘雅医学院)当化学助教,后兼湘雅医院附属护士学校教师,讲授普通化学和有机化学。这期间曾在《科学》杂志发表论文《肥皂》(1917年)、《潞盐之研究》(1919年)、《酸碱分析用之指示剂》(1919年)、《规定溶液》(1919年)、《碱质分析》(1920年),著有《造碱工业概论》(1918年)。

韩组康曾担任科学仪器馆、勤业文具公司、新亚药厂、丽明染厂等企业的顾问,为这些单位设计、制造产品。

1920年至1921年,韩组康在长沙德记矿务公司任化验师时探索创立了一套较为完整的分析方法,解决了生产中的许多实际问题。其间也进行理论研究,在

《科学》杂志上发表《酸质分析》《过锰酸钾方法》等论文。1921年,经湘雅医学专科学校教导主任推荐,韩组康前往北京清华学堂(今清华大学)任化学教师,期间发表了《重铬酸钾方法》《碘质分析》《还原方法》《沉淀方法》等文章。

韩组康虽然未曾留过学,但他自1924年起,就学习大发明家爱迪生,用自己的积蓄逐渐置备了一套实验仪器(包括当时比较先进的比色计和酸度计等)和化学试剂,在家中建立了一个分化学实验室,每天早起晚睡做实验,1932年为治病忍痛卖掉了实验室。

1924年,韩组康被聘请到上海卜内门公司任化验室主任,由于他有丰富的化学理论知识和实际化验经验,有较强的研究能力,分析水平超过卜内门公司的一些外国化验师,并在工作中解决了一些复杂的实际问题,故为该公司所信任,一直在卜内门公司工作了28年,成为国内拔尖的化学家。

1932年8月,中国化学会成立,1933年2月27日,韩组康与沪江大学化学系系友以及其他沪上化学、化工方面的专业人士22人,出席在上海八仙桥青年会召开的中国化学会上海分会成立会议,当选为分会首届理事会理事。在1936年的中国化学会新一届理事会上,韩组康当选新任理事。韩组康也热心于化学会的工作,经常举办学术讲座,为化学杂志编撰文章。

1929年至1937年,韩组康曾在中央大学、复旦大学、沪江大学、大厦大学等校讲授普通化学、分析化学、无机化学、有机化学、工业化学、工业分析等课程。1936年11月6日,韩组康应沪江大学化学学会之请,到校作题为"容量分析中之新指示剂"的演讲(后经沪江大学化学系学生陈大为记述,发表在沪江大学30周年纪念特刊《沪大科学》1936年第1卷第1期上)。他讲课内容新颖,往往举些生动实例来说明科学原理,广受学生欢迎,为我国化学界培养了很多人才。1932年,南开大学应用化学研究所建所初期,分析、化验设备可供使用的不过是最普通的分析天平、滴定管以及坩埚等,在简单的条件下,要完成高难度的项目,凭仗的是研究人员精湛的分析技巧。在这个时期,韩组康曾在该所工作了一个阶段,他把精湛的分析技巧传授给大家,至今许多人都还在怀念韩先生的严谨作风。

韩组康是一个正直的爱国知识分子。1931年,东北事变起,沪江大学化学系在林继南与韩组康两位老师规划下,增加了军事化学研究课程,培训学生研制黄色炸药、芥子气,以及烟幕弹等。在复旦大学教国防化学时,韩组康带领学生做过一次规模较大的演习和实验,并撰写了《复旦大学化学系国防化学演习记》一文(载《学艺》1929年第9卷第10期)。全面抗战初期,他即发表《毒气战争中的防范问题》论文,并撰写《烟幕发火剂及爆炸实验》一书。1942年至1945年,卜内门公司因抗战停业,他失业在家、俭朴度日,但坚决不给日本人做事,展现了中国人的骨气。

1949年后,韩组康出于对中国共产党的信任和对祖国的热爱,决心放弃高薪,于1952年毅然辞职离开卜内门公司,转而为祖国培养化学人才,先后担任同济大学化学教授、上海商品检验局顾问、华东食物药品检验所顾问、上海卫生局和药品检验所顾问(聘为卫技一等一级专家)、上海化工学会第一届副理事长、卫生部《药典》委员会委员、上海市第三及第四届政协委员。

韩组康是中国化学仪器、仪器分析、极谱学、分析化学的先导者,其研究的许多成果填补了中国仪器分析方面的空白。译有《工业化学实验法》《工业化学机械》,为当时大学化学系师生必备的参考书。著有《极谱分析》《仪器分析大纲》《吸收光谱》《质谱分析》等10余部专著。韩组康在《科学》等杂志发表了大量的学术论文,部分文论文被许多著名学者收入教科书、手册和专著中,如 L. Hebron 著《有机化合物词典》,J. F. Thorpe 和 M. A. Whitely 著《应用化学词典》,L. M. Kolthoff 和 V. A. Stenger 著《容量分析》等,这也是世界学术著作中较早引用的中国分析化学家的工作成就。

邵稼麟

邵稼麟教授(1899~1983),又名家麟,字稼荪,浙江吴兴(今属湖州)人,有机化学、精细化工专家,化学教育家,曾兼任沪江大学教授。

1924年,邵稼麟获威斯康星大学学士学位、1927年获康奈尔大学化学博士学位。回国后先后任教于复旦大学、国立劳动大学、大夏大学、南洋中学、沪江大学、暨南大学、华东师范大学、华东化工学院(华东理工大学前身)等高校。曾任大夏大学理科主任、理学院院长、教务长,华东化工学院化学系主任,上海对外贸易管理局副局长。

1929年至1936年,邵稼麟任中华化学工业会第四至第十一届书记,1932年参与发起中国化学会,曾任中国化学会上海分会理事长、上海化学化工学会副理事长。

邵稼麟曾担任南洋中学的兼职教师,并为其科学馆设计化学实验室。1938年大夏大学内迁贵州期间,邵稼麟主持了实验室设计工作,又受聘主持贵州省立科学实验馆的筹设工作。

为了解决进口教学物资价格昂贵、运输耗时等困难,1934年大夏大学生物系主任郁康华、化学系主任邵稼麟、物理系主任徐仁金、圣约翰大学生物系主任朱元鼎一同创办上海科学用品社,给中国科学教育提供动物标本等科学器材。为了发展民族工业,1942年,邵稼麟与人合伙开办中国第一化学厂,生产胶木粉,是塑料产业的先驱者之一,1956年并入大星化工厂。邵稼麟先生也曾入私股吴蕴初的天源公司,1949年后积极参与公私合营改造。

邵稼麟先生具有高尚的爱国精神。1931年九一八事变后,邵稼麟先生认为国难日亟,尤应极力研究国防化学,于是指导光华大学理学院学生制造防毒面具及制敌毒气,并由该院教授沈镇南先生演讲炸药之制造法。1934年曾于沪江大学作题为"化学战争之前途及其可能性"的演讲。1938年临危受命,受大夏大学黔校安排与鲁继曾等人回上海主持沪校,期间诸先生与敌伪周旋,始终不屈,故大夏虽在蒙难时期弦歌不辍,未蒙污垢。

1951年至1952年,邵稼麟任华东师范大学第一任化学系主任。在1952年院系调整中,受命担任召集人筹办华东化工学院有关系科设置的事宜,后担任理学院副院长。1954年至1956年为上海市第一届人民代表大会代表,1956年评为教育部二级教授。

李耀邦

李耀邦(1884~1939)(图3.17),原籍广东新会(现为广东省江门市辖区),是中国近代物理学史上第一批出国学习物理学并获得哲学博士学位者之一,对测定并证实基本电荷做出了贡献。

李耀邦幼年就读于广州培正中学。1896年,随父母赴美国芝加哥,1900年入当地一浸会高级中学,1904年入芝加哥大学物理学系,1907年获该校科学学士学位后受聘为该校物理实验部助理,同时继续在该校研究院求学,1909年获科学硕士学位,并受聘为该校物理学系讲师,后升为教授。其间,为时任该系系主任、美国实验物理学家密立根(R. A. Millikan,1923年诺贝尔物理学奖得主)所赏识,并发明一种方法产生极小微粒,使密立根于1913年十分准确地测定了电子电荷。1915年,李耀邦获芝加哥大学理化数学专科哲学博士学位。1917年8月,应中华基督教青年会全国协会总干事余日章之请回国,任基督教青年会全国协会教育部暨科学实验部主任之职,不久任基督教青年会全国协会副总干事,后任代理总干事,直至1930年。其间,他多次在基督教会中作科学讲演,并由该会特派赴欧美作工艺调查。李耀邦回国后曾一度兼任沪江大学物理学教授,1925年任沪江大学工业化学顾问,1927年任沪江大学校董(曾于是年4月28日被选为沪江大学校长,但极力谦让并举荐刘湛恩为校长)。1930年7月,离开宗教界开始从事实业和商业活动。是年8月任实业部上海商品检验局生丝检定处技师,后到亚洲电气公司、大华科学仪器公司等机构任职,在商场"摸爬滚打",获利甚丰,并将自己经商的大部分积蓄

图 3.17 李耀邦以沪江大学董事长身份举行思魏堂奠基礼

(来源:《国闻周报》1936年第13卷第40期)

用于支持沪江大学,并于 1931 年当选为沪江大学董事会董事长(主席)。抗日战争全面爆发后,离沪入川避难。1938 年 4 月 25 日,作为沪江大学董事会负责人,他专门给沪江大学校友会写了一封公开信,向校友们报告刘湛恩校长遇害经过及葬礼情形。1939 年 4 月 19 日,因病在上海逝世。

金培松

金培松(1906~1969),又名柏卿,浙江东阳人。

1931 年毕业于国立劳动大学化学系,旋任职于黄海化学工业研究所。后任国立中央大学农学院助教,中央工业实验所酿造试验室主任,抗日战争期间随中央工业实验所内迁重庆,兼省立四川教育学院、国立重庆大学教授。1944 年留学美国威斯康星大学,获硕士学位。1947 年回国,任上海科学研究所工业发酵室主任,兼任沪江大学酿造工业教授。1952 年任北京轻工业学院(现陕西科技大学、北京工商大学前身)教授,后任天津轻工业学院(现天津科技大)发酵教研室主任、教授。曾当选中国微生物学会理事。1954 年研制发酵法制造葡萄糖酸钙。1964 年任高等学校工科专业课程教材编审委员会委员。著有《应用微生物学》《酿造工艺学》《发酵工艺学》等。

第四章

学 生 名 单

沪江大学开办之初实施的是"博雅教育",不分专业,所有课程都是必修。起初即有理科(又称格致或自然科学)之设,课程分配有四年算术、一年化学、一年物理、一年天文、一年生理卫生。1910年梅佩礼就职,是年格致科成立。由于梅佩礼的专业为化学,此后化学得以重点发展,甚至还开设了国内急需的化工专业教学。可以说,在分科之前,几乎所有学生都曾接受过化学方面的教育和训练,这些学生中涌现出不少化学、化工以及其他领域的先驱和大家。

1924年,沪江大学确定理科培养的方向为医学预科(医学先修科)、理科教育(格致师范)和化工三个亚科(系),目的是培养未来的医生、理科教师和工业化学家。三个系的学生都必须修习化学课程,并受益于化学教育(图4.1)。1928届医学预科毕业生苏祖斐回忆说:"徐作和是沪江大学的化学教授。由于我在中学内没有系统学习过化学,初学时困难重重。徐教授不断鼓励我,使我爱上了化学这门课。医学院毕业后,我虽是一名儿科临床医生,但在研究儿童营养时,生物化学显得十分重要。现在我们上海市儿童医院设立了儿童营养研究室,不能忘怀徐教授的鼓励与指导。"苏祖斐也与化学教师唐宁康亲如家人,说他学识渊博、和蔼可亲、平易近人,既是良师,也是益友。

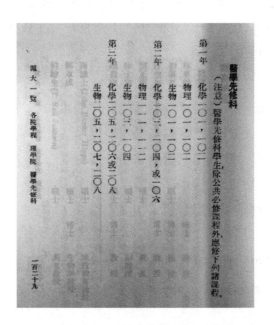

图4.1 1931年《私立沪江大学一览》刊载的医学先修科课程中有化学课程

在尝试整理沪江大学化学系学生名单的过程中，笔者意识到，这是一件非常艰巨的任务。首先是原始资料的来源极为有限，学生名单，特别是分科、分专业的名单不全，很多学生的专业信息不详，再加上专业设置多次变动，更加难以统计。此外，各种资料中的信息常有很多不一致的地方。仅仅是一个人名，有写错的、同音不同字的、别名或字号的、改名的，还有因为从事地下工作使用假名的；同一年入学的学生，有正常毕业的、提前毕业的、延期毕业的、转学的、转专业的、肄业的、弃学的、被开除的、甚至去世的；同一年还有春季和夏季不同时间毕业的；有正常入学的、从神学院转入的、从预科升入的；学制也有变动，最初沪江大学及其附中分别设置为四年，1918年，根据中国学制将大学改为两年制预科和三年制正科，但预科实际上是将原来的中学四年级和大学一年级合并而成。1923年，根据新颁布的学制，中学改为六年制，大学恢复四年制。除此之外，全面抗战期间、中华人民共和国成立前后等特殊时期的学生名单也有较大波动。为了比较全面地掌握在沪江求学的学子信息，笔者尽可能把名单整理完全，即使没有如期毕业的学生也都统计在相应的年届，以供参考。这里的"届"为毕业的年份或预计毕业的年份。每届另加行可能是转学、肄业、弃学或其他未能正常毕业的情况。

考虑到和化学的相关性，名单包括未分科之前的博雅教育，分科后的工业化学（或化学）、医预科和格致师范。"其他"指的是各种没有正常毕业的情况。以下名单仅供参考，准确信息留待方家考证确定。

1913届：

邬志坚　郑章成

1914届：

鲍哲庆　陆士寅　严齐(其)富(严奇甫)　于寿椿

1915届：

傅若愚　甘义基　马成聿(承钧)　沈人(仁)和　竺廷琅

1916届：

陈元龙　陈子初　樊正康　顾振亚　凌永泉　缪秋笙(生)　钱嘉(家)集
严恩椿　严其华　姚传法　周维新

(其他)严圣才

1917 届：

胡咏麒　刘颐年　陆麟书　戚正成　唐宁康　虞秉镛

1918 届：

陈禹平　董承琅　赖祖光　林兆棠　钱振亚　沈文鸿　吴光培　邬华棠(堂)
邬禹友　许志沂　应元道　郑莲(连)生

（其他）叶子渔　郑希涛

1919 届：

陈吉恒　戴贯一　傅尚荣　江声　林天骥　萧元恩　徐柏堂(棠)　郑世察
朱博泉

（其他）胡景澄　钱崇滂　孙关生

1920 届：

陈干臣　陈庆华　董承玙　范光荣　方同源　李好善　林化成　张仕章

（其他）洪家秀　黄鹏　李世海　翁纪康　吴经熊(1917年转学)
徐章垿(徐志摩,1917年转学)　尹宝明　郑方珩　周汝衍

1921 届：

（格致）陈锡昌　纪育沣　李锦标

1922 届：

（工业化学）戴仁赉

（专业不详）蔡寿昌　陈伯康　陈建勋　陈开懋　杜祖林　冯教准　冯家声
冯树华　华福保　黄富强　罗希暇　彭三美　钱翼民　施振林　苏灿福　谭绍华
郁康华　张勉坚　赵天声　周雪臣　周源生　祝宝庆　祝德明

（其他）陈德章　陈其善　陈祖椠　江秉志　金善继　童文莱　徐松石　吴赠鼎
张子芳

1923 届：

（格致教育）陈其善　杨德能

（工业化学）李启谦　王实铭　张维松

1924 届：

（工业化学）聂长庆　张资琪

（理科不详）陈舜耕　李启宇　潘恩霖

(理科其他)李启昕　吴宪章

1925届：

(工业化学)卞柏年　陈腾　华振祺　王起莘　朱耀翰(朝鲜人)

(医学预科)蒋英　李克鸿

(格致教育)施霁文　周维藩

1926届：

(工业化学)卞松年　董兆熊　龚以慈　李振凡　叶鹿鸣　叶宗恺　左景鎏

(医学预科)黄淑筠

(理科不详)陈廷澄

(化学其他)陈康白(转入厦门大学)

1927届：

(工业化学)蔡辉甫　范维　梁骏勋　乔文寿　朱毅

(理科不详)蔡其寿　谷延猷(犹)　李廉声　刘泽永　马恩德　朱曾徵

(理科其他)徐世进

1928届：

(化学)李国柱　舒昭圣

(医预科)金显宅　苏祖斐

(理科不详)陈立　刘季涵　刘在濬(浚)　聂觐龙　王大均　王宗清　吴仲凡　萧之的　朱曾洽

1929届：

(化学)印月潭

(医预科)柯应夔　张奎

(理科不详)曹维淇　陈宝铨　谷斯奇　樊长松　方先之　黄人达　金朝琮　李嫘　孙桂林　田和卿　谢贡琳

(毕业未详)李真

1930届：

(化学)周太初

(理科不详)翟光耀　李耀贞　骆之骅　孙京华　王熙　文忠杰　徐福均　应元栽　张国藩　张兆金　钟梓梁

（理硕士）李嫘　张奎

1931届：

（化学）林世芬　陆宗贤　马任全　徐肇和

（理科不详）丁闻涛　贺其炽　江圣述　裘毓莳

（化学其他）倪家玺（大三转入教育系）

1932届：

（化学）陈观深　陈汲刚　陈松茂　程日光　黄晓筠　龚鼎洛　潘宝德　阮尚正　徐继法　徐绍康　王爱钟　王敬业　王普仁　王尚忠　谢鸿玑

1933届：

（化学）曹初宁　陈清惠　陈贤凡　丁国豪　何志学　黄西庚　季履科　马徵麟　苏祖尧　屠宁一　王学理　邬申鹄　吴道艮　吴增慈　奚景高　许明轩　徐永熙　俞人骏　张浩然　张叔介　周恩德　周生华　张沾卿　郑蔼蟾

1934届：

（化学）陈德业　陈元挺　丁宁祥　郭豫楚　雷杰　刘行骞　刘珊业　马安权　莫培杰　沈祖寿　孙莜卿　王恩赐　王开谕　王敏业　王仁杰　温永亮　许文　叶宗涛　易志超　俞大卫　章宏梁　张瑞碧　张衍棠　周恩往　朱法勤　朱海帆

1935届：

（化学）陈祝遐　董厚璋　黄复公　李泽彦　梁荣光　林启辉　林天佑　马安国　潘君颐　潘又斋　沈遫　陶祥霞　涂自谦　王树衡　王序　吴伯萱　许怀均　杨文杰　郁彼得　张崇祖　张容江　张致和　朱仁宝　朱希光

1936届：

（化学）陈家导　陈启蒙　陈炎　陈燕贻　冯保群　高昭　葛兴骥　顾远芗　李继泌　李君武　李恩业　李嘉音　李锡恩　林咸顺　李幽娴　马允武　潘祖栽　钱辅辰　邱鸿文　沈贻谷　施如璋　孙锡祺（琪）　汪慧楞　吴汝熙　吴志超　乌宁康　熊镇歧　杨承禄　杨家导　杨同德　应元洪　朱祯祥

1937届：

（化学）毕镐惠　陈志瀛　甘礼俊　郭淦群　洪长伊　胡会恩　季崇训　贾亦生　江沪生　李汝超　李振生　刘乐和　刘祁明　刘雪鹏　陆佩宜　马端履　庞芳柏　钱柔土　沈思明　史玉俊　孙益民　汪中　王德荃　王丽青　王文琪　王辛南

温伟棠　吴福寰　向邦俊　谢静娟　谢明德　杨国良　张翊法　虞以道　张荣欣
张宗祜　郑文蔚　周琦霞　朱铁蓉　朱育义

（其他）张龙翔（1934年转入清华大学）

1938届：

（化学）陈大为　陈家巍　陈家操　陈劲璋　陈南春　冯永年　冯辰年　冯玉来
费骝　傅兆源　郭淦群　洪长伊　何承根　胡逸先　黄超筠　金嗣騄　李宠耀
李金定　李锦良　刘福安　刘福宁　刘雪鹏　桑亚振　孙达成　孙君模　汤庆孝
王道显　王国琦　王学武　王则甫　韦佩埙　邬学贤　徐家骧　徐祖华　许桐勋
严家威　颜在闰　杨诗观　杨芸英　应元章　殷衍会　袁仁珣　张承璧　张维熊
张荫模　郑达　朱大德　朱谱康　邹国雄

1939届：

（化学）蔡纪程　蔡振苍　陈庆芳　陈恭震　陈振麟　戴定国　杜淑娥　杜叔耆
方金涛　何耀鑫　胡家钧　黄立强　李昌允　李益愚　梁进福　梁路加　林卓群
刘绍曾　陆庆良　彭尚志　邵明耀　沈镇华　沈世芳　史济汤　司徒金城　孙若鉴
田仁义　韦焕章　汪惠孙　王三川　吴栋　杨鑫泉　叶耀光　俞沛文　袁艺兰
张承曾　张传灏　张景琇　张鹏翮　赵庆然　郑心浚　周廉夫　朱嘉孙　朱培生
朱树銮　宗瑛

1940届：

（化学）程承康　郭传霖　李道绪　李储文　李月兰　李子卿　刘益群
昝希庆（周宣城）　沈庆钊　施文蔚　田怡庭　吴栋　吴明生　吴世照　杨柏南
杨承淑　杨家良　杨士湘　张新令　钟文甫　周镜潭

1941届：

（化学）柏锦恢　陈必贤　杜兆鸿　关锵麟　韩浩昌　李国光　路美息　陆湘
任由　沈仲恒　孙瑞申　宋崇裕　王沔　王汝霖　王志鑫　翁思麟　吴裁云　吴振坤
席慧贞　夏宪询　杨国英　尤启文　张延龄　郑爱娟　周连泰

（其他）张国士（翌年转至国立武汉大学化学系）

1942届：

（化学）陈大猷　陈华廷　冯传枢　冯善枢　韩龙泉　何钦棠　黄泽源　黄惟德
顾允成　孔令镐　李丽娟　林传球　林尚忠　裴纪平　秦洪万　邵幼丞　沈絜云

盛焕伦　孙慧濂　唐宏源　徐英明　严敦燏　叶惟勤　俞国康　余振时　袁宝琪　张邦纶　张景祐　张仁澄　赵家驹　周运昌　朱善钧

1943届：

（化学）曹振孙　陈静娟　陈明鉴　耿庆增　郭慕孙　洪绍元　胡荣光　黄明恒　嵇训燔　金致远　毛光义　邱永麟　孙策　屠庆宇　王世昌　韦涵光　吴中沅　洗玉梅　徐水月　袁宗灿　张积祺　周汉松　周易　朱葆元　朱育胜

（其他）张玉麟（1941年转入重庆中央大学）

1944届：

（化学）鲍启三　蔡伊训　黄葆同　黄惟畹　龚昭彤　孔广运　乐嗣传　李尧　廖健威　林兆祥　林琰　刘复光　娄尔英　吕为霖　孙册　王兆五　徐伯英　徐萍和　严明霞　杨维德　余鑫年　朱家珍

（其他）刘益群（后转入上海中法大学）

1945届：

（化学）包叔钧　蔡济道　蔡聿豹　陈凤英　陈拱宸　陈耀华　蒋华　蒋学权　蒋贻泽　李存良　李兆雄　林超然　林尚惠　刘元津　陆健华　马贤敏　裘达均　沈文贵　田荣耕　王裕人　姚锡福　叶元铨　余伟璞　张俊文　张耀祥　郑继成　朱道明　朱恩怀

1946届：

（化学）蔡耀成　岑乐衍　陈信寿　陈祖荫　程之敦　戴行洲　邓则虞　高津龄　何德琨　胡本昭（胡坚祥）　黄庆群　蒋惠铭　姜尔康　李炳安　李广浔　李亚辉　林英棣　陆承亢　马竞　钱崇濂　钱止英　孙曾培　王德平　王世杰　王珠翠　翁世伟　沃文翠（沃贤清）　吴汝新　许菊　许彣圭　杨德琳　杨锦雨　杨菊英　杨念祖　杨衍培　叶义香　张锦芳　张雄谋　张宜振　张耀忠　张永吉　周戴恒　周忠一　朱祺琨

（其他）戴立信（1943年转入浙江大学化学系）

1947届：

（化学）包卓吾　蔡达夫　陈长龄　陈锦涛　陈乃沅　陈寿禄　范慧珍　葛成青　郭秀宏　何惠英　胡安荣　胡惟礼　黄锦汝　郎鹏九　李培智　凌华媞　陆莹　盛行　屠传忠　土徵元　土建德　王镜心　汪钧康　王孔才　王良坤　王宛珠

王于上　吴再郎　吴翼千　萧安民　熊欢云　徐承孝　徐肇翔　严锡赓　袁介封
张桂娣　章生艮　张亚云　张志白　赵瑞章　郑培基　郑又謇　钟世洵　周康韡
周文琴　朱国柱　朱敬贤　朱锡荣

1948届：

（化学）蔡文俊　蔡月琴　曹明忠　陈大东　陈善芝　陈伟观　陈再谋　程道庸
高曙峰　何璞　何维钧　洪锦丽　胡忆杲　黄元鸿　计祖光　金耀麟　李靖武
李明馨　李云卿　凌雅君　刘国环　刘谦泰　刘文昌　刘佐祥　陆时言　卢贻鸿
马家秀　毛振玺　潘家发　戚海筹　任运　盛焕侯　舒昌新　孙锡锴　汪季堂
王月宝　吴培芳　吴婉卿　徐积功　徐忠恺　薛志和　严兆璋　姚芳璞　叶昌明
叶谋坊　叶元铮　叶增蔚　詹龙珠　张彩华　张福康　张骏三　张启盛　翟为枏
赵尧章　郑炳昌　周雁红　朱之培

（其他）陈大桢（肄业）

1949届：

（化学）鲍忠祈　曹升焘　曹鑫树　丁明秀　段庆安　方之时　冯秉中　何龙年
黄承武　黄惟申　金咸珂　林宝环　凌罗庆　潘天铎　沈锡恩　盛沛根　宋九能
孙蕙珍　唐葆峙　唐孝萱　汤蕴瑜　屠校恒　王福英　王运武　姚凤宝　严世菁
杨逸人　杨通桂　袁世范　张致远　赵宝义　朱铭源

（其他）张人龙（肄业）

1950届：

（化学）白漱蓉　陈鸿贤　陈其良　丁树谷　丁得璋　董明柏　杜心颖　方丽珍
费渭泉　李荫瑞　马东侠　裴润　司徒华城　孙桂棣　孙蕙珍　唐茂椿　汤蕴瑜
王文君　余文琴　张东南　周冠祖　周伟舫　朱伯英　朱君尧　章月华

（其他）曹德蕃　陈灿南　瞿赋权　沈鳌生（毕业前参加南下工作组）　吴金发
章晔　庄丙寅

1951届：

（化学）蔡怀安　陈灿南　陈慧琴　陈静霞　冯善彪　何辉纯　姜尔娴　荆菊晨
刘士简　陆大勋　穆秀华　潘维埔　钱世传　钱岳倩　任坚　邵曼衍　汪祖铎
吴骥陶　薛华一　杨福秋　鱼慧瞿　张承埔　张菊贞　张乐沣

（其他）华彤文（1949年转入燕京大学）　黄新宝　徐玄龙　潘二明　邵曼衍

马濠澄

1952届:化学

1952届的同学是沪江大学的最后一届毕业生,当时因国家建设需要,1949年入校的同学也一同提前毕业,1952届是历届毕业生最多的一届。

(1948年入学)蔡在衡　陈光渊　陈世民　冯春源　胡壮麒　洪善康　黄曰侯　廖世健　林云钊　陆寿康　钱攸倩　沈巩懋(沈鞏楙)　沈尧绅　司徒祐(佑)　孙以蓁(溱)　向仁(红)英　谢洪泉　谢荣厚　徐克薰　徐元耀　徐子培　杨作桂　尹皋文　张明枢　张永刚　董瑞清

(其他)陈其妍(转学)　戴行义(转学)　杜言生(转学)　杜有生(1949年离开)　高露(转学)　黄德琛(转学)　李元驹(转学)　刘元方(转学)　钱传范(转学)　缪雪如(转学)　王宏康(转学)　张汉泉(转学)

(1949年入学)陈懿霞　程寿森　董子成　都恒华　高元珠　顾蕙祥　顾志澄　孔繁敏　李善芳　李淑贞　李松灿　李祥麟　骆志勤　戚澄九　邵炜源　沈之荃　史济川　史美强　施怀炯　唐运千　汪尔康　温文鹤　吴家驹　奚翔云　许克俭　徐梅丽　姚鹏程　严文俊　杨德壬　杨静芳　姚克敏　张菊芬　张泽邦　赵承绪　赵洪涛　赵树仁　周備恭　朱德金　朱福昌　朱锦云

(其他)曹和智　陈惠昌　陈晋科　陈俊标　陈敏仲　陈琼瑛　陈乃芳　陈顺守　陈宗煜　戴惠英　董明珏　方韵浩　傅丰锟(昌)　高丽兰　葛麟俊　纪才伟　蒋宁一　金槐　金瑾临　康际发　李和苏　林儒璋　李叔埔　刘国均　罗经源　罗锡善　邱镕华　祁贞若　沈维铭　沈云鹏　史济川　唐森千　王桢枢　王礼敬　吴家驹　徐惠中　徐红玉　严五峰　袁霆昇　俞伯忻　俞德祯　郁品崇　杨紫雯　曾兆瑞　张娣衡　张志炎　章志璿　赵鸣玉　赵歇铭　周亨颐　诸潜　朱维钧

1953届:

1949年入学,部分同学于1952年转至复旦大学。

(化学)余槐

1954届:

1950年入学,1952年转至复旦大学。

(化学)官宣文　王菊芳(1953年8月毕业于复旦大学)

(专业不详)陈慧江　陈维洲　陈洪纪　陈曾祺　陈文松　陈慧妍　程逢知　蔡益祚　曹亨裕　曹莉贞　杜有安　傅榮昭　费雄鸣　甘憶晖　洪云英　洪定如

第四章　学生名单

胡展青　华士深　瞿金福　经少英　蒋拯民　柯军豪　陆德珍　罗寿根　李景文
李宜信　李维良　李仁根　李文献　刘忠豫　刘文玉　林佩怡　马崇芬　毛九贻
秦家龙　戚长伟　钱鹏鹤　任治稷　舒国珍　沈被章　孙春芬　陶秀筠　翁佩云
汪克卿　王学青　王浣　吴瑞麟　许少川　薛大明　奚珠兰　奚家扬　徐静芳
徐瑞田　徐文安　徐德棣　俞作人　尤红英　俞渊　杨鹿安　余信正　周柏生(华雯)
周芳庭　赵国华　朱国钧　竺义文　郑圣德　张慕缇　张载亨(王永年)　张德明
张耀祖　钟鑫潮

1955届：

1951年入学，1952年转至复旦大学毕业。

（专业不详）丁良培　方维敏　商敬宽　屠良萦　徐珩　卓永琴

第五章

杰出校友

在沪江大学化学系先后任教的教师和历届求学的学生中，有的成为中国科学与技术，特别是化学与化工领域的先驱；有的成为知名大学、研究所、化学系的创始人；有的投身教育，桃李天下；有的执着科研，成果丰硕；有的投笔从戎，献身革命；有的兴办工业，实业救国；有的驰骋政界，为国为民……

一、中国学术团体的创始人或先驱

中国科学社是中国最早的现代科学学术团体，由任鸿隽等中国留学生于1915年在美国康乃尔大学创办，旨在"提倡科学，鼓吹实业，审定名词，传播知识"。同年创刊、身为中国科学社旗帜的《科学》月刊是我国现代出版最早、时间最长、影响最大的综合性科学期刊。按照《科学》1~10卷作者发表文章的页数进行统计，作为核心作者群体，中国科学社社员为《科学》撰稿发文页数最多的10人依次是任鸿隽、赵元任、杨铨、竺可桢、秉志、胡明复、韩组康、吕湛、王琎和翁文灏，其中沪江大学兼职教授韩组康排名第七。全面抗战期间，因战争造成的交通阻塞使得各地编辑无法会同审稿，期刊也不能寄至内地，上海的科学社会员韩组康等人主动承担编辑之责。

1922年，在美国芝加哥大学进修化学的庄长恭等人致函美国其他大学的中国留学生，创议组织中华化学会，得到密执安大学王箴、傅鹰等人的响应。1923年至1925年间，王箴担任第一至第四届中华化学会会长。1924年9月，中华化学会、中国科学社美国分会、中国工程学会美国分会召开联合年会，派王箴代表中华化学会主持本次年会事务。这次会议讨论通过了中华化学会新章程。1925年5月，根据新章程进行选举，确定了中华化学会临时理事会：会长是王箴，副会长是熊祖同，中文书记是李梦华，英文书记是沈镇南，会计是丁嗣贤。1926年秋，学会在美国费城举行年会，选举产生新的学会会长王箴、副会长徐善祥、中文书记李寿恒、英文书记周大瑶、会计丁嗣贤。是年秋，学会着手迁回国内，当时国内会员已达50多人，欧美各国会员为90余人。1927年，中华化学会完全转移到国内，会址设在上海，并在国内召开了第一次年会，即学会第三届年会。8月20日至22日，约30名会员聚集在学会发起人庄长恭任代理校长的大同大学举行年会。这次年会,除了讨论有关会务外,还宣读了论文。其间,还进行学会理事会的改选,王箴任会长,徐善祥任副会长,书记是曾昭抡、周厚枢,会计是林天骥。1928年4月22日,中华化学会沪上会员,在上海南京路(今南京东路)新新饭店举行春宴,有曹梁厦、吴蕴初、程瀛章、王箴、邵家麟、徐作和、张鼒、韩组康、李巨元等15名会员出席,餐毕由会长王箴致辞欢迎新近由美回国之会员,并报告会务之进行、会刊之付印,以及美国分会的成立等情况。1928年8月下旬,第四届年会期间,理事会再次进行改选,徐善祥当选为会长,王箴当选为副会长,书记是周厚枢、程瀛章,会计是邵家麟。中华化学会曾计划于1927年创办刊登化学研究论文,庄长恭拟任总编辑、沪江大学化学教员沈熊庆拟任经理的《中华化学会杂志》,但最终未能实现,仅仅出版过几期报道化学界消息的刊物《化学梦》。上述中华化学会会员中,徐作和曾任沪江大学化学系教授、系主任,除沈熊庆之外,王箴、邵家麟、韩组康等后来均任教于沪江大学化学系。

1932年8月初,王箴等人在南京教育部召开的化学讨论会期间发起成立中国化学会(图5.1),后任学会普及工作委员会副主任委员。在中国化学会发起者45人中,还有沪江大学化学系教师或系友沈熊庆、徐作和、邵家麟、张资珙。会议通过了刊行化学外文会刊《中国化学会会志》及设立国防化学委员会等事项的决定,曾昭抡被推为会志总编辑。即后,曾昭抡聘请韩组康等人担任会志编辑,积极筹备会志编辑印行事宜。1934年中国化学会第二次会议由王箴等人发起,参加者中沪江

图5.1　1932年8月5日,中国化学会42名发起人合影(前排左6~8、前排右1、后排右4分别为沪江大学化学系教师或系友沈熊庆、徐作和、邵家麟、张资珙、王箴)

师生就有徐作和、徐肇和、曾瑞显、朱曾徵、陈观深、顾毓珍、谢鸿玑、朱曾洽、陈汲刚、沈熊庆、王爱钟、邵稼麟、马任全、刘泽永、范维等。在1936年的中国化学会新一届理事会上，曾昭抡、吴蕴初、吴承洛、郑贞文、韩组康、范旭东、陈裕光、王琎、马杰、戴安邦、吴宪等11人当选新任理事，萨本铁、徐作和、张子高、张江树、袁翰青等人当选候补理事。其中韩组康、徐作和都曾任教于沪江大学。

中华人民共和国成立后，沪江大学化学系系友当中，黄葆同任中国化学会理事、常务理事，邵稼麟任中国化学会上海分会理事长、上海化学化工学会副理事长，王箴任上海市化学化工学会副理事长兼秘书长，戴立信任上海市化学化工学会常务理事、副理事长。

1922年，中华化学工业会由北京大学的陈世璋等发起成立，是中国第一个化工专业学会。1923年1月，该会会刊《中华化学工业会会志》创刊号出版。1929年会址由北京迁到上海，曹梁厦为会长，吴蕴初为副会长，会刊改名为《化学工业》。沪江大学化学系系友中，1947年邵稼麟任在沪理监事；徐作和于1953年至1955年任中华化学工业会理事长、中国化学会上海分会常务理事；邵稼麟于1929年至1936年任中华化学工业会第四届到第十一届书记；1926年，王箴参加了中华化学工业会，1953年至1957年担任副理事长、理事长。

1930年，中国化学工程学会由程耀椿、顾毓珍、张洪沅、杜长明、何玉昆（第一届理事）等在美国波士顿的麻省理工学院发起创立。经选举，程耀椿为第一届理事会会长、顾毓珍为书记、张洪沅为会刊委员会主席、杜长明为会计、何玉昆为干事，其余4位均为当时麻省理工在读的博士或硕士。该会会刊定名《化工》，后更名为《化学工程》。学会成立后，在世界范围内迅速吸纳化学化工人才，队伍得到不断壮大，还聘任国民党元老张静江、爱国华侨陈嘉庚、《申报》总经理史量才、化工界泰斗范旭东、侯德榜等为名誉会员。1930年迁回国内，1935年在天津成立中国化学工程学会新理事会，张洪源、张克忠、侯德榜、刘树杞、曾昭抡、贺闿、韩组康、杜长明、顾毓珍等9人为理事，会长为张洪源。

郭慕孙于1978年至1987年任中国化工学会副理事长。

侯祥麟任中国化工学会副理事长、中国石油学会理事长。

中国染化工程学会成立于1939年。1948年，舒昭圣当选中国染化工程学会理事长。1950年前，学会共召开了四次会员大会，先后任理事长的有诸楚卿、印月潭、舒昭圣、陈贤凡、黄立。其中印月潭、舒昭圣、陈贤凡分别是沪江大学1929、1928、1933届毕业生。

昝希庆任中国炼焦行业协会第一届、第二届名誉理事长，中国金属学会炼焦化学学会名誉理事长。

王序任中国生化学会理事长、中国化学会副理事长及副秘书长、中国药学会副理事长。

唐孝宣任中国生物化学与分子生物学会工业生物化学与分子生物学分会名誉理事长、全国生化学会（现中国生物化学与分子生物学会）常务理事。

陆宗贤任北京硅酸盐学会理事长。

徐肇和于1949年至1950年任上海市硅酸盐学会第二届理事长。

二、期刊编辑

《化学》于1934年由中国化学会在南京创刊。宗旨为："传播化学知识，推广化学应用，提倡化学研究。"主要内容包括化学进展、化学教育、化学新闻、化学撮要、化学工业、化学出版及会务记载等。戴安邦任总编辑，第一届编委会由方乘、曹元宇、张江树、汤元吉、余兰园、贺闾、张资珙、顾毓珍、曾昭抡、吴承洛、马杰、裘家奎等13人组成。

此外，还有《化学工业》主编徐作和、王箴，《化学通报》主编王序，《化学通报》副主编、《中国科技期刊研究》创办人之一、主编许菊，《应用化学》主编黄葆同，《材料科学技术》英文版主编胡壮麒，《大学化学》主编华彤文，《化学教学》首任主编李嘉音，《中国药学杂志》副主编孙曾培，《苏州纺织》主编李培智，《染化月刊》发行人舒昭圣，《植物保护学报》《农业环境保护》副主编钱传范，《大辞海》副主编李储文等人。

三、民族化工或中国化学的创始人或先驱

中国液体燃料先驱顾毓珍、卞柏年;中国油脂化工先驱顾毓珍、贺闿、郁彼得、秦洪万;中国制碱工业先驱卞松年。

民族化工实业家及行业先驱有天厨味精吴志超、印染化工舒昭圣、石粉化工马任全、玻璃工业徐肇和、造纸工业叶元铨、义利食品倪家玺等。

此外,还有早期的中国眼镜专家沈贻谷、中国业余无线电活动老前辈许毓嘉等。

1949年后,中国行业先驱及泰斗有水泥工业陆宗贤、钢铁冶炼李恩业、烟草化学先驱孙瑞申等人。

韩组康是中国化学仪器、仪器分析、极谱学、分析化学的先导者,其研究的许多成果填补了中国仪器分析方面的空白。王序是中国药物化学先驱,郭慕孙是中国过程工程、生物化工和颗粒学三个学科的创建人。唐孝宣是中国生物制药和生物工程研究的先驱。陈大猷是中国有机氟研究创始人之一。

四、院士

沪江大学化学系先后走出了11位两院院士,他们是纪育沣、王序、郭慕孙、汪尔康、胡壮麒、沈之荃、戴立信、黄葆同、刘元方、吴浩青、侯祥麟。

1. 任教于沪江大学1人

吴浩青,电化学家,中国科学院院士。1949年前后曾任教于沪江大学,1949年任沪江大学事务委员会主席、校务委员会委员,1952年院系调整后去复旦大学,后任化学系主任。

2. 毕业于沪江大学 6 人

纪育沣，有机化学家，中国科学院院士。1921 年毕业于沪江大学格致科，后获芝加哥大学硕士学位、耶鲁大学博士学位。曾任厦门大学第三任化学系主任、中国科学院化学研究所研究员、北京化学试剂研究所副所长。

王序，药物化学家，中国科学院院士。1935 年毕业于沪江大学化学系，后获维也纳大学博士学位。历任北京医学院药学系主任及药物研究所所长、国务院学位委员会药学组副组长、卫生部医学科学委员会委员、中国生化学会理事长、中国化学会副理事长及副秘书长、中国药学会副理事长及《化学通报》主编。历任第五、第六届中国人民政治协商会议常委，第三届全国人民代表大会代表。

郭慕孙，化学工程学家，中国科学院院士、瑞士工程科学院外籍院士。1943 年毕业于沪江大学化学系，曾任中国科学院过程工程研究所所长，是中国过程工程、生物化工和颗粒学三个学科的创建人。

汪尔康，电分析化学家，中国科学院院士、第三世界科学院院士。1952 年毕业于沪江大学化学系，1959 年获捷克斯洛伐克科学院极谱研究所化学副博士学位。历任中国科学院长春应用化学研究所所长、国际纯粹化学与应用化学联合会电分析化学委员会委员。先后被美国休斯敦大学、法国勃艮第大学、日本京都大学、香港科技大学聘任为客座教授。

胡壮麒，金属材料学家，中国科学院院士、亚太材料科学院院士。1952 年毕业于沪江大学化学系，任职于中国科学院金属研究所。

沈之荃，高分子化学家，中国科学院院士。1952 年毕业于沪江大学化学系，曾任浙江大学化学系主任、高分子研究所所长、中国化学会理事和常务理事。

3. 就读于沪江大学 3 人

戴立信，有机化学家，中国科学院院士。1942 年至 1943 年就读于沪江大学化学系，1943 年借读浙江大学化学系，1947 年毕业。后任职中国科学院上海有机化学研究所，先后当选中国化学会常务理事、副秘书长，上海市化学化工学会常务理事、副理事长。

黄葆同，高分子化学家，中国科学院院士。1940 年入沪江大学化学系学习，

1942年转入重庆中央大学化学系,1944年毕业。后获德克萨斯农工学院有机化学硕士学位、布鲁克林理工学院化学博士学位。历任中国科学院长春应用化学研究所副所长、中国化学会理事及常务理事、高分子专业委员会委员、应用化学专业委员会主委、《应用化学》主编。是第六至第八届全国人民代表大会代表。

刘元方,放射化学家,中国科学院院士、英国皇家化学会会士。1948年至1949年在沪江大学化学系求学,1952年毕业于燕京大学化学系。历任北京大学教授、国际纯粹与应用化学联合会(IUPAC)放射化学与核技术委员会主席、亚太地区放射化学会议国际委员会副主席、中国核学会和中国化学会的核化学与放射化学委员会主任委员、中国高放核废物处置专家委员会副主任、中国科学院化学学部副主任。

4. 就读于沪江中学1人

侯祥麟,化学工程学家、燃料化工专家,中国工程院院士。1927年入沪江大学附属中学学习,1928年进圣约翰大学附属中学念高中。1931年考入燕京大学化学系,1935年考取上海中央研究院化学研究所研究生,1945年到卡乃基梅隆大学攻读化学工程学,后获科学博士学位。曾任石油科学研究院院长、石油部副部长、中国化工学会副理事长、中国石油学会理事长。

五、科研院所与高校领导

很多沪江大学校友担任了科研院所与高校领导工作,不少人是创办人或者早期的建设者。

研究机构领导者有:延安自然科学院院长陈康白,中央工业试验所所长顾毓珍,北京化学试剂研究所副所长纪育沣,中国科学院长春应用化学研究所所长汪尔康,中国科学院长春应用化学研究所副所长黄葆同,中国科学院过程工程研究所所长郭慕孙,中国科学院上海有机化学研究所副所长戴行义,石油科学研究院院长侯祥麟,北京化纤研究所所长乐嗣传,上海国际问题研究所所长李储文,上海合成橡胶研究所副所长陈大猷,天津药物研究所所长徐萍和,上海合成树脂研究所、上海石油化学研究所、上海市有机氟材料研究所所长姚锡福,食品工业部上海科研所副所长、轻工业部食品工业研究所副所长、轻工业部日用化学工业研究所所长萧安民,湖北省化学所任副所长谢洪泉,天津药物研究院院长刘益群。

高校领导者有:沪江大学副校长郑章成、北京大学校长张龙翔、哈尔滨工业大学校长陈康白、杭州大学校长陈立、上海建材学院名誉校长陆宗贤、上海化学工业专科学校(现上海应用技术大学前身之一)校长董明柏等人。

高校学院领导有:沪江大学理学院院长郑章成,华中大学理学院院长徐作和、卞松年,大夏大学理学院院长、华东化工学院理学院副院长邵稼林,厦门大学理学院院长张资珙,浙江大学文学院院长、浙江师范学院院长陈立,蚌埠医学院副院长朱仁宝,上海教育学院(1998年并入华东师范大学)副院长王运武等人。

高校化学系主任或其他系主任有:沪江大学化学系主任李国柱、唐宁康,厦门大学化学系系主任、之江大学化学系及化工系主任王箴,厦门大学化学系主任纪育沣,华中大学化学系主任卞松年,华东师范大学化学系主任、华东化工学院化学系主任邵稼林,华东师范大学化学系系主任唐宁康,复旦大学化学系主任吴浩青,同济大学化学系主任严敦燏、顾志澄,浙江大学化学系主任沈之荃,浙江大学教育系主任陈立,北京医学院药学系主任王序,上海师范学院化学系副主任王运武等人。

六、国务院政府特殊津贴享受者、全国人民代表大会代表与劳动模范

享受国务院特殊津贴的有:王箴、李明馨、陆宗贤、史玉俊、孙瑞申、李光鉴、姚锡福、戴行洲、马竞、孙曾培、董明柏、陆大勋、杨福秋、钱传范、谢荣厚、谢洪泉、董明珏、顾志澄、奚翔云、姚克敏等人。

李恩业是第一至第三届全国人民代表大会代表,王序是第三届全国人民代表大会代表,李储文是第三届全国人民代表大会代表,黄葆同是第六至第八届全国人

民代表大会代表。

由于在各行各业做出了突出的贡献,陈康白、马家秀、李恩业等多位沪江大学化学系校友曾受到毛泽东主席的接见。

七、省部级领导

省部级领导有:石油工业部副部长侯祥麟、国家进出口管理委员会副主任昝希庆。

王序任第五、第六届全国政协常委,李储文任第七届全国政协委员,侯祥麟任第五至第七届全国政协常委,吴志超任民建中央委员会副主任委员,第四、第五届全国政协委员和第六、第七届全国政协常委,倪家玺任民建中央常委和第五、第六届全国政协委员。

八、上海市化工行业优秀人才

由于沪江大学位于上海,来自江浙沪的生源较多,毕业后很大一部分人在上海就业。加上沪江大学以化工见长,沪江大学化学系校友可以说占据了上海市化工界、特别是纺织印染行业的很大比例。

这些校友有上海市化工局副局长(主持工作)姚锡福,上海市化工局副局长、党委副书记张耀祥,上海市化工局副局长奚翔云等人。在1993年《上海高级专家名录》中,上海市化学工业局的28人中有7人毕业于沪江大学。1990年至1995年上海市化学工业局享受教授、研究员、高级工程师待遇的总人数136人,其中毕业于沪江大学的有16人。

九、杰出校友代表简介

1920 届

吴经熊

吴经熊(1899～1986)，一名经雄，字德生，浙江鄞县人(图 5.2)。现代中国在世界范围内享有盛誉的法学家，与胡适之、林语堂并称民国三大学贯中西、名扬天下的"双料才子"。

图 5.2　吴经熊

1916 年就读于沪江大学，1917 年和同班同学徐志摩一同转入天津北洋大学学习法科。次年，吴经熊转入在上海成立不久的中国比较法学院(即东吴大学法学院)，注册名为"若望·吴"。1920 年毕业于上海东吴大学，次年赴美留学，1925 年获密歇根大学法学院法学博士学位。后历任巴黎大学、柏林大学、哈佛大学研究员及国内东吴法学院教授、上海临时法院代院长。1939 年当选美国学术院名誉院士，1940 年(又说 1946 年)任中华民国驻罗马教廷公使。

1933 年，吴经熊受孙科之邀担任南京国民政府立法院立法委员。同年，出任"宪法草案起草委员会"副委员长，与马寅初等人受命起草宪法草案初稿，其中吴被举荐为主笔人。当年完成的《中华民国宪法草案初稿》被称之为"吴氏宪草"，以此为蓝本，增减修订提出的《中华民国宪法草案初稿》于 1936 年由南京国民政府正式公布，1946 年制宪国民大会通过了张君劢起草、吴经熊、王宠惠等人修订的《中华民国宪法》。这成为吴经熊在民国制宪史上的最后一项伟业。

1949年,吴经熊受聘出任夏威夷大学中国哲学客座教授。1950年,出任西顿哈尔大学法学教授。获波士顿大学哲学博士。1966年,移居台湾,出任国民党中央评议委员等。

吴经熊的《超越东西方:吴经熊自传》,原用英文撰写,于1951年在夏威夷完稿,在纽约初次出版,先后被译为法文、葡萄牙文、荷兰文、德文、韩文并出版。书中吴经熊以一种信仰的虔诚叙述了其对基督宗教的体验、见证,亦以一种比较的视域论及其对儒家、佛教、道教和中国传统文化以及中国精神之真谛精髓的体会、见解。他以一种灵性自白的笔触描述了其人生经历及宗教皈依的心路历程,文笔优美典雅,多有惊人之见和神来之笔,堪称中国现代基督宗教灵修文学杰作。

在该书中,他记载了一段在沪江大学学习化学的经历:"……我得允进入上海浸会大学,继续学习科学。有一天,我在化学实验室做氧气试验时,好奇心大发,想看看氧气在瓶里会怎样燃烧。我试着用火柴点燃它,但瓶子马上就爆成了碎片。当时我凑得很近以便于观察,但万幸未受损伤。紧接着,次日一个同学也发生了同样的事故,但不够运气,他的一只眼大受损伤,变瞎了。我突然认识到,我纯是凭运气逃过了这一事故,并且怀疑,一个像我这样无法控制其怪诞好奇心的淘气包是否适合于应付如此充满了潜在爆炸能量的元素和原子。在我看来,一吨的耐心和自制,加上一盎司的想象力和逻辑推理,便构成一项科学发现或发明。正当我考虑人生前程时,我的一个同学,徐志摩,跑来告诉我他决定去天津北洋大学学法律。他问我想不想跟他一起去。我一听到'法律',心就跳了起来。在我看来,法律是社会的科学,正如科学是自然的法律。'好主意!'我说。因此,我们决定参加在上海举行的入学考试,两个人通过。其时为1916年冬天。"

吴经熊学贯中西,著有《法律哲学研究》《唐诗四季》《哲学与文化》《法学论文集》《法律之艺术》《孙中山先生其人格及其思想》《禅学的黄金时代》等。电影《无问西东》的名字取自清华大学校歌中的"立德立言,无问西东",而其原始出处为吴经熊的叙说:"我们既非向东,亦非向西,而是向内;因为在我们的灵魂深处,藏蕴着神圣的本体,那是我们真正的家园。"

徐志摩

徐志摩(1897~1931),原名章垿,字槱森,留学英国时改名志摩。浙江海宁人。

现代诗人、散文家，新月派代表诗人。

1910 年，徐志摩经表叔沈钧儒介绍，考入杭州府中学堂，与郁达夫同班。当时他已对科学颇有兴趣，发表了《镭锭与地球之历史》等文。

1915 年，徐志摩自北京大学预科退学，以谱名徐章垿插班进入沪江大学预科，1916 年升入沪江大学一年级，1917 年和同班同学吴经熊一同转入天津北洋大学就读。

徐志摩就读沪江大学时，课程科目分为国文、算学、英文、格致、政学、史学、理学、圣道、哲学(图 5.3)。徐志摩的化学及实验课程均获得了 89 分的成绩。

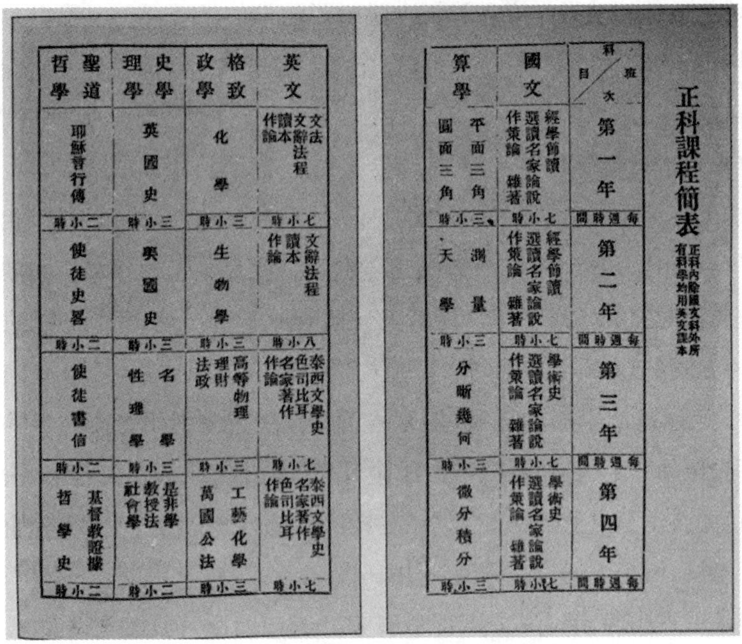
正科課程簡表

正科內除國文科外所有科學均用英文課本

科目／班次	國文	算學	英文	格致 政學	史學 理學	聖道 哲學
第一年	經學節讀 選讀名家論說 作策論 雜著	平面三角 圓面三角	文法 文辭法程 讀本 作論	化學	英國史	耶穌言行傳
每週時間	七小時	三小時	七小時	三小時	三小時	二小時
第二年	經學節讀 選讀名家論說 作策論 雜著	測量 天學	文辭法程 讀本 作論	生物學	美國史	使徒史略
每週時間	七小時	三小時	八小時	三小時	三小時	二小時
第三年	學術史 選讀名家論說 作策論 雜著	分晰幾何	泰西文學史 色司比耳 名家著作 作論	高等物理 理財 法政	名學 性理學	使徒書信
每週時間	七小時	三小時	七小時	三小時	三小時	二小時
第四年	學術史 選讀名家論說 作策論 雜著	微分積分	泰西文學史 名家著作 色司比耳 作論	工藝化學 萬國公法	是非學 教授法 社會學	基督教證據 哲學史
每週時間	七小時	三小時	七小時	三小時	二小時	二小時

图 5.3　徐志摩就读时的课表

(来源:《1916:徐志摩在沪江大学》)

1916 年，天籁社汉文主笔徐志摩在《天籁》上以别号“徐志摩”和谱名“徐章垿”发表了《渔樵问答》《卖菜者言》《说发篇一》《贪夫殉财烈士殉名论》《征人语》等十一篇文言文。这一年，沪江大学校长魏馥兰返美度假。徐志摩得知消息后，撰写了《送魏校长归国序》一文，发表在《天籁》1916 年 11 月第 4 卷第 3 号，盛文如下：

“去乡土万里，越重洋来异国，诲人不倦，毋惜辛苦，卷利己之心，抱救人之念。

斯其德音之在人,不以深虖。况于叔世颓风,道德淘淘,曾有狂澜莫挽之叹。乃有君子者,砺身作则,热血感人,前弊务尽,树德务滋,如吾魏校长者,足以当之而无愧矣。先生温温长者,望之也威,接之也和,讷然如不能言,而情意昀挚,循循善诱,虽不良亦已化矣。始先生未来是土,荒滨草原,浪涛溅渍,沙鸥海鸟,时复出没,星芒渔火,相与辉照。先生独劳心焦虑,施意经营,数年之间,峋然美备,广厦连峙,学子兴来,建始有方,守成兼理。所成者岂独开辟荒陬除草莱之功邪?拨盲心而涤污思,治璞冶金,括垢磨光,大德在人,可胜量哉!今先生且归国,稚乌依母,不胜恋系之忱。先生爱我,其将有以益吾后进未已也。"

1921届

纪育沣

纪育沣(1899~1982),浙江省鄞县(今宁波市鄞州区)人。有机化学家,中国科学院院士。

1921年毕业于沪江大学格致科,1923年获芝加哥大学硕士学位,1928年获耶鲁大学博士学位。回国后先后任教武昌师范大学(1923~1926)、东北大学(1928~1930)、厦门大学(1930年,任化学系主任)、浙江大学(1930~1933)、广西大学(1936~1939)、上海医学院、西南联大(1939~1943)。曾在雷氏德医学研究院(1933~1943)、中央研究院化学研究所(1934~1936)、北平研究院药物研究所(1943~1949)从事科研工作。

中华人民共和国成立后,历任中国科学院(1949~1951)研究员、中央卫生研究院药物系(中国科学院药物所前身,1952~1958)合成室主任、北京化学试剂总厂研究所副所长(1958~1982)等职。1955年当选为中国科学院数理化学部学部委员(1994年改称院士)。

纪育沣的主要研究涉及嘧啶、噻唑、喹啉等类杂环化合物,中草药化学成分,维生素B_1全合成,抗疟药物,抗血吸虫病药物,维生素C的测定方法以及在动植物产品中的分布等诸多方面。

纪育沣是一位爱国科学家。1941年太平洋战争爆发后,上海沦陷,日伪聘请他任职,他坚决拒绝,并克服重重困难和阻力,只身来到重庆,继续在迁入内地的上海医学院执教,并担任药科主任。在他逝世之后,其夫人杨群华遵照他的遗愿,将他一生珍藏的全部科技书刊3000余册分赠给中国科学院新疆分院和北京化学试剂研究所,为支援边疆科学事业和发展我国化学试剂做出了最后贡献。

1922届

戴仁贲

戴仁贲(1900~1980),浙江鄞县人。上海药用酒精工业的先驱。

1922年沪江大学化学系毕业后留校任教,后任上海工部局卫生处化验室化验师,同时在上海美龙香药厂、天生滋味素厂、卫康生物制品厂等9家工厂兼职。在1923年举办的化学工艺展览会上,戴仁贲应邀论述了中国化学工业的现状,其目的在于宣扬国货,推动民族化工的发展与进步。1930年,他用甜薯干、高粱发酵制成了药用酒精,是上海药用酒精工业的先驱。抗日战争期间,因进口胰岛素中断,在国内研制胰岛素并成功投产。

1949年后,戴仁贲任上海市卫生试验所、市卫生局药品检验所化学室主任,兼上海市业余药学专科学校教务主任。20世纪50年代,其《沥青中主要有毒成份的分析研究》报告被评为上海市科技成果奖。1956年被评为医卫一级专家,1958年被罗马尼亚医学科学会选为荣誉会员。历任卫生部药典编纂委员会委员、卫生部药品标准小组成员,参与《中国药典》1953年版、1963年版的编审工作。

1924届

聂长庆

聂长庆(1901~1972),字赓余,云南墨江人。

1919年五四运动时,聂长庆加入上海学生联合会,参加罢课和示威游行。1924年毕业于沪江大学化学系,回云南任省高等师范学校教员。1925年至1931

年在东陆大学(现云南大学的主要前身)任教。1931年至1937年任云南大学化学系教授。抗日战争期间曾担任昆明气象测候所长、耿马税捐稽查处长、矿业考查委员。1948年因病回墨江休养,1950年至1960年任教于墨江一中至退休,其间1951年任代理校长,1955年当选为云南省人民代表大会代表。

张资珙

张资珙(1904~1968),广东梅县(现广东省梅州市梅县区)人。化学教育家、中国化学史研究的先驱(图5.4)。

1919年,15岁的张资珙考入沪江大学化学系,为了补贴生活,他在邮局兼差,读书期间因为家境贫困曾辍学一年。1924年毕业后留校任教。1927年赴美留学,1930年7月获约翰·霍普金斯大学哲学博士学位。

图5.4 沪江大学毕业时的张资珙(左)、任沪江大学化学助教的张资珙

(来源:1924年、1926年《沪江大学年刊》)

张资珙是很多名校化学系的先行者,先后任教于厦门大学、华中大学、香港岭南大学和武汉大学,为这些学校化学学科的发展做出了贡献。

1930年9月,26岁的张资珙任厦门大学第六任化学系主任和第一任理学院院长,是当时国内最年轻的理学院院长和化学系主任。

1931年9月至1941年7月,张资珙任华中大学(华中师范大学的主要前身)化学系系主任,1935年任理学院代院长。这位只有27岁的系主任,上任之后进行了大刀阔斧的改革,建立了一整套严格的规章制度,学校的教学秩序和教学质量迅速提升,在国内的影响也声名鹊起。因全面抗战爆发,1938年华中大学师生从武昌出发迁至桂林,第二年又迁往云南喜洲,在那里办学七年之久。其间的1932年8月初,张资珙赴南京参加当时教育部召开的全国化学讨论会,并参与中国化学会成立的发起工作。

1941年8月至1942年6月,张资珙任香港岭南大学化学系主任。1943年春,应英国文化委员会之聘首度赴英,在剑桥大学讲授"世界科学史"。1944年3月至1946年底,应邀赴比利时、法国、英国等欧洲大学讲学。1947年5月应邀到武汉大学化学系任首席教授,1952年担任分析教研室主任。

张资珙一生致力于教育事业,桃李满天下,共培养了11位院士,如曾任全国人民代表大会副委员长、中国科学院院长的卢嘉锡院士,曾任中国科学院副院长的王佛松院士,曾任中国农业科学院副院长的刘更令院士。查全性院士、游效曾院士、应崇福院士、江元生院士、梁骏吾院士、范云六院士、陈文新院士、武汉大学前校长刘道玉等也曾受业于其门下。

卢嘉锡在厦门大学求学的时候,第一年主修的是数学,辅修化学。当时张资珙讲授化学课,也亲自带化学实验课,启发了卢嘉锡对化学的兴趣,促使其后来转到化学系求学,并为之奉献终身。卢嘉锡一直记得恩师张资珙先生所要求的"C_3H_3",即英文"Clean Habit""Clear Head""Clever Hand"的缩写:清醒的头脑、灵巧的双手和整洁的习惯。从20世纪80年代开始,卢嘉锡几乎每年都去拜访张资珙的女儿张祖武。当时张祖武住在一个老式楼房的四楼,也没有电梯。作为中国科学院院长、全国人民代表大会副委员长以及学部委员(院士)的卢嘉锡,虽然年事已高、腿脚不利,却坚持年年看望恩师后人,既体现了卢嘉锡先生尊师重道的品德,也说明张资珙先生教书育人的成就。

王佛松院士回忆说,在武汉大学求学的日子里,对他影响最大的就是张资珙教授。他是一位才华横溢、但要求严格的老师,给学生的分数一般都较低,4分就已经是很高的分数了,但王佛松的毕业实践论文居然得到了唯一的5分,十分难得。王佛松深得张资珙先生的赏识和厚爱,毕业论文就是在其指导下完成的。

张资珙为近代中国的科学传播事业及中西科学文化交流做了大量工作。早在沪江大学任教时,他就觉得国内初学科学者,尤其是化学专业的学生,很少有可选择的课余兴趣读物,于是花了两年时间翻译美国知名科普作家埃德温·E·斯洛森(Edwin E. Slosson)的 *Creative Chemistry*,译名为《化学之创造》,于1927年出版,以期利用原作作者那生花的妙笔,把枯燥的科学事实,以有趣的形式展示在中国学生面前,激发他们对化学和科学的学习兴趣。

20世纪40年代末,张资珙从英国讲学归来后,根据从国外买的最新书刊资料,编写教材,形成我国最早的分析化学理论教学体系,该讲义曾被几所著名大学交流使用。张资珙授课生动幽默,讲到多元酸解离常数 $K_1, K_2, K_3, \cdots$ 依次减小,他说"麻布袋、草布袋、一袋(代)不如一袋(代)"。他还讲授过普通化学、理论化学、化学文献、化学史等多门课程,给学生留下了深刻印象。

张资珙重视科学研究,他认为,作为大学而不开展科学研究将不称其为大学。他在教学中采用各种方法和形式培养学生的科学研究素质:结合教学内容,从化学史的角度讲述前人是怎样开展科学研究,怎样发现、认识并掌握某些事物的理论和规律的;开设化学文献选修课,从主题分类、编目到查寻,讲述系统的文献知识,把学生引进了化学文献的广阔天地,为他们提供了进行科学研究不可缺少的基本技能和必备工具;开创课程论文,进行实践训练。20世纪50年代初,武汉大学化学系还不做毕业论文,张资珙便在毕业班中进行课程论文的训练,培养学生的科研能力和科研兴趣。

张资珙阅读兴趣广泛,藏有大量中外文图书,对《二十四史》等都有很深的研究,对中国历史颇为精通。他早年就读的沪江大学的办学特点是在文科基础上发展理科,体现科学与人文的融通教育。在这样的培养体系下,再加上张资珙聪颖好学,终于成就了一个学贯中西、文理兼通的大家。毕业后,他将西方科学思想史和实证主义编史纲领应用于中国科技史特别是化学史的研究,取得了举世瞩目的成就,成为中国化学史研究的先驱者。曾经一起在约翰·霍普金斯大学留学时的同学,后来的植物生理学家汤佩松院士回忆说:"张资珙读书成绩很好,他的学问很博,不只是在化学本身,对一般科学特别是科学史和哲学方面也有兴趣,文学造诣也很高。"他在1926年发表的《科学在中国之过去与现在》一文中指出:"中国古代数千年历史中,也有与西方现代科学相近的学术思想或实践,如周末诸子崇尚的判析思想、两汉魏晋的天文历算、东汉王充的怀疑精神、宋儒的性理研究以及历代丹药家的硫汞、铅汞学说及其化学实践与认知；然而西方科学史研究颇有不足，仅仅追溯到古巴比伦、古埃及和古希腊，而丝毫不提创造古代中国的科学思想与实践。"张资珙与国际科技史界一直保持着紧密的联系，曾于1937年去哈佛大学拜访科学史学科奠基人之一的乔治·萨顿(George Sarton)教授并共同探讨科学史的研究。

1942年至1944年，张资珙居住在重庆，每天废寝忘食研究中国化学史、中国科学史。1943年3月底，英国著名学者李约瑟(Joseph Terence Montgomery Needlham)为撰写中国科技发展史以英国使馆文化顾问的身份来到重庆搜集资料。当他得知张资珙长期潜心研究中国科学史后，特地登门拜访，一起交流讨论、借阅藏书、抄写资料，结果在张资珙家里住了三四天才离开。之后李约瑟以英国文化委员会、英国皇家学会的名义邀请张资珙到剑桥大学、牛津大学和伦敦大学进行讲学，他用流利的英语和翔实的资料讲授中国古代科技史、化学史，旁征博引地介绍了中国古代的科学认知、科学思想以及发明创造，受到听众的热烈欢迎。随后，张先生入选英国皇家学会会员，被聘剑桥大学客座教授。其间，他还应邀去巴黎大学、布鲁塞尔大学讲学，引起了巨大反响，使得欧洲第一次系统地了解到中国古代璀璨的科学思想和丰厚的技术实践。在剑桥大学讲学期间，他与科学史家、汉学家赫伯特·查特利(Herbert Chatley)合作，编辑 Collection of Essays on History of Chinese Astronomy and Calendar Making(《中国天文学与历法史论文集》)。1952年，他的译作《化学元素发见史》出版，其中写道："此书之成译与增释，能与国人更深知科学与文化之关系与科学史实之宜审求者，诚为译者之幸。"1956年，在发表系列研究论文后，张资珙完成了武汉大学"中国化学史"研究课题，准备撰写《中国科学史》，这也是他有生之年的最大心愿。可惜的是，该书最终未能成书问世，殊为遗憾！尽管如此，张资珙先生的大量先驱性研究工作，在中国化学史、科技史上留下了浓墨重彩的一笔。

1925届

卞柏年

卞柏年(1903～1977)，江苏仪征人。1925年获沪江大学理学士学位，1932年获布朗大学哲学博士学位,专业物理化学。

卞柏年归国后先后任职黄海化学工业研究社、河北省立工业学院、湘雅医学院(细菌学科)、岭南大学(1938年左右)等。1929年与人合作成立雍兴公司蔡家坡动力酒精厂。

卞柏年1955年迁入美国,1956年任印第安纳大学化学系助研,同年去休斯敦大学任助教,讲授物理化学和普通化学,不久又去橡树岭国家实验室任化学研究员,1968年到福尔曼大学,一直到1973年以副教授职称退休。

朱耀翰

朱耀翰(1900～1980),号颂几,朝鲜平壤人。诗人,参与组织朝鲜现代最早的唯美主义文学流派。

朱耀翰早年赴日留学于明治学院和第一高等学校,1924年毕业于沪江大学化学系。他在中学时期即开始诗歌创作。1919年同金东仁等人创办了朝鲜第一个文学刊物《创造》,发表的《玩火游戏》被认为是朝鲜最早的自由诗。在中国时曾任《独立新闻》的编辑。1929年光州学潮时曾被捕过。后任《东亚日报》论说员、《东光》杂志编辑、《朝鲜日报》编辑局长。代表作有《玩火游戏》《早晨的姑娘》《采石场》《牢骚话》等。初期作品在内容上以浪漫的题材为主,在表现手法上以象征为主,但后来逐渐转向表现想念故国之情的富有乡土气息的民谣性抒情诗。朱耀翰的弟弟朱耀燮也是文学家,1921年就读于上海沪江大学附属中学,1927年于沪江大学教育系毕业,1928年去美国斯坦福大学研究生院攻读教育心理学。

1926届

卞松年

卞松年(1903～1975),江苏仪征人。制碱专家。1926年获沪江大学理学士学位,1934年获布朗大学哲学博士学位。

卞松年归国后曾于南开中学教生物,之后,先后任职于黄海化学工业研究社、中央工业试验所西北工作站(1943年左右)、兰州制药厂、华中大学、广西大学等。

全面抗战期间，卞松年西行甘肃兰州，主持兰州雍兴公司化学工厂。身为制碱专家的他对中国制碱工业起到了重要推动作用。

1943年，卞松年在中央工业试验所西北工作站期间，时任甘肃科学教育馆馆长的袁翰青联络兰州的化学教师及化工技术人员，成立了中国化学会甘肃分会，卞松年当选为理事。

1939年，华中大学内迁抵达喜洲之初，化学系师资力量很雄厚，但由于化工行业的吸引，以后逐渐有人离开，到1943年秋已没有一位资深教师。1944年时任兰州制药厂厂长的卞松年被华中大学邀聘担任化学系主任及理学院院长。卞松年来到后，对化学系进行重建，陆续聘任申泮文(1980年当选学部委员)等师资，才使这一状况发生变化。申泮文伴同卞松年全家从兰州来到喜洲，在化学系任讲师，主讲有机化学课程，并主持全系的化学实验教学管理工作。卞松年根据当地具体情况，制订了详细的教学研究计划，带领师生研究滇西酒精、皮革和油脂工业，改进了当地的靛蓝染料提取工艺。学生晏德福在老师指导下针对滇西伤寒、疟疾肆虐的特殊情况，研究了璜基族的抗虐素、衍生物特性等。参加"两弹一星"计划的尹尧举后来回忆道："1942年我考入华大，开始了我的大学生活。我对化学专业比较感兴趣，但在我进校的时候化学系几乎没有老师讲课，我就读了外语系。二年级时，卞松年老师带着他的几个学生到化学系教课，我就转到卞松年老师的门下学习。"

1950年，卞松年去美国，在加利福尼亚大学任化学助研。

李振凡

李振凡，1901年生，湖北东津湾人。1921年考入沪江大学工业化学专业，1926年毕业获理学士学位。

李振凡1928年到母校武昌博文中学任教。1938年到老白路第二工程段办事处任会计，参与地下党的抗日救亡活动。1949年参加湖北省科学实验馆和几所中学的接管工作，后任湖北省人民科学馆副馆长、馆长，1953年改建为省博物馆，任副馆长。曾任湖北省第一、第三、第四届人民代表大会代表和第一、第五届省政协委员。

陈康白

陈康白（1898～1981），原名运煌，湖南长沙人。

1922年，陈康白从长沙湖南第一师范学校毕业后，进入沪江大学学习化学。他发奋学习、成绩出色，思想也日益成熟进步，积极参加到抵抗列强、争取民族独立的学生运动中。在一次反美运动中，被校方勒令退学。

回到湖南后，经恩师徐特立推荐进入厦门大学继续攻读化学。1927年毕业于厦门大学化学系，后留校任教。1929年受邀到浙江大学化学系工作。1930年受邀到北京大学理学院任教并担任研究员。1933年到哥廷根大学攻读化学博士学位，开展生物化学的研究。

1937年，陈康白回国赴延安，曾任中央军事委员会军工局技术处处长，延安自然科学院副院长、院长，中原军区军工部部长，东北军区军工部总工程师，东北人民政府计委常委、重工业处处长。

1937年全面抗战爆发，一心报效祖国的陈康白在回国前夕，特地咨询了他在国内的老师，也是父亲的好友徐特立先生。最后，陈康白带着成箱的化学资料从德国直奔红色苏区延安。随后被任命为延安自然科学研究院副院长，后任院长，建立了物理、化学、生物、地质等实验室，用西北的野生马兰草成功造纸并研制生产了边区的钞票纸，用沙滩筑盐田的方法制盐，发现并垦殖了南泥湾，制造了"丰足牌"火柴、玻璃、肥皂和几百万枚军装用铜纽扣，指导炼铁厂、火药厂的生产，探明开采油井、气井，提供生产玻璃、肥皂、酒精、制碱所用的设备，设计修建了边区水坝、安装了水轮机，设计建设了杨家岭"七大"会议大礼堂，等等，为陕甘宁边区等抗日根据地经济建设做出了巨大贡献。

1944年10月，中共中央决定开辟新的抗日根据地，陈康白参加王震率领的三五九旅主力组成南下支队，由延安出征南下革命。在行军途中遇见一个地主碉堡，敌人在碉堡里向我军展开火力攻击，部队一时攻不上去。王震旅长找来陈康白说："你是最大的知识分子了，你给咱们想个办法吧！"陈康白认真想了想，提出了一个"土坦克"的办法，在八仙桌上蒙上几床棉被，用水给浇透了，大概能够抵挡当时土枪的火力。在"土坦克"的掩护下，部队很快拿下了这个碉堡。由于缺乏行军经验，陈康白在经过汾河冰滩时，骡子不慎滑倒落水，骡子驮的是他心爱的书籍和仪器。为了抓紧时间行军，他不得不放弃骡子，自己和饲养员一起抱着书追赶上了部队。王震对陈康白的这种战斗精神十分赞赏，为他赋诗一首："吕梁山上剃胡子，汾河岸边丢骡子。死也不丢竹杆子，誓与马列共生死"。

中华人民共和国成立后，陈康白任东北人民政府文化部副部长。1951年至1953年任哈尔滨工业大学校长、中国科学院秘书长、中共中央党校哲学教研室副主任、中共中央华北局文化教育办公室副主任、国务院参事等。1950年当选为全国科联副主席。为中国人民政治协商会议第二至第四届全国委员会委员、中华全国自然科学专门学会联合会副主席。

1951年，中央正式任命陈康白为哈尔滨工业大学校长。在陈康白任哈工大校长时期，也正是哈工大在苏联专家的帮助下进行改建扩建的重要时期。为了更大程度地发挥苏联专家的作用，陈康白校长结合当时哈工大承担全国第一批研究生培养工作，大力选拔青年研究生到各个科系部处担任领导和管理工作，并请苏联专家进行指导，有些优秀的研究生还被任命为教研室负责人。就这样一批年轻的熟悉高等教育的管理干部和教师被陈康白校长培养出来了，他们也成为后来哈工大第一代"八百壮士"的重要力量。陈康白校长注重吸收海外优秀留学人才，并让他们担任各个系的领导，参与教学管理和科研管理。在陈康白担任校长期间，从美国留学归国的李德兹等先后出任了土木系主任等职务，他们都是党外人士担任重要职务，这在中华人民共和国成立初期是需要有很大勇气的。陈康白校长还直接请求中央派一批留学归国人员到哈工大。为了吸纳当时国内的优秀人才，学校还组织了招聘团，到全国各地区招人。招聘团先后到北京、上海等优秀人才"集散地"，面向社会各个层面招聘优秀人才，在全国引起了轰动，也吸引了一些优秀人才的加盟。到1953年，哈工大已经形成了多种师资引进和培养模式，已经初具"五湖四海"的人才景象。一批来自五湖四海、饱含热情的青年才俊，怀着建设重工业基地、为重工业基地培育英才的目的，在哈工大汇聚成一条浩荡的长江，为哈工大的发展建设做出了重大贡献。

化学博士出身的陈康白十分重视仪器设备的购置和使用，重视实验室等科研基地的建设。在任时，陈康白校长曾提出："设备很要紧，要购买现在最先进的设备。"哈工大从苏联购进了一大批先进仪器设备，一批一流的实验室也因此建立起来了,当时全国最大、也是全国第一的结构实验室正是那时候建立的。后来,清华大学、同济大学等学校的结构实验室都是仿造这个实验室建起来的。

1981年7月31日,陈康白因病在北京逝世,享年83岁。追悼会由时任国务院副秘书长郑思远主持,全国政协副主席王首道致悼词。李先念、陈云、王震、习仲勋、宋任穷、康克清等同志及中央有关单位送了花圈。时任国务院副总理方毅、全国政协副主席周培源、国务院秘书长杜星垣等同志参加了追悼会。

1927届

蔡辉甫

蔡辉甫(1901~1947),广东揭阳人。

1927年毕业于沪江大学化学系,几年后到菲律宾求学并工作,获化学硕士学位。1934年回国,任武汉博文中学校长。1938年到香港青山岭南大学附属中学任教务主任、科学主任,兼高三化学老师。香港沦陷后又随学校迁到澳门,抗战胜利后再回广州康乐园。

蔡辉甫为人正直,博文中学师生的赠言佐证了他的品格。何为公写道:"在外国人的势力范围,能当着外国人的面前,公开指出他们侵略我们,这种真正独立的精神,是校长专有的啊!"胡希荣写道:"先生屡以'读书与做人打成一片'一语教诲生等,今逢分别,不胜依依……唯时将先生平素所以教训我等者,铭镌心版而行之,庶不负拳拳于万一耳。"

1928届

陈立

陈立(1902~2004),字卓如,湖南平江人。心理学家、教育家,中国工业心理学的创始人,智力理论和心理测验研究的先驱。原杭州大学、浙江大学教授,曾任浙江大学文学院院长、浙江大学教育系主任、浙江师范学院院长、杭州大学校长、浙江大学名誉校长等职。

1927年9月19日至11月7日，陈立任沪江大学自然科学社社长，1928年获沪江大学理学士学位，1933年获伦敦大学理科心理学博士学位。1933年在英国工业心理研究所从事研究工作。1934年在德国柏林大学心理研究所从事研究工作。1935年回国后在中央研究院心理研究所和清华大学任工业心理研究员。1939年起先后在浙江大学、浙江师范学院、杭州大学任教。1950年至2004年任中国科学院心理研究所兼任研究员。1979年至1983年任杭州大学校长。

陈立是中国科学工作者协会的发起人之一，长期担任浙江省科协主席，是中国心理学会第一至第四届副理事长，是中国最早从事工业心理学研究的心理学家。20世纪80年代后创建了工业心理学专业的教学和研究基地。主要著作有《工业心理学概观》《陈立心理科学论著选》《管理心理学》等。他先后荣获1997年、1998年中国心理学会"终身成就奖"和中国人类功效学会"终身成就奖"。

自1924年在武昌博文书院任教开始，60余年的教学实践，加上他对教育事业真诚的关心和美好的理想，使陈立形成了一套系统的教育思想，并且不遗余力地推进着教学改革。

首先，他提出大学智育的首要任务是传授"工具"。为此，他曾建议所在的系改革课程，减少一二年级的专业课，先把一般基础打好，包括中文知识与表达能力、外语、数学或统计以及计算机技术。他自己率先用英文授课。在专业课教学中，主张改进教科书，让学生直接接触经典原著与学报中的研究论文。他非常强调高等学校开展科研的意义，认为只有科研上去了，大学教育才能真正把"工具"教给学生。为此他非常重视实验室和图书馆建设。从1979年任杭州大学校长期间起，陈立重点整顿了图书馆管理，要求图书管理责任到人，并要求图书馆全时开放。他甚至提议利用食堂，在食堂一角设置开架参考用书，方便广大同学学习。就实验室建设而言，陈立从事心理教学数十年，始终把心理实验放在重要地位。浙江大学屡经搬迁，在房屋不足、实验仪器缺乏的条件下，他与同事仍然费尽心机，苦苦维持实验教学。在有了适当的经费之后，就注意逐步添置仪器设备，使实验室符合当代科学和教学的要求。除了强调大学教育把重点转移到"工具"传授上去以外，他还主张改变大学教育偏斜于智育的局限，实现"全人教育"。所谓"全人教育"，即"整个人的教育"，是顾及并协调个体身心各方面的教育，使之得到和谐的发展，成为健康的人。全人教育的思想,最早见于他1943年的《大学与大学生》一文。为了实现这一教育理想,几十年来,陈立一直关心着大学生在德、智、体、美、劳各个方面的发展。他曾在20世纪50年代亲自到上海音乐学院找贺绿汀,为杭州大学调来一名音乐教师。同样,他也很重视对大学生进行政治修养的培养,除政治理论课外,他还把辩论活动看成是培养学生政治修养的重要途径之一,为民主政治参政议政创造条件。

金显宅

金显宅(1904~1990),出生于朝鲜,先后在沪江大学附属高中、大学医预科学习,1926年考入北京协和医学院,1930年加入中国籍,1931年获纽约州立大学医学博士学位。

金显宅是我国著名肿瘤外科专家,创建了中国肿瘤学会和抗癌协会,历任北京协和医院住院医师、主治医师、副教授、肿瘤科主任,芝加哥肿瘤研究所研究员,天津恩光医院外科和肿瘤科医师,天津市人民医院肿瘤科主任,天津市肿瘤研究室主任,天津市人民医院院长,天津市肿瘤研究所所长等职,为我国培养了大批肿瘤外科人才。

舒昭圣

舒昭圣(1907~1977),浙江定海人。印染专家。

1928年毕业于沪江大学化学系,毕业后在英商纶昌印染厂染化部工作,负责技术管理。1932年进德商德孚洋行任实验室主管工程师,指导各染厂生产合格优良的阴丹士林蓝布。同时,又兼任上海光新印染厂和茂雄染织厂的工程师及顾问。1935年入股鼎丰盛记染织厂,生产舞蝶牌安安蓝布,后又增加"桃花女"阴丹士林布,销路很好。1937年抗日战争全面爆发,鼎丰厂遭炮毁。次年春,舒利用与德孚洋行的关系,以德孚第四厂名义在日占区内重建厂房,恢复生产,添置丝光机等设备,增加了生产品种,获利颇丰。1939年,德孚第四厂改名为新丰印染厂股份有限公司,舒任总经理兼总工程师。他针对印花布的市场需求,扩建厂房,添置两条印花生产线,生产白猫牌浅色花布与红人牌深色花布,在城乡普遍畅销。此后,他又反复试验,根据棉纤维接触一定温度烧碱后造成收缩的原理,试制成功白猫牌素色及印花泡泡纱,因其品种新颖,花色鲜艳,在市场上久销不衰。至1947年,新丰厂已拥有两个织布厂和四条印花生产线,成为同业中的大户。1948年,舒当选中国染化工程学会理事长和《染化月刊》发行人。

1951年公私合营后,舒任上海纺织印染联管处工务室主任,曾为光中棉织印染厂改进深色哔叽和浅色花布后处理工艺技术。1954年调上海市人民政府纺织工业管理局技术处任工程师后,多次组织各印染厂交流合理使用染料和防拔染工艺,并通过《染化月刊》传播全国,促进同行技术进步。1956年任上海市印染工业公司副经理,为解决硫化色布发脆、凡拉明蓝布泛红等行业通病,他以精通德文、英文之便利,广泛搜集翻译国外有关的技术资料,提供染纱厂进行防脆效果对比试验,取得明显成效。

20世纪60年代中期,舒昭圣参加编写由上海市纺织工业局和纺织学会编辑出版的《英汉纺织词汇》一书。20世纪70年代初,又参加《英汉纺织词典》的编写工作。此外,他还是上海市第四、第五届人民代表大会代表。

苏祖斐

苏祖斐(1898~1998),女,儿科专家、医学教育家、儿童营养学奠基人。参与创建了中国第一所儿童医院、上海儿童营养中心、中国第一所儿童营养研究室,编写了中国第一部儿童营养学。

1924年至1927年,苏祖斐在上海沪江大学医预科学习并毕业。沪江大学学风严肃而和睦,她在中学未学过化学,数学学得也少,进入大学后努力补习才跟上课程。她的生物学成绩优秀,第二学年学习细菌学时,写成论文《白喉毒素,抗毒素与类毒素的比较》发表于《中华医学杂志》。

1928年至1932年,苏祖斐在北京协和医学院学习并毕业,获纽约州立大学医学博士学位。

苏祖斐历任北平协和医院儿科住院医师、湘雅医院儿科主任、上海难童医院医务主任、上海儿童医院医务主任、上海同德医学院儿科兼职教授、上海市儿童医院副院长兼医务主任、上海第二医学院儿科系副主任、儿科教授。1982年至1998年任上海市儿童医院名誉院长。

1958年,苏祖斐与中医师徐蔚霖合作撰写并出版中西医结合的《儿科临床手册》,很受读者欢迎,多次再版。1963年苏祖斐与复旦大学遗传学家谈家桢合作分析一例先天愚型患儿的染色体,研究结果写成论文发表于《中华儿科杂志》。

1985年,沪江大学校友会成立时,苏祖斐当选为首任会长。她在回忆沪江理科的学习生活时说:

"郑章成是沪江大学生物系教授,他不但学识渊博,而且是一位慈祥的长者。我初入沪江大学时,英文基础薄弱,遇到看不懂的教本,虽是星期天求教,也问无不答。生物学是医预科的一门重要课程。由于郑教授的循循善诱,引起了我对医学的兴趣和热爱。

徐作和是沪江大学的化学教授。由于我在中学内没有系统学习过化学,初学时困难重重。徐教授不断鼓励我,使我爱上了化学这门课。医学院毕业后,我虽是一名儿科临床医生,但在研究儿童营养时,生物化学知识显得十分重要。现在我们上海市儿童医院设立了儿童营养研究室,不能忘怀徐教授的鼓励与指导。

唐宁康教授原是沪江大学校友,现在北京协和医学院医预科任教。唐教授在沪江大学讲授定性化学这门课。后来我考入协和医学院,唐教授又到协医任职,我们又有幸成为同事,亲如家人。唐教授和蔼可亲,确是一位好教师。我在湖南工作的第二年,挤出时间,于星期天借唐教授实验室作维生素C定量试验。实验结果已发表于《中华医学杂志》。"

1929 届

柯应夔

柯应夔(1904~1978),福建福州人。中国著名的妇产科专家、妇产学科奠基人、天津市中心妇产科医院原副院长。

1929年从沪江大学毕业后,柯应夔入北京协和医学院深造,获博士学位。曾任北京协和医学院妇产科住院医师、助教、讲师,河北医学院妇产科教授,天津医学院妇产科教授，天津天和医院院长、妇产科主任，天津中心妇产科医院主任。著述有《生理产科学》《病理产科学》等。为九三学社天津市常委，政协天津市委员会委员。

张奎

张奎（1906～1986），上海人。寄生虫病专家、疟疾专家。1929年获沪江大学理学士学位，1930年获理学硕士学位，1937年获爱荷华大学哲学博士学位。

回国后，张奎任齐鲁大学生物系教授兼主任，寄生虫学部教授兼主任、理学院院长。全面抗战期间，他在极其艰苦的条件下，在四川省从事钩虫病的研究。1940年至1944年，他走遍四川省全境，进行广泛深入的调查工作，取得了四川省钩虫病流行全貌的第一手资料，并提出适合当地条件的钩虫病防治措施，完成专著《中国西部四川省钩虫病研究》，在美国以英文出版，引起国内外医学专家和学者的瞩目，张奎教授成为国际知名的钩虫病专家。

1952年，张奎调至中国人民解放军医学科学院，任寄生虫学系一级研究员兼副主任，并兼任第二军医大学寄生虫学教授兼教研室主任。中华人民共和国成立初期，张奎教授率领军事医学科学院工作小组，奔赴云南边境地区主持西南军区的抗疟工作，为边防部队防疟工作做出贡献。完成了《云南边境疟疾调查研究》《云南部队疟防工作总结》等论著。《疟原虫镜检》一书，更是对这一时期工作经验的全面总结，既具有理论性，又有实践意义。他还进行疟疾抗复发问题的研究，编著《疟疾的化学治疗》一书。他首次向国内介绍了疟疾抗复发的药物伯氨喹啉，1954年参与研制并进行毒性试验和临床疗效观察，对我国疟疾的流抗复发治疗起了重要作用。

1958年，张奎任苏州医学院寄生虫学教授、学术委员会委员和学位评定委员会委员，江苏省血吸虫病研究委员会委员和中国医学科学院寄生虫病研究所学术委员会委员等职。

张奎教授所培养的专业工作者中，多数已成为专家、教授，为发展我国医学生物学、寄生虫学的教学科研事业和寄生虫病的防治工作做出了积极贡献，在国内外医学界享有较高的声誉。

1931 届

江圣述

江圣述,浙江奉化人。曾任宁波市慈湖中学物理教研组长、二级教师,上海徐汇区政协委员,曾参加第二至第四届徐汇区人民代表大会、政协会议。

1931年毕业于沪江大学化学系后,江圣述于上海南汇维勤中学任教数年,执教严谨、待人热忱、律己方正,深受学生爱戴。当时学校的数理教师曹维琪、唐维炳等也是沪江大学理学士。

1935年至1941年,江圣述任教于慈溪县立初级中学。其时,因妻子是慈溪人,为便于照顾岳家,应陈谦夫校长邀请,受聘于慈溪县立初级中学任数理化教师。学生都感觉这位老师非常随和、平易近人、令人敬重。他的学生回忆道:

"江圣述先生和毛道愚先生教我们理科,用心良苦,使我们对理科产生了浓厚的兴趣。我也变得更加专心用功,在此后的三个学期中,母校曾两度颁发给我'六六老人奖学金'(每年级一人),不断激励着我努力学习。""慈中1937届毕业班参加全省初中毕业会考时,成绩优异,名列前茅。大家都说,如果不是江老师高明的讲授,要得到数理化的高分是很难的。""江先生讲课善于启发学生独立思考,常常鼓励同学们提出疑问。每当巡视自修课时,总会非常耐心地解答问题,甚至连英语文法的疑难也乐于回答。"

还有一位校友,谈起当年饭量大、常吃不饱,同窗好友常主动让他多吃些,理化教师江圣述先生还常邀他到宿舍里吃饼干时,也禁不住润湿了眼眶。

一位同学回忆道:"有一天晚上,全班同学到校外观看演出,那时正值寒潮来临,大家都觉冷。江圣述老师脱下自己身上的呢大衣,披在我身上,在返校途中还要我穿起来,怕我受冻。把学生当作自己的子女看待,这就是慈中的魅力,优良的传统美德缔造高尚的校风,把老师的关爱送到学生的心坎上。"

大汉奸汪精卫、陈公博、周佛海等于1940年在南京成立伪政府的消息传来,全校师生无不义愤填膺、无比愤怒地在大操场上集会抗议。给学生印象最深的是江圣述先生慷慨激昂,怒目声讨。他是同学最敬爱的老师,除了授课,还曾陆续借给大家阅读旅苏华人有关"十月革命"后当时苏联社会的系列见闻,令学生十分向往。

1941年至1945年间,宁波、奉化相继沦陷,汪伪汉奸组织迅速在奉化城内办起"奉化中学",但有声望的老师都不肯去汪伪学校任教,有骨气的奉化青少年,也不肯去汪伪学校就读。这样,沦陷区的青年教育就成为一个突出的问题,奉化中学分部就是在这种情况下应运而生的。奉中复校后第一个建立起来的分部是吴江泾分部,之后建立起来的是方桥分部,由丁安洋任分部主任,江圣述为理科教员。后来丁因共产党案被俞济民部逮捕,江圣述始任分部主任,直到抗战胜利。

1945年抗战胜利后,慈溪县立初级中学各分部师生230余人,返慈城复校。社会名流陈布雷、秦润卿等再次筹款建校,同时借普济寺、贞社等院落暂作校舍。名师钱万斯、叶建之、江圣述、翁心惠等在此悉心执教,为学校建树起"校风正、师资好、治学严、质量高"的好声誉。

陆宗贤

陆宗贤(1909～2011),浙江吴兴县(现湖州市)人。中国水泥工业先驱及行业泰斗。

1931年,陆宗贤毕业于沪江大学化学系,1936年获柏林工业大学特许化学工程师学位(相当于硕士学位)。

回国后历任上海水泥厂工程师、国立西北工学院教授、重庆大渡口钢铁厂第六制造所所长、昆明华新水泥厂副总技师、贵阳贵州水泥公司经理、北平华北水泥窑业公司总经理兼总工程师,资源委员会建材所所长。

中华人民共和国成立后,陆宗贤先生历任重工业部华北窑业公司副经理、华北窑业公司研究所副所长、重工业部基本建设局筹备组成员、新疆水泥厂总工程师、新疆建筑工程局勘查设计院副总工程师、中国建筑材料科学研究院副总工程师、中国建筑材料工业规划研究院总工程师。曾任中央政务院财经委中央技术管理局发明审查委员会委员、建材部科技委委员和顾问、北京硅酸盐学会理事长、上海建材学院名誉校长、上海建材学院和武汉理工大学兼职教授。1949年后,他所主持的北京琉璃河水泥厂超额恢复生产,获重工业部奖。完成国家"六五"重点研究项目,获国务院经济技术社会发展中心奖。为恢复我国水泥工业生产,发展新疆水泥工业,繁荣我国水泥科研和建材工业规划研究工作做出了贡献。

1992年,陆宗贤享受国务院政府特殊津贴,1993年,中央组织部和中共中央对外联络部联合通知,陆宗贤同志按我党地下工作者对待,享受离休待遇。

马任全

马任全(1908~1988),江苏常州人。1926年春季考入沪江大学附中,次年升入大学,1931年毕业于沪江大学化学系,曾任沪江大学董事会董事。

毕业后,马任全在其父经营的顺昌石粉厂任营业经理、厂长,先后赴日本、印尼、新加坡、美国等地考察,引进先进技术,推广产品销路,积极开拓、经营,使顺昌石粉厂成为远东最大石粉厂之一。

马任全曾回忆说:"石粉的原料是各种矿石,……须有对各种矿石的广泛知识。我在母校主课是化工,选课是地质,加上又深受英语教学之益,故能经营该厂,并使之跻身于世界先进行列,成为远东最大石粉厂。我在工作中每每想到母校给我的教育,对培育我的老师更经常在念,如徐作和、潘思霖等老师和魏馥兰校长等。"

在刘湛恩校长的办学精神鼓舞下,马任全和同班同学徐肇和、倪家玺、陆宗贤、王敬业五人在大学三年级时曾每人出资100元,创办了大华实业社,自产自销各种日用品,如爽身粉、香霜、留兰香牙膏、除垢粉、蓝黑墨水、全麦面粉等。这段勤工俭学经历对他后来经营事业十分有益。

中华人民共和国成立后,马任全积极投入抗美援朝、捐献飞机大炮、认购公债等活动。1956年,他担任顺昌石粉厂厂长,带头申请公私合营,后厂并入上海石粉厂、天原化工厂。20世纪50年代初期,他被选为新泾区人民代表和市第一届人民代表会议代表,任新泾区工商业联合会筹备会主任委员。1956年,新泾区部分地区划归长宁区后至1984年,他先后当选第一至第五届区人民代表、第五、第六届区政协委员,任第一至第六届区工商业联合会副主任。

马任全也是中国著名的集邮家,从学生时代起,即爱好收集清代以来的各种邮票,研究编写邮书。1944年编写《国邮手册》,1946年再版时,增加苏区邮票、解放区邮票等内容。1947年编写出版中英文合刊《马氏国邮图鉴》,这本邮学巨著,至今仍被国内外仍公认为研究中国早期邮票的权威著作。解放初期,百废待兴的中国,邮政事业极为落后,国家邮政部门竟拿不出一套完整的邮票和齐全的邮政资料。1956年,马任全毅然将重金购得、珍藏二十余年、全球仅存一枚的清代"红印花加盖小字当壹元"旧票,连同其他珍贵的各个时期的中国邮票6167枚,捐献给国家。1981年,他再次向中国邮票博物馆捐献一部中华人民共和国邮票《实寄首日封专集》。1986年后,马任全在古稀之年,进一步修订出版《马氏国邮图鉴》,满足了国内外集邮爱好者的愿望。

倪家玺

倪家玺(1908~1990),浙江镇海人,中国实业家、北京义利食品厂创始人,中国民主建国会中央委员会原常务委员,第五、第六届全国政协委员。

1931年倪家玺毕业于沪江大学化学系。就读期间,在刘湛恩校长所提倡的"课余服务,学以致用"的口号鼓舞下,和徐肇和、马任全、陆宗贤、王敬业等几位同窗好友,在上海武定路紫阳里创办了大华实业社。利用假日和课余时间,以学到的化工基础知识,动手研制简易的化工产品。这些产品制作认真、采料精细、工艺优良、装潢新颖,尤其是他们的推销渠道优越,通过同学中的各大公司董事长、董事和经理的子弟,打入了永安、先施、新新等大百货公司经销,再加上善于做广告,不久销路大增,生产范围逐渐扩大。其中留兰香牙膏受到广泛欢迎。留兰香牙膏是倪家玺创制的,配方参考了美国系带牌和固龄玉牙膏原方,在沪江大学化学系实验室与同学反复试验后获得成功。他之所以采用留兰香香精,是鉴于当时学生中爱好运动的人,都咀嚼口香糖(亦称留兰香糖)以提神解乏,遂试以这种香料配制牙膏,认为必受用户欢迎。当时这种香精是从法国进口的,所谓留兰香,原来是从箭型薄荷中提炼出来的。中国沪郊各县有很多野生的箭型薄荷,尤以太仓县生产的质量最优,遂大量收购,进行提炼,果然成功,这使得大华实业社的留兰香牙膏成为真正的国货,生产成本也大大降低。

1931年大学毕业后,倪家玺以全部精力主持大华实业社业务,为了鼓励发明创造,实施"商誉奖",每支牙膏提取二厘商誉金,为数不多,积累可观。大华原始资本虽小,但股东们家庭都很富有,殷实而宽广的社会关系是他们有力的后盾。他们精诚合作、团结互助、周转裕如,一两年后就在日用化工业中脱颖而出。他们还雄心勃勃地积累资金,选送有培养前途的青年职工去大学深造。工厂很快由手工业生产变为机器生产,成为国货业著名的上海机制工厂联合会成员。

1946年,以倪家玺、徐肇和等为首的实业家,怀着实业报国的理想,收购了由苏格兰人创办的"义利洋行",并更名为"义利食品公司"。至此,义利洋行结束了作为外资企业整整四十年的历史,成为一家真正的民族企业,开始了其民族创业历程。

中华人民共和国成立后,倪家玺历任民建北京市分会第六届委员会秘书长,民建北京市第一届、第二届委员会秘书长,第三届、第四届委员会副主任委员。曾任民建中央常委,北京市政协委员、全国政协委员,北京市食品协会副会长等职。

徐肇和

徐肇和(1906~2003),浙江海盐人。高级工程师,我国玻璃民族工业先驱、著名日用玻璃工业专家,第二届全国政协列席代表,第三至第七届全国政协委员,曾任上海市硅酸盐学会理事长(第二届,1949~1950),中国硅酸盐学会理事,是轻工业部教授级高级工程师,享有国务院特殊津贴。

1931年,徐肇和毕业于上海沪江大学化学系。毕业后,蒙母校恩师教诲,立志走"实业救国""科技兴业"之路,向银行贷款创办了晶华玻璃厂,从国外引进自动制瓶机,成为我国第一家自动化生产耐压啤酒瓶的玻璃制瓶厂。1934年,徐肇和在《沪江大学丛刊》发表论文《青油之氢化》,是我国最早的油脂工业论文之一。1934年和1947年,他赴美、日考察日用玻璃制瓶工艺,引进大型池窑、自动化制瓶生产线,使晶华玻璃厂成为我国首家自动化生产耐压和高温杀菌的制瓶企业。产品数量、质量名列行业前茅,深受国内外客户赞誉。

中华人民共和国成立后,根据国家的统一安排,上海晶华玻璃厂在1950年与青岛市烟酒产销管理局签订合同,合资经营"青岛晶华玻璃厂股份有限公司"。根据协议上海晶华厂提供全部机械设备,在1950年4月整体包括制瓶全套设备与技术人员145人搬迁至青岛,徐肇和任青岛晶华玻璃厂厂长。1956年,徐肇和调任轻工业部一轻局高级工程师,曾于1956年至1958年负责设计并参加建设广东玻璃厂。1988年退休后仍翻译国外资料,提供技术支持。90高龄时还为专业期刊撰写《关于近年来啤酒瓶爆破严重伤人现象的讨论》一文,引起同业人士极大关注。

徐肇和从事日用玻璃生产与管理50多年,是我国日用玻璃制瓶工业自动化生产的创始人,为推动我国日用玻璃工业的发展、壮大贡献了毕生精力。

曾昭抡

曾昭抡(1899～1967),湖南湘乡人,是曾国藩之弟曾国潢的曾孙。中国化学家,教育家,中国近现代化学学科的创建人之一,对中国化学名词的命名与统一做出了重要贡献,并于1934年在北京大学化学系开创了中国大学本科毕业论文制度。历任中央大学、北京大学、西南联合大学、武汉大学、辅仁大学教授。为中国科学社的早期骨干,中国化学会的主要创始人之一。1948年当选中央研究院首届院士,1955年当选中国科学院首批学部委员。

1932届

林世芬

林世芬,女,1912年生,浙江鄞县人。

幼受庭训,习古籍经典,于宁波甬江女子中学毕业后,入沪江大学化学系学习,1932年获理学士学位,旋赴德国留学,入德累斯顿工业大学博士班。

抗日战争末期回国。抗战胜利后,任国立沈阳医学院副教授、教授。中华人民共和国成立前夕去台湾,任台湾大学化学系教授。1956年转任中原理工学院化学系教授,翌年兼化学系第三任系主任。1977年7月,辞卸化学系主任,专任教授。执教二十余年,桃李遍天下,学生均以"系妈妈"相称。

1933届

陈贤凡

陈贤凡(1912～1951),浙江鄞县人。高级工程师,曾任华东纺织管理局计划处副处长。

1933年毕业于沪江大学化学系。1949年5月,任中国纺织公司总工程师兼制造处加工科科长、中国染化工程学会理事长。1950年兼华东纺织管理局计划处副处长,负责领导印染加工及颜料化验分析等工作。

吴道艮

吴道艮,1915年生,浙江余杭人。

1933年毕业于沪江大学化学系,获理学士学位。

1933年编写《儿童化学实验法》(小学生文库第一集化学类)(图5.5)。

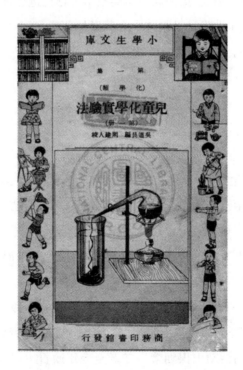

图5.5 《儿童化学实验法》封面

吴道艮早年即投身国民政府官办企业界,曾任资源委员会电化冶炼厂厂长。1941年12月,太平洋战争爆发后,中美之间的关系更加密切。1942年5月,国民政府资源委员会从本部和所属企业中选派了一些人员赴美国的工矿企业考察、实习,为抗战的最后胜利和战后国家重建培养急需的专业技术人才。巧合的是,第一批赴美人员共 31 人,出国时间 1942 年为民国三十一年。于是,资源委员会决定于 5 月 31 日成立一个组织,以便于在美国期间的联络和互相关照,并将这个组织定名为"三一社"。也有人认为,取名"三一社"是为了纪念资源委员会的前身——国防设计委员会成立时只有 31 名职员。资源委员会对选派人员的资格有着严格的要求,至少必须具备以下三项条件:一,大学工业科系或相关科系毕业;二,中英文程度均佳;三,工作经验至少在五年以上。吴道艮以电化冶炼厂工程师成为"三一社"成员。

此后,吴道艮历任台湾铝业公司协理、台湾省烟酒公卖局局长、招商局轮船公司总经理、新竹玻璃公司总经理。在台湾工商界颇负盛名,曾当选中华民国化学会、品质管制学会、包装协会(第一届)、中美技术合作促进会理事长、工业总会秘书长、工商协进会理事、工业设计及包装中心董事长、国际商会台湾分会秘书长、亚洲商工联合总会第二副会长等职。中华民国工业设计协会成立于 1967 年 12 月 12 日,吴道艮为第一任理事长。

邬申鹄

邬申鹄,1908 年生,浙江奉化人。1933 年毕业于沪江大学。曾工作于上海丽新纺织印染厂、上海第三印染厂、第一纺织印染职工大学。曾任九三学社南市区委副主任,上海市纺织工程学会荣誉会员。

2010 年,上海市纺织工程学会发布"关于特别授予邬申鹄、邢西樵荣誉会员称号的决定",内容如下:

"邬申鹄、邢西樵两位百岁老会员,自参加工作以来,长期从事纺织工作。自从加入上海市纺织工程学会以后,积极参加学会组织的各项活动,退休后仍活跃在纺织工程学会退工部,为活动出谋划策。二老至今年逾百岁,为本学会尽心尽力,做出较大贡献。经慎重考虑决定,授予邬申鹄、邢西樵荣誉会员称号。"

许明轩

许明轩,女,1912 年生,江苏镇江人。1933 年毕业于沪江大学化学系,时任沪江大学科学社副社长,1932年秋季学期任科学社司库。中华人民共和国成立后,曾任上海染料化工七厂高级工程师,专长化学新产品研制与分析。

1934届

俞大卫

俞大卫,1911年生,上海人。1934年毕业于沪江大学化学系,专长化学纤维。中华人民共和国成立后曾任上海合成纤维研究所、上海第十四化学纤维厂、上海化学纤维公司高级工程师,主编有《化学纤维词典》(中国纺织出版社1991年出版)。

邱式邦

邱式邦(1911～2010),浙江吴兴人。昆虫学家,中国科学院院士。

1925年,邱式邦考取沪江大学附属中学文科班,家中十分希望他将来考取沪江大学文科,但邱式邦本人爱好自然科学,便毅然决定中学毕业后报考沪江大学生物系。为此,他还利用中学最后一个假期,自修了中学文科班免修的化学课程。1931年,他如愿考取了沪江大学生物系并于1935年毕业。在读期间,经学校推荐在李斯德医学研究所担任专家助手。1936年到南京中央农业实验所病虫害系担任技佐。抗日战争爆发后,分配到广西柳州沙塘,开始了长达7年作物害虫防治的研究,完成了17篇研究论文。1946年,回到南京中央农业实验所,承担了飞蝗防治的研究任务。1948年获英国文化委员会的奖学金,次年进入剑桥大学动物系学习。1951年10月,回国受聘于华北农业科学研究所,从事治蝗的研究工作。

为了表彰邱式邦在植物保护工作上的卓越成就,1953年农业部为他颁发了爱国丰产奖,1978年全国科学大会授予其先进个人奖,1979年国务院授予其全国劳动模范称号,1985年法国农业部授予其农业功勋骑士勋章,1988年由于长期在开发黄淮海平原工作中做出了突出成绩,受到国务院的表彰。

1978年任联合国粮农组织虫害综合防治专家委员会委员,1981年当选为中国科学院学部委员,1983年任农业部科学技术委员会常委,1985年任国务院学位委员会第一届学科评议组成员。

1935 届

王序

王序(1912~1984),江苏无锡人。药物化学家,中国科学院院士。

图 5.6 沪江大学毕业时的王序
(来源:1935 年《沪江年刊》)

无锡辅仁中学毕业后,王序进入沪江大学化学系就读,1935 年毕业(图 5.6)。1940 年获维也纳大学博士学位,同年回国,历任北京医学院(今北京大学医学部)药学系主任及药物研究所所长、国务院学位委员会药学组副组长、卫生部医学科学委员会委员、中国生化学会理事长、中国化学会副理事长及副秘书长、中国药学会副理事长、北京化学会理事长、北京药学会理事长、上海生化学会理事会主席、上海生物化学研究所名誉所长以及《化学学报》《药学学报》编委和《化学通报》主编等职。1980 年当选为中国科学院学部委员(院士)。曾任第五届全国政协委员、第六届政协常委、第三届全国人民代表大会代表、第七届北京市人民代表大会代表。

王序长期从事药物化学研究。在维也纳深造期间,曾经在植物有机成分的结构分析方面进行过研究,论文先后发表在德国《化学会志》等杂志上。

回国后,在浙江大学化学系任教授(当时已迁贵州遵义)。1941 年,王序到北平研究院工作(当时迁至昆明),致力于中药天然成分的分析和合成研究。该院初创时没有房屋,他就利用山顶上一古庙的大雄宝殿做实验室,工作条件很差,无水无电。王序努力创造条件开展研究工作。文献资料不足,他便步行 10 里到昆明市,再坐小火车到当时中央研究院的图书馆查阅。在研究条件极端困难的情况下,王序靠着熟练、精细的有机化学实验技巧和坚实的有机化学理论基础,用经典的有机化学方法,成功地研究了土大黄、丹参、射干等中药的成分,并确定了它们的化学结构。这些研究论文,先后发表在《中国化学会志》和《英国化学会志》上,王序也成为我国较早进行中药成分研究的学者之一。

1950年,王序调任北京医学院药学系教授。1961年建立核酸化学研究室,系统研究硫代糖、去氧糖以及嘧啶、嘌呤类核苷的合成。1970年,他根据中医"扶正祛邪"的理论,创造性地提出增强免疫系统的活力和增强体内的激素调节能力,调节酶系统作为"扶正"的两种途径。1977年,他在查阅大量文献的基础上,对β-内酰胺抗菌素、四环素类、前列腺素类、长春花碱等的半合成以及Ansa大环类化合物化学的研究作了详细分析,写成《复杂的天然产物全合成中的问题》一文。这些科研成果,分别于1978年、1980年获国家科委和卫生部的发明奖和成果奖。他先后发表论文35篇,与人合著《有机化学》《有机化学命名原则》两本书。

王序大部分时间在高等院校任教,讲授过有机化学、有机分析、有机合成、单元作业、理论有机等相关专业课程。他在古稀之年仍不辞辛劳,选用国外最好的教材,为药学系学生讲授有机化学。他的教学方法,不是让学生死记硬背,而是讲重点、难点,尤其是着重介绍事物发展的过去与现在并设想将来,启发学生思维,培养学生自学与独立思考问题的能力。很多学生回忆:"听王先生的课,日后回忆,越回忆越有味……"他还主张要重视实验,正确掌握实验技巧,仔细观察反应现象,录取数据。他常说:"搞有机化学的人,如果手不行(即实验技能不行),就等于废物。"他在60多岁时,还亲自在实验室里做研究工作,为大家示范如何做微量物质重结晶的方法。

郁彼得

郁彼得(1910~1987),浙江宁波人。中国油脂工业先驱。

1935年毕业于沪江大学化学系,曾任职扬州苏北植物油厂总工程师、苏州油厂、淮安油厂、江苏省粮食厅、江苏省工业厅。

1955年与南通油脂厂尤常工程师合作编著了《榨油工艺知识》一书(署名:江苏省油脂增产委员会办公室编),于1956年4月出版,为江苏省油脂工业发展做出了重要贡献。

朱仁宝

朱仁宝(1913~1999),又名朱慎葆,浙江绍兴人。1935年毕业于沪江大学化学系。曾任蚌埠医学院生物化学教授,从事"电解法制造葡萄糖酸钙""对氨基苯甲酸乙酯"等研究。

曾任上海医学院(复旦大学上海医学院前身)、上海同德医学院化学助教、副教授。1952年起,在上海第二医学院(上海交通大学医学院前身)工作,历任生物化学教研室副主任、基础医学部副主任、副教授、教授。

1958年,朱仁宝响应党的号召,首批对口支援安徽,参与筹建蚌埠医学院,历任学院教务长、医教组组长、教务处处长、学院副院长、党委委员等职,为蚌埠医学院的创建、发展做出很大贡献,在教职工中享有较高声望。

1936届

陈燕贻

陈燕贻,1910年生,化名光潜、光前,笔名郑默,福建莆田人。历任中共莆田县委书记、印尼棉华中学校长、北京市文史研究馆馆员。

1924年,陈燕贻考进涵江中学。涵江是莆田的港口,是去福州、厦门、上海等地的海上交通门户。北伐前,莆田地下国民党县党部为便于和设在厦门的国民党省党部联系,在涵江中学建立一个地下国民党区分部。陈燕贻是这个区分部的最初五名党员之一。北伐军来莆前夕,涵江区分部的党员,半夜出动,把欢迎北伐军的标语从涵江一直贴到二十华里外的江口镇,开进涵江的北伐军先头部队的政治部人员认为这是对北伐军极大激励和鼓舞。他们送给学生大批宣传革命的小册子。这些进步书刊成为涵江中学的补充读物,引导涵中学生追求真理,走向进步。

1928年,陈燕贻加入中国共产主义青年团,不久转为中共党员,被调入党内工作。1930年,接任中共莆田县委书记。是年2月,代表莆田地下党参加在厦门鼓浪屿举行的中共福建第二次全省代表大会。同年秋,被捕入狱。在押15个月,因病保外就医候审,以报故结案。后考入沪江大学化学系。

20世纪30年代前,高中和大学的数理化课本全是英文原版教材,要求国人自编中文课本的呼声时有所闻。1935年,沪江大学化系主任徐作和与上海中国图书公司合作,翻译美国大学通用的化学课本《普通化学》(Deming's General Chemistry)。陈燕贻参与翻译,第二年译成出版。1936年,陈燕贻大学毕业,取得理学士学位,随即应聘到印尼泗水市的华侨中学任教。1937年回国结婚,旋偕爱人黄香珠再度赴印尼,同在棉兰市苏东中学任教。课余翻译一些科学论著,在上海《科学》杂志发表。1942年日军南侵,棉兰沦陷,苏东中学停办,便以经营手工业谋生。1945年,日本投降,棉兰光复,他和苏东中学旧同事共同创办棉兰华侨中学,即棉华中学。1954年,写成《塑料与塑制》一书,由上海科技卫生出版社出版。当时国内塑料工业尚在萌芽阶段,这本书的问世,填补了这方面的空白。

1966年陈燕贻回国定居。20世纪70年代中期,对汉字字形结构作系统的探究,寻求汉字信息处理的有效办法。1978年底第二次全国归侨代表大会在京举行,作为北京市的归侨代表之一,陈燕贻参加大会并当选为第二届全国侨联委员。1987年底,陈燕贻被聘为北京市文史研究馆馆员。

李恩业

李恩业(1913~1968),原名李恩颐,号百嘉,湖南长沙人。炼焦专家,鞍山钢铁公司建设的先行者。

李恩业小学时过继给叔父作养子,叔父是清朝驻夏威夷领事,这使得李恩业很早就接触到了西方文化。

1936年毕业于沪江大学化学系后,李恩业把继承自叔父的财产全部卖掉,自费到德国留学。1940年获柏林工业大学工程师博士学位。

抱着工业救国的愿望,李恩业回国参加抗战。当时汽油奇缺,他拒绝重庆各大学任教授的聘请,到军政部交通司燃料试验所工作。1942年到交通司北碚汽油厂任总工程师、代理厂长,并任战时化学工业标准起草委员会委员,负责燃料、氮气组。1945年抗日战争胜利后,他到北碚焦油厂任总工程师,不久到东北参加恢复鞍钢的工作。1946年他在鞍山钢铁公司任工程师兼化工所所长，并指导恢复了鞍钢第七号焦炉。

中华人民共和国成立后，李恩业任本溪钢铁公司技术生产处副处长。1950年，在全国科技大会上受到毛泽东主席的接见。1954年，当选第一届全国人民代表大会代表。1955年，当选为本溪市政协副主席和本溪市中苏友好协会副会长。1956年，调往北京钢铁研究院任煤焦室主任，并被天津大学聘为国家考试委员会委员，同年被重工业部评为二级工程师。1957年，任本溪煤铁公司技术监督处副处长，被国务院科学规划委员会聘为煤炭组组员。1959年当选为第二届全国人民代表大会代表。1961年到鞍山焦化耐火设计研究院任副总工程师。1959年当选为第三届全国人民代表大会代表。20世纪60年代在国内首先提出并组织炼焦煤预热工业试验获得成功。曾推导出58型焦炉废气循环计算公式。

李嘉音

李嘉音(1913～2005)，浙江永嘉人。化学教育家，《化学教学》期刊创始人。

李嘉音生于浙江永嘉一个医生家庭，从小受到良好的教育。1936年毕业于沪江大学化学系。抱着科学救国的理想，攻读燕京大学化学工业研究生，1938年毕业，获硕士学位。

中华人民共和国成立前，李嘉音相继在光华大学附中、苏州丝绸学院、丽水清明化工厂、中华电化厂、上海自来水厂等单位任教员、工程师和总工程师等职，从事中学化学、普通化学、分析化学、有机化学的教学工作，参与了酒精、油脂、漂白粉、烧碱等生产的技术工作。

中华人民共和国成立后，李嘉音曾在光华大学附中、沪江大学等学校担任化学、高等无机化学、工业化学等课程的教学工作，1954年起在华东师范大学任教，直至退休。

李嘉音长期从事中学和大学的教学工作，参与过多种工业生产的技术工作。扎实的理论功底，渊博的学识，丰富的阅历，使他成为我国中学化学界众望所归的专家。20世纪50年代初期，李嘉音参与了上海市一批化学名师的教学经验的总结，为开创上海市化学教学理论的发展和研究发挥了积极作用。与苏联专家一起，编写了颇具中国特色、实用价值较高的化学教学法讲义与教材。20世纪60年代初,参与组织和指导了上海市中学化学教材的编写,带领青年教师拜访全市著名的化学教师和学校,指导青年教师兼任化学课和班主任工作,坚持听取每节化学课,实施面对面的悉心指导。每当回忆起那时的情景,他的学生无不为李先生认真负责的精神和一丝不苟的作风所折服,哪怕是化学概念的教学、化学知识的板书,都认真推敲,毫不含糊。

作为《化学教学》的首任主编,李嘉音在上海市教育出版社编辑人员的大力支持下,带领大家审查修改稿件,逐步制定规章制度,对待读者视同上帝,不断克服经济和人力等方面的困难,使《化学教学》从不定期到定期,从双月刊到单月刊,从印刷粗糙到不断完善,直至多次被评为全国中等教育类核心期刊,成为广大化学教育工作者的知心朋友。

20世纪70年代开始,李嘉音带领当时的青年教师,深入华东地区各个省市,讲授教育理论,指导教学工作,总结先进经验,举办各种研讨会、指导青年教师开展教育研究。在其指导下,《化学教学法》《化学教学论》等教材的编写,在体系上有所突破,在内容上不断更新,被高等教育出版社选为全国教师进修用书,为全国许多省市和高校所采用。20世纪80年代,李嘉音担任华东地区高师化学教学研究会顾问,亲自确定主题和讲课,为促进华东地区的学术交流,提高教学质量做出了重要贡献。李嘉音作为华东师大乃至全国最早招收化学教育研究生的导师,在研究生培养计划、课程、教材、选题等方面都为后人打下了扎实基础,使华东师大在化学教育研究生、教育硕士、访问学者、进修教师培养等方面均有所建树,受到华东地区以至全国同行的敬佩。

沈贻谷

沈贻谷,1914年生,浙江湖州人。中国年资最高的验光师,也是中国首位引进并制造出隐形眼镜的专家。

1936年,沈贻谷毕业于沪江大学化学系。在沪江就读时,曾任沪江大学篮球队队长。毕业后在吴良材眼镜公司服务。1947年赴美深造学习验光并获得博士学位,1964年任上海眼镜一厂副厂长。

他编写或参与编写了不少眼镜方面的著作,如《屏光检查与配镜》《验光与配镜学》《眼镜片制造工艺学》《眼镜技术入门》等,还为《中国大百科全书》撰写"眼镜"条目。他先后为眼镜技校、轻工技校、验光培训班、眼镜技术培训班等担任培训与指导工作,育人无数。

吴志超

吴志超(1914~1990),上海人。上海天厨味精厂协理、总经理,民建中央委员会副主任委员,第四、第五届全国政协委员和第六、第七届全国政协常委。

1927年入上海沪江大学附属中学,1936年毕业于沪江大学化学系,后入密歇根大学化学系学习。

1938年回国,在重庆国民政府资源委员会工作。1939年任昆明化工厂助理工程师。1940年任重庆天厨味精厂厂长。1947年任上海天厨味精厂秘书。1949年春任上海天厨味精厂业务管理委员会召集人。

1949年5月后,任上海天厨味精厂协理、总经理。1954年任上海市化工原料同业公会主任委员。1956年,天厨味精厂公私合营,任总经理。同年当选为上海市工商业联合会第二届执委、副秘书长。1958年连任上海市工商联第三届执委、副秘书长。1961年起当选为市工商联第四至第八届副主任委员。吴志超带头认购公债、捐献飞机大炮、公私合营,妥善解决香港天厨味精厂的劳资纠纷。

1979年筹建上海市工商界爱国建设公司,吴志超任副董事长,还应邀赴北京筹建中国国际信托投资公司,任筹备小组副组长。公司成立后,任常务董事兼副总经理。1980年兼任中信公司香港分公司经理。1981年任中国国际经济咨询公司副董事长。1985年被推选为沪港经济发展协会理事。先后任民建上海市委常委,上海市第一、第二、第六届政协委员,第三至第五届政协常委,上海市第三至第五届人民代表大会代表,中国民主建国会中央委员会副主任委员,第四、第五届全国政协委员和第六、第七届全国政协常委。

吴志超的父亲吴蕴初,是中国近代化工专家,著名的民族化工实业家,中国氯碱工业的创始人。他在沪江大学设立基金,资助贫寒学子,为中国化学工业的兴起和发展做出了卓越的贡献。

根据沈贻谷、周树华1991年的统计,沪江大学1936届校友上海有44人,台湾有15人,香港有4人,国内其他地区有15人(其中北京11人、沭阳1人、无锡1人、武昌1人、兰州1人),国外有4人(其中美国21人、巴西1人、加拿大1人、澳大利亚1人)。具体名单如下:

上海:陈炎、陈志刚、陈振、顾毓桐、顾宗沂、桂伟民、胡清芳、胡汝环、林德昭、李嘉音、李君武、李正诚、李民汉、陆钟惠、陆香馥、聂光埔、钱敬镛、邵鹤年、沈载伦、沈珏、沈论毅、施如璋、孙锡琪、唐文清、吴家琪、徐狱铭、许侃、谢峻直、熊元熙、应元洪、赵连璧、张珏、张静、张克恭、张美丽、郑经顺、朱秀凤、朱星、朱令望、朱传信、朱泰来、周树华、周莘农、周超苞。

台湾:袭强、洪才贤、蒋彦士、梁颂銮、潘照铠、沙济良、韦应灏、吴厚璋、吴三锡、徐金珠、徐昌五、俞国尧、赵连福、朱寿康、钱辅成。

香港:冯玉权、尤绍曾、李树芬、张炳南。

国内其他地区:冯亦代(贻德)、李昌运、刘邦深、周永生、欧阳春(山尊)、邱式邦、孙秉阮、王淑端、杨荫庭、俞锡康、吴永鑫(北京);李幽娴(江苏沭阳);杨同德(江苏无锡);蒋世显(湖北武昌);杨诗兴(甘肃兰州)。

国外:(美国)陈家导、周月亭、许瓘、金葆宜、李景翰、陆瑞英、刘莲莲、董厚璋夫人、谢洪畴夫人(郊祖年)、罗国荣、马永梁、沈学礼、孙宝庆、唐月明、董阳明、王守法、潘恬士、俞便民、薛承恩、毛孝琇、朱文耀。

(巴西)沈馥棣。

(加拿大)曹国荣。

(澳大利亚)马崇尧。

从1936届校友分布情况来看,沪江大学的毕业生分布很广,其中在上海的最多,主要原因是沪江大学位于上海,来自上海及其周边的生源较多,毕业后在上海就业的机会也较大。

1937届

甘礼俊

甘礼俊,1937年毕业于沪江大学化学系,在校期间曾任沪江大学化学学会出版部部长、研究部部长,沪江大学二十六年级(1937届)化学会会员、二十六年级化学会会刊《化学》总编辑。

《化学》1936年6月创刊,为半年刊,由沪江大学二十六年级化学会编辑出版发行,甘礼俊任总编辑,谢静娟、朱铁蓉、陆佩宜、季崇训、刘乐和任编辑。出版2期后,于当年10月停刊。其旨在"促进同人等对于最近化学进化之注意,以免被弃于时代进化之外"。其内容包括纯粹化学、应用化学和杂俎三大类。纯粹化学有无机及物理化学、有机及生物学、分析化学;应用化学主要有军事化学和工业化学;杂俎有化学新闻、书报介绍、化学游戏和小工艺品制造等。甘礼俊在创刊号上发表有《中国之液体燃料问题》《火化作用》《乙醇之新接触制造法》《用甲基绿以检验纤维组织物质中少许之碱》《从淀粉合成活力素C》。同期还发表了谢静娟的《毒气》、虞以道的《木精的工业制造法》、张宗祜的《原子核构造》、庞芳柏的《颜料与油漆》《指甲油之研讨》、马端履译的《缩脲反应之学说》、陆佩宜译的《摄影化学》、张荣欣译的《阴游子之系统定性分析法》、季崇训译的《金属游子之有机颜料检定法》、朱铁蓉译的《渍垢之消除》、陈志瀛译的《杀虫药浅说》、温伟棠译的《米制火药(近代惊人之化学精华录)》等。关于该刊的性质,甘礼俊在《发刊辞》中写道:

"本刊几经挫折,竟能问世,此不能不归功于我各会员之共同努力,与乎各界之热诚相助。本刊之出版,其意义至为重大,约言之有二:我沪江读书风气之盛,素来有名,对于课外研究及阅读,向少注意。书本知识,究属有限,尤以物质科学,日新月异,变瞬无穷,若仅熟稔书本知识,而对于最近之进化,不稍注意,皮毛之讥,终属难免。同人等就学三载,愧对于课外研究,极少注意,于是乃有化学学会之组织,以出版会刊为第一任务,借以促进同人等对于最近化学进化之注意,以免被弃于时代进化之外,此其一。我国科学因向无系统及划一之命名,故一切科学方面之书籍杂志,都属西文,于是一般西文程度较差者,虽求知欲甚旺,每有废然而叹之感,而中国科学亦因之而无抬头希望。近年来,教育部着手于科学命名之编订,今后我国科学行将踏上康庄大道,同时亦将逐渐大众化、普遍化,故一切有关于科学之书籍杂志,均需以本国文字写出,自无异议。同人等有鉴于此,努力于译述化学新知识,一方面固在训练本身,另一方面尚含有介绍化学新智识于国人之重大意义在焉,此其二。除上述二点外,尚有足为读者诸君告者,本会集二十余会员之绵力,无顾问之指导,而担此艰巨之事业。本刊之出版,实为本会合作精神之表现,各会员无论在经费之筹措,稿件之输将,各出己力,积沙成塔。尝忆本校化学系主任徐作和博士及教授欧文博士谓:'科学上一切伟大发明,均为各科学家合作之结晶。'观乎此,我可下一断言谓:'合作为一切事业成功之母。'愿本会会员永远保持此种合作精神,成功之神正含笑以待我人荣膺成功之冕。民国二十五年劳动节。"

1936年10月,《化学》第2卷第1期(1936～1937学年第1学期号)出版,其中刊有甘礼俊翻译的徐作和英文演讲稿《近五年来之化学研究之异彩》,撰写的《化学撮要九则》。

1939年,沈佐卿(1862～?)与人合资于重庆大渡口鱼鳅壕建造中国造酸厂。甘礼俊与毕业于国立交通大学化学工程系的周来芬女士等均是中国造酸厂的共同创办人,并使该厂成为当时川中最有成绩的民营造酸厂。

抗战后,甘礼俊任台湾行政长官公署工矿处监理委员、宝隆纸业公司常务董事兼代总经理、宝丰工业公司总经理。1995年6月12日曾从台北飞沪,受到在上海的沪江校友的热情接待。

季崇训

季崇训(1914～1993),江苏常熟人。油漆专家,高级工程师。

1937年毕业于沪江大学。1938年在上海永固油漆厂任化学师。1942年任苏州泰山油漆厂工程师。1946年任中美实业公司设计委员兼副经理。

中华人民共和国成立后,历任上海大威化工厂、上海海军油漆厂、上海开林造漆厂工程师,化工部上海化工研究院工程师,化工研究院情报室有机化学组组长,上海市染料涂料研究所情报组负责人。

季崇训毕生从事涂料事业近五十年,先后负责研制成功"光明牌"船底漆的防锈漆和防污漆,质量超过当时世界名牌英国"红手牌"和"叶子牌",使这些产品在国内外使用二十余年,打开了开林造漆厂"光明牌"油漆局面。后在上海市染料涂料研究所负责《上海涂料》编辑,曾在此杂志及其有关期刊发表几十篇涂料发展译文和综述性文章,对我国涂料科研事业和生产发展做出了贡献,被化工部评为"为中国化工事业做出贡献的老专家"。

马端履

马端履,1937年毕业于沪江大学化学系。在校期间,曾于1935年秋做题为"活性炭之理论及其实际"的竞赛演说。他满怀爱国激情,关注当时华北形势的险恶、国家民族的存亡,从活性炭的科学技术知识讲到它在防毒设备方面的应用,呼吁国家和同学们要加紧研究,以备战争的爆发和抗争。

庞芳柏

庞芳柏,1916年生,浙江吴兴人。上海彭浦化工厂高级工程师,专长化工生产、化工工业制造。

1937年毕业于沪江大学化学系,随后到武昌开办小化工厂,生产抗战急需的药棉、纱布和消毒酒精。当时,曾任沪江大学化学系系主任的徐作和正在华中大学执教,庞芳柏在生产酒精遇到困难时,总能得到徐作和的指导和鼓励。八年全面抗战期间,庞芳柏先后在武昌、重庆、上饶、赣州、常山等地开办化工厂。1938年在中央工业试验所顾毓珍领导下,利用氯化钙脱水,成功制造98%以上的高浓度酒精。生产的酒精代汽油,对供应当时的军用和民用起到积极的作用。其间曾和沪江大学化学系系友陈志瀛、汪中、毕镐惠一起办厂。

史玉俊

史玉俊,1912年生,上海人。药物化学专家,天津药物研究院研究员,天津医工所总工程师,享受国务院政府特殊津贴。

1937年毕业于沪江大学化学系。中华人民共和国成立后,历任天津生化药厂技术科长,天津医工所合成组长、合成室主任、总工程师等职。曾完成羊肠线等十余项课题,《天津日报》曾作专访报道。

王辛南

王辛南(1913~2005),女,1937年毕业于沪江大学化学系(图5.7),次年春入沪江大学在城中区商学院新开设的社会科学讲习所学习,与后来成为她丈夫的方行(1915~2000)同学,曾在上海女青年会任职。

1943年,根据中共中央华中局城市工作部领导刘长胜的指示,与丈夫方行在上海愚园路愚谷邨121号开设一家西药厂——进化药厂股份有限公司(王辛南任副厂长,丈夫任经理),并请沪江大学名教授做药厂的顾问。药厂是中共上海地下党的秘密联络点,曾为新四军生产急需的药物,如治破伤风的药和各种疫苗等。抗战胜利后,王辛南夫妇订下了江苏路永乐邨21号一整栋小楼作为寓所,为掩护中共地下机关上海局做出了很大的贡献(关于王辛南夫妇奋战在隐蔽战线的故事,可阅读上海理工大学微信公众号于2021年4月3日刊发的文章《丹心向春晖:上海滩演绎的真实版"潜伏"故事》)。

图 5.7　1937届化学系系友王辛南的毕业照

中华人民共和国成立后,历任上海市妇联副主任、上海市科协副主席等职,曾任沪江大学上海校友会副会长。

张龙翔

图 5.8　张龙翔教授

张龙翔(1916~1996)(图5.8),浙江湖州人。曾任北京大学校长。

1930年考入沪江大学附属中学高中部,1933年升入沪江大学化学系,1934年插班转入清华大学化学系学习,1937年毕业。1938年考入岭南大学化学系读研究生。

1939年应聘到昆明(西南联大)清华大学农业研究所任研究助理,同年考取中英庚款公费留学,因第二次世界大战爆发而未能成行。1940年改派,赴多伦多大学生物化学系学习,从事致癌多环芳烃代谢作用的研究。1942年获博士学位后,去耶鲁大学化学系,在著名生物有机化学家R·J·安德森(R. J. Anderson)指导下从事博士后研究工作,进行结核杆菌脂质化学的研究。1944年应聘到重庆桐油研究所任研究员。1946年受聘到北京大学化学系任教授。1950年任北京大学代秘书长等。1981年5月至1984年3月任北京大学校长。

张龙翔一直记得大学一年级的时候,听了徐作和教授的普通化学课和郑章成的普通生物学课,使他萌发了对生物化学的兴趣,沪江精神也陶冶了他的情操。

朱铁蓉

朱铁蓉,女,1915年生,上海人。曾任湖南医科大学(现中南大学湘雅医学院)教授、长沙市政协委员。

1933年,朱铁蓉进入沪江大学学习,她对这段经历记忆犹新,回忆道"我在1933年进入上海大学(即沪江大学)进修,主修化学,副修物理和音乐。我为自己能成为理科学生而感到自豪。我特别喜欢下午在实验室做化学实验的时光。我也很享受和学校交响乐团和其他钢琴手伴奏的日子(我的英文老师Knabe小姐,和一位声乐学生杨小姐,她们都是同一个声乐教授的学生)。我还选修了Gordon Poteat博士开的'公众演讲'课。我还记得在第一堂生物课里面,陈教授进行全班点名,当他点到我的时候,我说:'到!'他看了一眼我的短发,然后问道:'你是男生还是女生?'我自豪的回答:'女生!'全班都笑了。(我曾经留一头短发,也许是因为我想成为一个男生吧。)不久之后,在学校的艺术展就出现了一幅卡通画,上面画的就是我的短头发,下面写着一个问句:'你是男生还是女生?'从此人们就开始留意我,正因如此,我在一年级同学中变得小有名气。学校费用昂贵,学生中有很多富家子弟。其中有孔祥熙的女儿,她每天坐一辆豪华小车去上学,小车上有一名保镖,她每天会从家里带食物和一盒巧克力糖分给学校的朋友们。那些富家子弟都看不起我,举个例子:我有一块打暑期工赚钱买的手表,那不是一块很时尚的女子表。一群男孩看到我的表,就嘲笑我说:'朱铁蓉,你为什么不去买个钟挂在你的脖子上?'我不去理会他们,我虽然没有钱但是我在其他方面自有我的优势。我努力读书,所以我的成绩远比那些人好,而且我积极参加课外活动,例如辩论赛、剧团表演,来显示我的能力比他们要强。那些富家子弟则喜欢比较家产和父母的高职位,炫耀周末接自己回家的私家车。我开始意识到,她们只是一些活动衣架,频繁换着那些漂亮的衣服然后互相比较。1937年夏天,我非常忙碌地进行年报编辑工作,而且我还是毕业纪念日筹备委员会的委员。那个学期结束的时候,我们毕业典礼成功在新礼堂举行,我以优异的成绩毕业。"

1937年毕业后,朱铁蓉在长沙青年会补习学校、福湘女中和湘雅护士学校教数学和化学。第二年,在迁往沅陵的雅礼中学任教。之后成为沅陵基督教女青年会总干事、衡阳基督教青年会主任干事、长沙基督教青年会(YMCA)学生秘书。之后,又在贵州国际救济协会、湖南国际救济协会、中国善后救济总署(CNRRA)担当英文秘书,还担任中国善后救济总署和联合国善后救济总署(UNRRA)驻长沙联络人。

1946年9月,朱铁蓉去了美国,在耶鲁大学读社会学硕士课程,并在1948年6月拿到文学硕士学位,同年10月返回长沙,掩护进步人士,参加和平签名运动。

1950年8月,朱铁蓉投身于湘雅医学院(现中南大学湘雅医学院)的英语教学,任讲师,1980年被评为副教授,1985年被评为教授。其间曾先后担任教研室主任、外语系副主任12年,曾经向一位白俄罗斯人学了几学期的俄文,从1954到1956年,教授俄文。1987年5月退休。1978年后,她多次被评为甲等先进工作者和优秀教师。曾先后任长沙市妇联筹委会常委、市妇联执委、长沙市政协委员、上海《密勒氏评论报》特约编辑、湖南省公共外语协会理事及两种刊物的编委,《湖南医学》医学基础英语专栏撰稿人等。1979年至1987年,还协助校外事处开展对外交流活动,为该校恢复与加强国际学术界联系做出了一定贡献。

在近40年的教学生涯中,朱铁蓉认真负责、勤勤恳恳,既教书又育人。无论是何种层次的学生,她都能根据学生的实际情况和教学大纲的要求,因材施教。她强调学生预习,强调精讲多练,注重提高学生的学习兴趣。她的课受到学生的普遍好评,为本科生、研究生和职工英语水平的提高做出了毕生贡献。

朱铁蓉治学严谨,著述、译作丰富。20世纪50年代初,曾在《密勒氏评论报》等发表《留学生的抗议》《长沙巡礼》等英文评论和报道共19篇。20世纪50年代中期,在《俄文译丛》发表译文19篇。20世纪70年代,在《国外医学参考》发表英译中文章6篇,介绍当时国外医学发展情况。20世纪80年代以来,发表汉译英文章共

7篇。在《公共外语教学》《医学教育研究》等刊发表《医学外语教学的经验与体会》等13篇文章。同时编写并参编了多部教材,此外还主审了全国中等卫生学校教材《英语》,曾获1992年湖南省社科成果优秀奖。

朱铁蓉是一个爱国的知识分子。她早年奋发求学、自强不息、立志兴国,为人民做了许多实际工作。中、晚年倾注全力,为培育我国医学人才耗尽心血,取得了丰硕成果。她成功的要诀是"事无巨细,一丝不苟";她待人的原则是"无愧于心"。大学毕业后,她曾在美国雅礼协会(Yale-China Association)创办的雅礼中学、湘雅医学院任教,与雅礼协会来往密切,对该组织派来中国教授英语的青年教师予以力所能及的帮助,因此于1999年底获颁该组织颁发的荣誉奖品(一对石狮)。

此外,1937届毕业生温伟棠(改名温宁兰)后来去了马来西亚,谢静娟、毕镐惠、王守法、王文琪和虞以道去了美国,陆佩宜去了泰国,甘礼俊、王德荃、洪长伊去了中国台湾。

从1937届的毕业论文题目可以看出,其毕业设计与工业需求紧密挂钩,这也为他们日后在化工领域的成长打下了很好的基础。毕业论文题目如下:

陈志瀛 《乙炔聚合苯》
　　　　Synthetic Benzene from Polymerization of Acetylene
季崇训 《从花生壳试制活性炭及脱色炭》
　　　　Pregaration of Actirated Carbon and Decolorized Carbon from Peanut Shell
张宗祐 《煤之氢化研究》
　　　　Study on Hydrogenation of Coal
张荣欣 《玻璃纸之制法》
　　　　Manufacture of Cellophane Sheets
周绮霞 《甲醛制造法》
　　　　Oxidation of Methyl Alcohol to Formaldehyde
朱桢祥 《丹宁酸制法之比较》
　　　　A Comparative Study of the Methods of Manufacture of Tannin from Gall-Nuts

朱铁蓉 《如何使织物不易折皱》
Methods of Producing Uncreasable Textites

甘礼俊 《自木屑制造草酸》
Sawdust as A Raw Material for the Manufacture of Oxalic Acid

向邦俊 《芥子气之综合》
Synthesis of Mustard Gas

李振生 《竹浆人造丝之试制》
An Experiment on Rayon from Bamboo Pulp

李汝超 《由乙炔综合醋酸》
Syntheses of Acetic Acid from Acetylene

刘祁明 《由竹浆制造硝酸纤维之观察》
Cellulose Nitrate from Bamboo Pulp

刘乐和 《用乙烯酮制取柳酸之研究》
Preparation of Acety – Salicylic Acid by Ketene Method

陆佩宜 《锡之斑点试验》
Spot Test of Tinwith Cacothelein

马端履 《菜籽油分裂之研究》
Study on the Cleavage of Rapeseed Oil

庞芳柏 《氯磺酸之制造》
Manufacturing of Chlorosulphonic Acid

沈思明 《青油之氢化》
Hydro Genation of Stilling Oil

史玉俊 《B 苯甲腈与乙醇纳之作用》
Reaction of B – Naphthonitrile with Sodium Ethyalte

谢静娟 《乙烯酮之研究》
A Study of Ketene

谢明德 《特尉折尔氏之水解油脂法》
Glycerol by Twitchell's Process

汪　中 《碘化-8-羟-5-磺酸喹啉》

　　　　　Iodiantion of－8－Hydroxy－Quinoline－5－Sulfonic Acid

王德荃　《华茶中茶碱之提炼》
　　　　　Extraction of Caffeine from Chinese Tea Leaves

王丽青　《乙醇氧化为乙酸》
　　　　　Oxidation of Ethyl Alcohol to Acetic Acid

王辛南　《铋之斑点试验法》
　　　　　The Spot Test Method for Bismuth

王文琪　《湖南油页岩之分析》
　　　　　Oil Shale of Hunan Province

汪慧楞　《1935年发明之偶氮染料》
　　　　　Azo Dyes Discovered in the Year 1935

温伟棠　《钼矿砂之分解》
　　　　　Decomposition of Monazite Sand

虞以道　《自蚕蛹提取右旋谷酸之研究》
　　　　　Study on Extraction of D-glutamic Acid from Silkworm Pupa

1938 届

陈大为

陈大为,1918年生,江苏吴江人。上海电池厂高级工程师,专长电气、化学。1938年毕业于沪江大学化学系。

王国琦

王国琦,1917年生,福建莆田人。高级工程师。

沪江大学化学系1938届校友(大四借读于武汉大学化学系),抗日战争后留学美国。曾任中鼎工程有限公司董事长兼总经理等职。他曾任沪江大学台湾同学会会长,是台湾沪江高级中学创办人之一,曾担任校董事会董事长多年。

朱谱康

朱谱康(1915~1998)，别号益民，江苏嘉定县(现上海市嘉定区)南翔人。世界知名的陶瓷冶金与高温材料专家，是一生心系桑梓之地、父母之邦的美籍华裔学者(图5.9)。他的夫人是与他同届的沪江大学生物系校友、毕业后曾一度任沪江大学生物系助教的吴秀亚(1917~2004)。

朱谱康生于江西九江，1934年考入沪江大学化学系。在沪江期间，朱谱康每逢寒暑假回南翔老家，常与当地新办的苏民初级职业学校师生一起，为当地居民及失学儿童开办假期文化学习班。他也喜欢撰写文章，曾于1935年6月15日出版的高中学生英语学习补充刊物《高级中华英文周报》(*Chung Hwa English Weekly*)第27卷第692期上发表英文文章 *The Story of "Necklace"*，于1936

图5.9　大学毕业时朱谱康

(来源：1938年《沪江大学年刊》)

年11月在沪江大学理学院出版委员会编印的《沪大科学》30周年纪念特号(1936年第1卷第1期)上发表论文《煤与煤之工业用途及其展望》。1937年暑假，朱谱康参加了"江西省大学生暑期农村服务"，但不久卢沟桥事变和"八一三"淞沪会战相继爆发，终因战事扩大，未能返回上海沪江大学继续学业，不得已去武汉大学借读，一年后毕业(图5.10)。

随后，朱谱康便分派到设在湖南湘潭下摄司的经济部资源委员会中央电工器材厂第二厂(即管泡厂)工作。1938年10月，武汉沦陷，湘潭形势危急，他奉命随工厂内迁桂林。1941年，他又随第二厂的一部分搬迁到重庆长江南岸的黄桷垭，办理制造灯泡的第二厂重庆支厂。约1943年，朱谱康被资源委员会派到昆明的工厂工作。在电工器材厂期间，朱谱康历任实习工程师、助理工程师、工程师、支厂副主任等职，还曾于1944年左右加入了以"发展实业，改善民生"为宗旨、有"青年专

```
                        EDUCATIONAL BACKGROUND
    (IN CHINA)
16. MIDDLE SCHOOL ATTENDED  SHANGHAI HIGH SCHOOL      LOCATION  SHANGHAI
                                                               (City)   (Province)
17. CHRISTIAN COLLEGE ATTENDED  UNIVERSITY OF SHANGHAI  DATES  1944      1948
                                                               (From)   (To)
18. DEGREE RECEIVED  BACHELOR OF SCIENCE  MAJOR SUBJECT IN COLLEGE  CHEMISTRY
19. SCHOLARSHIPS OR OTHER HONORS RECEIVED_____
20. WHAT ATHLETIC TEAMS WERE YOU A MEMBER OF?_____
21. TO WHAT DRAMATIC, DEBATING, MUSIC OR LANGUAGE CLUBS DID YOU BELONG?_____

22. HAVE YOU ATTENDED COLLEGE IN ANY OTHER COUNTRY (not U.S.)?_____
                                                              (Country)
    (IN AMERICA)
23. COLLEGE OR UNIVERSITY ATTENDED  PENNSYLVANIA STATE  LOCATION  STATE college  PA.
                                    college                       (City)   (State)
    DATES ATTENDED  July, 1946 ____           DEGREES RECEIVED  M.S (will be in 1949)
                    (From)    (To)
24. SCHOLARSHIPS OR OTHER HONORS  Research assistant
25. EXTRA-CURRICULAR ACTIVITIES  CHRISTIAN FELLOWSHIP ACTIVITIES
```

图 5.10 朱谱康在美国填写的《中国基督教教会大学校友信息表》教育背景部分大学阶段仅有沪江大学

(来源：Yale Divinity School Library 网站)

家团"之称的"建设事业励进社"，并积极为该社《社报》投稿、建言献策。在随厂搬迁的途中，朱谱康与曾获沪江大学 1934 学年上等荣誉生称号（生物系一年级成绩第二名）、浙江鄞县（今宁波市鄞州区）的吴秀亚喜结良缘，成了白头到老的终身伴侣。在电工器材厂工作期间，朱谱康还撰写了一些与工作相关的文章，如《玻璃丝——新的绝缘品》(载《中国电工》1944 年第 2 卷第 3 期)、《玻璃丝——最新优良电气绝缘物》(载《发明》1945 年第 3 期)等。

由于朱谱康为人热情真挚，工作认真踏实，在专业上精益求精，资源委员会批准他参加经济部于 1944 年底举行的赴美进修考试。这次考试被成功录取者有 130 人，进修化工者有 20 多人，其中沪江大学化学系的校友除朱谱康外，还有 1935 届的许怀均、1938 届的王国琦、王学武等 3 人。朱谱康先是在美国多家工厂实习，1946 年 7 月进入宾夕法尼亚州学院（Pennsylvania State College，1953 年更名为"宾夕法尼亚州立大学"）矿业学院玻璃研究所（Glass Science，Inc.）作研究助理，从事助教和研习工作。

1949 年，朱谱康获宾夕法尼亚州学院科学硕士学位。几年后，他又申请到密苏里大学（University of Missouri）深造，后获该校陶瓷工程专业哲学博士学位。

1946年4月,朱谱康受中国陶学学会(中国硅酸盐学会的前身)理事、后任中国陶学学会上海分会理事长赖其芳函托,与孙观汉等在美国发起组建中国陶学学会美国分会,并当选为分会会计,后相继任分会书记、会长。在美几十年的时间里,朱谱康曾任位于纽约州康宁市的康宁玻璃厂副研究员,位于纽约州罗彻斯特市的普费德勒公司基础研究室经理,位于纽约的美国标准公司陶瓷冶金实验室经理,位于马萨诸塞州丹弗斯市的GTE公司研究所玻璃及陶瓷部主任、高级照明工程专家,并逐渐成长为美国著名的陶瓷-冶金学与高温材料专家。他的研发技术拥有18项美国专利,发表学术论文50多篇,相关研发成果被世界各地广泛应用,如"BAS"微晶玻璃曾应用于钢材及合金,在化学反应方面可增高温度及耐力。他曾应邀为美国陶瓷学会、美国金属学会以及美国多所大学作专题讲座,在世界硅酸盐专业中拥有相当的知名度,曾是美国金属学会波士顿分会终生会员、学术委员会主席。他在美国华人团体中也颇有影响,曾任美国华人协会波士顿分会会长。

创刊于1946年6月的沪江大学同学会会刊《校讯》,主要报告沪江大学及沪江大学同学会消息与新闻,以便校内外同学对于各项校务及会务有所了解,互通声气。1946年秋,已在美国宾夕法尼亚州立大学学习的朱谱康收到1946年9月1日出版的《校讯》第4期,读到了沪江大学化学系同学会的座谈纪录,也得悉母校在积极改进扩充,倍感亲切,无限兴奋。为感念母校师长,他在1946年美国感恩节这一天(11月28日),提笔为《校讯》"校友通讯"栏目写了一篇题为"培植之恩"的文章(后载《校讯》1947年第2卷第1期)。

1949年6月19日,为了迎接中华人民共和国成立,留学美国的青年学生和科技工作者组织成立了"留美中国科学工作者协会"(简称"留美科协")。1950年春,留美科协建立水利、金属、油脂、动力工程、陶瓷、药物化学、农经、土木、电工、医药、工具、燃料、地质、造纸、石油、制糖、物理化学、数学、物理等二十多个学术小组。朱谱康也加入了留美科协,还与文和阳、刘联宝三人担任陶瓷学术小组的联络人。但因朝鲜战争爆发,留美科协被迫于1950年9月解散。不过,许多科协会员之间仍经常联系,互通信息,设法取得国内的支持,一批又一批的科学工作者冲破阻挠,先后回到祖国,其中就包括1955年秋回国的钱学森。朱谱康得知钱学森归国的消息后,也立刻向美国政府打了回国服务的申请报告。结果,他所在的州政府出面找他谈话,告诉他:"你回中国为中共做事,全家必须留在美国,否则,必须坐牢……"朱谱康一直以来回国的梦想,终成泡影。

中华人民共和国成立初期,朱谱康曾以实际行动支援祖国的净水事业。他的胞弟朱谱强,1949年5月毕业于浙江大学药学系首届药物化学专业。这时,适值杭州解放,朱谱强参加了浙江省干部学校第一期培训,后被分配至杭州自来水厂从事水处理及水分析工作。他便写信给美国的胞兄朱谱康,请他寄一些美国的水处理先进技术资料以资借鉴。两个月后,朱谱强收到两厚册1949年美国刚出版的新书《水处理》(Water Treatment)及《水质与控制》(Water Quality & Control)。朱谱强根据书中的净水与消毒的理论和实践实例,通过实验室试验,对水厂的老一套水分析与水处理方法,作了许多改进与革新,并提出了氯胺消毒法,从而解决了远程水管中余氯及细菌数长期不合饮用水标准的问题。之后,朱谱康又多次给弟弟寄去美国各水厂的净水经验总结,并去信希望在全中国逐步推广。

1979年1月中旬,中国共产党十一届三中全会闭幕后不到一个月,朱谱康便应中国硅酸盐学会和北京市硅酸盐学会之邀,以美国GTE公司高级工程专家的身份赴京作专题报告。此后,他又以学术交流、探亲访问的名义先后七次回国,支持、帮助祖国的科学研究,支持并帮助数十位中国学者赴美学习进修。对于中国赴美留学学子、访问学者、参会学者,或者在美打工的中国学者,他也不遗余力地予以关心、帮助。

1981年、1985年、1986年,朱谱康趁回国进行学术交流之机,曾三次携夫人回到沪江园访旧,与沪江校友聚会。1985年10月29日至11月1日,他还特意在杨树浦军工路母校故园小住数日,并给上海机械学院(上海理工大学前身之一)师生作题为"材料科学和工程的新发展及应用"的学术报告(图5.11)。1986年2月23日,旅居美国纽约地区的沪江校友重新恢复停顿了多年的同学会。朱谱康特地出席了这次复会会议。会上,朱谱康当选为纽约同学会理事。是年8月9日,新成立的包括美国纽约、华盛顿、马萨诸塞州等地的东部地区沪江大学同学会(简称美东同学会)替代了纽约同学会。1988年、1989年,朱谱康曾两度当选为美东同学会会长,为促进美东地区乃至全世界沪江大学同学之间联络做出了贡献。

1998年1月5日,朱谱康带着未能回国定居的遗憾离世。他生前立下遗嘱,不收花圈、鲜花,取而代之的是亲友们将购买这些东西的钱款以支票的形式直接寄往专门的银行账户"朱谱康纪念奖学金基金"(Gordon P. K. Chu Memorial Scholarship Fund),以作美国俄亥俄州立大学国外留学研究生奖学金之用。身后,他被安葬于美国加州新港滩的太平洋美景安息公园。朱谱康墓前的大理石碑石由他的长子朱小康设计,墓碑上用中文写着:"上海 南翔 昆明""宾州 纽约 麻省";肖像照下面还写着两行英文,第一行:"受爱戴的丈夫 父亲 祖父 兄长 伯父";第二行:"科学家 工程师 启蒙老师 朋友"。墓碑最后的四行小字,记述了自称为"World-Citizen"(世界公民)的朱谱康生前选定这块风光旖旎、紧靠太平洋墓地的深意:"以此与我们的家乡相连接。"这块大理石墓碑,形象生动地记载了朱谱康一生的生活历程,深刻反映了一位著名科学家、老华侨热爱祖国、思念家乡的赤诚游子之情。

图5.11　1985年10月底,朱谱康回母校原址上海机械学院小住时与沪江大学校友会理事沈思明(左,化学系1937届校友)、曹钦和(右,曾任校长办公室英文秘书)在大礼堂前合影(曹伟丽供图)

1939 届

李昌允

李昌允,1939 年毕业于沪江大学化学系。

曾任中华书局副总经理兼中华印刷厂厂长,上海市人民代表,市工商联执委。沪江大学校友会总干事,是沪江大学校友会元老级人物,曾担任沪江校友会会长,晚年任沪江校友会名誉会长,热心于校友工作。

沈镇华

沈镇华(1918~1969),字润民,上海人。化学工程专家。

1939 年毕业于沪江大学化学系。先后在香港天厨味精厂、电解厂任职。1947 年任上海中光化工厂厂长兼总工程师。中华人民共和国成立后,参与 1956 年安徽省合肥市农药厂的建厂筹备,并任总工程师。

韦焕章

韦焕章(1902~1990),无锡人。造纸工程专家,1925 年考入上海圣约翰大学政史专业,后转入沪江大学。1930 年毕业后,任江苏省立教育学院助教,主授英文。时列强欺辱、军阀混战,使他的教育救国思想动摇,欲走实业救国之路。1935 年又报考沪江大学化学系,攻读化学工程,1939 年毕业,先后任江苏省立教育学院讲师、广西大学化学化工系讲师兼教育处处长。抗战中任允利化学工业股份有限公司工程师。1942 年赴乐山筹建正中纸厂,1943 年筹建宜宾中国造纸厂,1944 年任乐山正中纸厂副经理,1946 年任宜宾纸厂工程师兼总务处长。

中华人民共和国成立后,宜宾中国造纸厂更名为国营西南造纸公司,韦焕章任工程师,在造纸工艺改造及造纸理论方面颇有建树,在学术刊物发表技术论文 50 余篇。历任中国造纸学会理事、四川省造纸学会副理事长,多次当选省、市人民代表大会代表。1980年任宜宾市政协副主席。

俞沛文

俞沛文,1916年生,江苏太仓人。革命家、外交专家。1939年毕业于沪江大学化学系。

俞沛文从1939年起担任中华基督教青年会全国协会干事,随后在中共南方局书记周恩来的直接领导下,先后在沪、渝等地通过基督教从事上层社会的统一战线工作。

抗战胜利后,俞沛文于1946年赴哥伦比亚大学求学,获硕士学位后,再入迈阿密大学研究院进修、任教。

中华人民共和国成立后,历任上海市外事处处长、外交部美澳司副司长、礼宾司司长,驻苏丹、埃塞俄比亚、奥地利大使,常驻联合国日内瓦办事处和瑞士其他国际组织代表(大使衔)。

余新福

余新福(1917~1987),湖北蒲圻人。

1939年毕业于沪江大学化学系,1941年获普渡大学工程硕士学位。曾任美国泰勒飞机制造厂、康佛飞机制造厂、北美飞机制造厂工程师。1947年回国,任中国航空公司、中央航空公司工程师。

1949年11月在香港随两航公司起义,后历任北京民航局工程师,哈尔滨军事工程学院、北京农业机械化学院、北京农业工程大学教授;撰有《对三种疲劳计数法评价》《关于农机结构随机疲劳问题的初步探讨》《变幅载荷中小应力循环对寿命的影响》等论文,合编有《材料力学》等书。

1940 届

李储文

李储文(1918~2018),浙江宁波人。外交家、社会活动家,1996年增补为《辞海》副主编。

1937年考入沪江大学,1939年被推选为上海基督教学生团体联合会主席,1940年大学毕业后,从事基督教青年会的学生工作。1941年太平洋战争爆发后,离沪去昆明在西南联合大学主持学生服务处工作。1946年至1947年旅居瑞士日内瓦,参加青年会世界协会工作。1949年至1950年赴耶鲁大学进修。

1950年回国后,广泛从事社会与外事活动。1964年任中国人民保卫世界和平委员会副主席、世界和平理事会主席团成员。1977年任上海市人民政府外事办公室副主任、主任,上海国际问题研究所所长,上海市人民政府侨务办公室主任。1983年任新华社香港分社副社长。1988年任上海社会科学界联合会主席。1988年至1994年任上海市人民政府外事顾问。1993年起任中国福利会副主席、上海国际问题研究所名誉所长、上海杉达学院董事长。历任上海市政协常委、第三届全国人民代表大会代表、第七届全国政协委员。

刘益群

刘益群,1923年生,原名刘育群,湖北武昌人。

1940年就读于沪江大学化学系,后转入上海中法大学药学专科学习,1947年毕业后任上海光明化学制药厂药物化学师。

1950年调入东北制药总厂,历任东北制药六厂厂长,东北制药三厂厂长,轻工部设计公司东北分公司设计室主任,北京医药工业研究院合成室主任,湖南医药工业研究所分析室主任、副所长兼总工程师。

后任天津药物研究院院长、名誉院长和学术委员会主任,国家医药管理局技术委员会委员,新药研究基金评审委员会副主任委员,中国药学会天津分会常务理事、药化专业委员会主任委员,天津市科学技术进步奖评审委员会委员。

昝希庆

昝希庆,(1916~2007),后改名周宣城,江苏崇明(今属上海)人。

1940年毕业于沪江大学化学系。在校期间积极参加抗日救亡运动,担任歌咏队队长,热情宣传中国共产党的抗日方针,动员青年学生反抗日本帝国主义的侵略。

大学毕业后,周宣城到崇明县薄荷油厂担任技术员。1942年赴苏北新四军抗日根据地,在盐阜区联立中学担任化学教员。同年,筹建新四军第三师供给部苏北造纸厂并担任厂长,专门负责制造根据地的钞票用纸。1944年11月加入中国共产党。1945年日本投降后,随新四军三师抵达东北,先后任东北阜新医院副院长、通辽发电厂副经理、吉江行署实业处副处长、嫩江省企业管理局业务主任、东北财经委经理处材料室主任、鞍山钢铁公司化工部副主任等职务。

1951年被选派赴苏联焦化厂、国立焦化设计院和国立煤化学研究所实习进修。1953年至1979年,历任鞍山钢铁公司化工总厂厂长、冶金部鞍山焦化耐火材料设计研究院院长、重工业设计研究院院长、钢铁研究院院长、基建局副局长、计划司司长、规划设计院院长,国家科学技术委员会可燃矿物综合利用组组员、煤炭气化液化专业组成员、钢铁冶金专业组组员、技术经济和管理现代化专业组组员。

1979年至1982年,任国家进出口管理委员会副主任,国务院科技领导小组煤的转化和综合利用专项规划小组组长,中国炼焦行业协会第一届、第二届名誉理事长,中国金属学会炼焦化学学会名誉理事长。

下面摘录中法国立工学院1940届校友施旦民先生发表在《上海理工大学校报》1999年第2期上《情系沪江园》一文,可窥见昝希庆早年生活之一斑:

去年底我们校友会组织大家去上海理工大学总部参观学习,学校是前私立"沪江大学"原址。当汽车疾驶在军工路上,不觉使我回想起少年时代的同学昝希庆。我们一同毕业于崇明中学,他因喜欢英语考进了"沪江大学"附属高中,我爱好法文,考进了"中法国立工学院"法文补习班。每年寒暑假我们经常一起回故乡度假,他向我叙述了沪江大学的宽敞环境,学校地处军工路,面临黄浦江畔,风景优美,令人向往,希望有机会去看看,但一直未能如愿。

大约是 1941 年暑假,我们又回到了故乡崇明岛。有一天,我同昝希庆正在著名的鳌山公园游览,忽然看见园门口进来数十人,是从上海来崇明的旅游团,昝希庆喜出望外地从人群中发现了他们的校长刘湛恩先生,我们非常高兴前去拜见。刘先生和蔼可亲地同大家一起在水香榭观赏满池盛开的荷花,刘先生一面吃着崇明西瓜,一面对我们讲:"我国的西瓜很好,就是瓜籽太多,我在美国的时候已经吃到他们种出来的无籽西瓜了。"他语重心长地对大家说:"美国的科学很发达,国家强盛,你们年轻人一定要努力学好科学技术,为振兴祖国出力!"我们听了十分感动,受到了一次爱国主义教育,给我留下了深刻印象,六十多年一直未曾忘怀。

1941 届

柏锦恢

柏锦恢,1916 年生,江苏常熟人。曾任上海市化学工业局高级工程师,专长石油化学、聚合物助剂。

1941 年毕业于沪江大学化学系。1986 年获上海市科技进步三等奖。

孙瑞申

孙瑞申,浙江宁波人。烟草专家,中国烟草化学先驱,中国烟草协会第一届、第二届理事会荣誉理事,享受国务院政府特殊津贴。

1941 年毕业于沪江大学化学系,后进入轻工部科学院烟草研究所工作,出版中国第一部《烟草化学》著作,发表相关科研论文若干,参与起草多项烟草相关标准和专利。20 世纪 50 年代末,以孙瑞申为代表的国内烟草化学家提出用水溶性总糖和挥发性碱类的比值评价烟叶品质,自此,国内烟草化学研究跨出关键性一步。1985 年与朱尊权(1997 年当选为中国工程院院士)联合指导培养了中国第一批烟草硕士施雄伟等 5 人。1988 年 5 月 15 日,朱尊权、袁行思、孙瑞申等 12 位烟草行业的专家学者,率先提出了建立中国烟草博物馆的倡议。如今,这封倡议书被制作成匾额悬挂在中国烟草博物馆的醒目位置。

王志鑫

王志鑫,1919年生,上海人。上海延安制药厂高级工程师,专长药物制剂。1941年毕业于沪江大学化学系。

尤启文

尤启文(1916～2009),江苏镇江人。曾任上海正泰橡胶厂教授级高级工程师。

1941年毕业于沪江大学化学系。1946年派赴美国阿克朗大学橡胶化学系学习,次年获得硕士学位。

1949年回国,历任上海正泰橡胶厂试验室主任、总工程师、高级技术顾问,为中国橡胶轮胎工业的发展和技术装备引进等做出了重要贡献。

尤启文学贯中西,精通数种外语,词作数量丰富,文辞灿丽,造诣很深。《牡丹词集》收集了他所创作的1751首诗词(图5.12)。

图5.12 《牡丹词集》封面

张国士

张国士(1917～1984),上海人。石油加工专家。

1937年考入沪江大学化学系,学习工业化学一年后,考取了国立武汉大学化学系的公费生。

1941年毕业后,张国士在重庆大渡口钢铁厂第二制造所任甲种实习员。1942年,转入焦油厂任助理工程师。1944年,调任资蜀钢铁厂助理工程师兼炼焦股股长。1947年,调任本溪钢铁公司副总工程师兼化工厂主任。1948年,任煤业总局副总工程师兼借调美援会技术处技术专员。

1949年后,任华东工业部钢铁处炼焦工程师,参加马鞍山钢铁厂的恢复工作。1950年任抚顺矿务局第二化学厂工程队队长、加氢车间主任兼工程师、副总工程师、总工程师等职。1960年至1965年,主持我国第一套铂重整、芳烃抽联合装置、586铂催化装置的建设生产试验,被聘为石油工业部特邀专业技术英文翻译,主持英美等国对石油炼制各种工艺技术、催化剂制备等技术资料的翻译工作。1965年晋升为抚顺市石油研究所研究员,同年任抚顺市石油化学工业公司副经理、总工程师。

1973年,调任抚顺市经委任副总工程师,1980年为高级工程师。是全国人民代表大会第五届、第六届代表,抚顺市第二至第六届人民代表大会代表及委员,抚顺市第八届、第九届人民代表大会常委会副主任,辽宁省石油学会理事,抚顺市石油化工学会副理事长,抚顺市环保学会、标准学会副理事长,抚顺市科学技术咨询专家委员会顾问。

1942届

陈大猷

陈大猷(1919～1987),江苏吴县(今苏州)人。中国有机氟研究创始人之一。

1942年毕业于沪江大学化学系。后长期从事染料、水玻璃、单宁酸等的科研与生产实践工作,曾开发出十余种快色素染料。

1956年起负责中国染料一厂生产计划和技术管理工作。1959年任上海鸿源化工厂技术副厂长,后来支援"大三线建设"被调到四川富顺组建化工部晨光研究院,并任院长。

1964年调入上海合成橡胶研究所,担任副所长。其后,又负责年产30吨、60吨聚四氟乙烯装置的设计、建设、生产和化工部晨光化工厂的建设生产工作。1965年任晨光化工二厂第一副厂长兼总工程师。1973年任晨光化工总厂革委会副主任、晨光研究院院长兼总工程师。

历任上海市静安区第一届人民代表大会代表、静安区人民政府委员,上海市第一届人民代表大会代表,上海市北郊区第二届人民代表大会代表,上海市闸北区第三届人民代表大会代表,四川省第五届人民代表大会常务委员会委员。

何钦棠

何钦棠,1942年毕业于沪江书院化学系。中华人民共和国成立后,任江西省九江市第三棉织印染厂总工程师、高级工程师。上海市先进工作者(1957～1962),全国先进工作者(1959),出席北京全国群英会代表。

黄惟德

黄惟德,女,1918年生,上海人。中国科学院上海生物化学研究所副研究员,1942年毕业于沪江书院化学系。

中华人民共和国成立后,任职中国科学院上海生物化学研究所,从事多肽化学、多肽合成与结构功能的研究,曾作为主要人员参与了1965年完成的我国重大科技进展——结晶牛胰岛素的全合成(图5.13)。经过严格鉴定,其结构、生物活力、物理化学性质、结晶形状都和天然的牛胰岛素完全一样。这是世界上第一个人工合成的蛋白质,为人类认识生命、揭开生命奥秘迈出了可喜的一大步。这项成果获1982年中国自然科学一等奖。实际上,早在1959年底,上海生化所钮经义所领导的B链合成小组(成员包括龚岳亭、陈常庆、黄惟德、葛麟俊、江克臻、张申碚等)

不但掌握了多肽合成各种技术，还将 B 链的所有 30 个氨基酸都连接成小肽，最长的已达到了 8 肽。

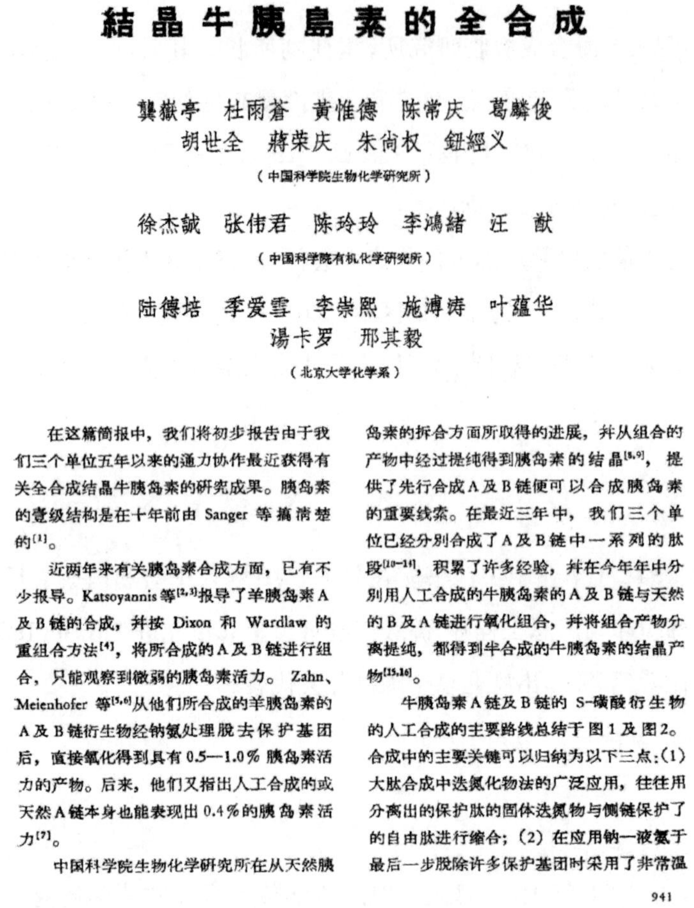

結晶牛胰島素的全合成

龔嶽亭　杜雨蒼　黄惟德　陈常庆　葛麟俊
胡世全　蔣荣庆　朱尙权　鈕經义
（中国科学院生物化学研究所）

徐杰誠　张伟君　陈玲玲　李鴻緒　汪　猷
（中国科学院有机化学研究所）

陆德培　季爱雪　李崇熙　施溥涛　叶蘊华
湯卡罗　邢其毅
（北京大学化学系）

在这篇简报中，我们将初步报告由于我们三个单位五年以来的通力协作最近获得有关全合成结晶牛胰岛素的研究成果。胰岛素的壹级结构是在十年前由 Sanger 等搞清楚的[1]。

近两年来有关胰岛素合成方面，已有不少报导。Katsoyannis 等[2,3]报导了羊胰岛素 A 及 B 链的合成，并按 Dixon 和 Wardlaw 的重组合方法[4]，将所合成的 A 及 B 链进行组合，只能观察到微弱的胰岛素活力。Zahn、Meienhofer 等[5,6]从他们所合成的羊胰岛素的 A 及 B 链衍生物经钠氨处理脱去保护基团后，直接氧化得到具有 0.5—1.0% 胰岛素活力的产物。后来，他们又指出人工合成的或天然 A 链本身也能表现出 0.4% 的胰岛素活力[7]。

中国科学院生物化学研究所在从天然胰岛素的拆合方面所取得的进展，并从组合的产物中经过提纯得到胰岛素的结晶[8,9]，提供了先行合成 A 及 B 链便可以合成胰岛素的重要线索。在最近三年中，我们三个单位已经分别合成了 A 及 B 链中一系列的肽段[10—14]，积累了许多经验，并在今年年中分别用人工合成的牛胰岛素的 A 及 B 链与天然的 B 及 A 链进行氧化组合，并将组合产物分离提纯，都得到半合成的牛胰岛素的结晶产物[15,16]。

牛胰岛素 A 链及 B 链的 S-磺酸衍生物的人工合成的主要路线总结于图 1 及图 2。合成中的主要关键可以归纳为以下三点：(1) 大肽合成中迭氮化物法的广泛应用，往往用分离出的保护肽的固体迭氮物与侧链保护了的自由肽进行缩合；(2) 在应用钠—液氨于最后一步脱除许多保护基团时采用了非常温

941

图 5.13　1965 年 11 期《科学通报》

黄惟德出版的著作《多肽合成》成为该领域的权威教材，1983 年因人胰岛素原 C 肽的合成和放免测定获国家发明二等奖。

李光鉴

李光鉴，又名李祖彭，北京合成纤维实验厂总工程师兼副厂长，教授级高级工

程师,北京市第五届人民代表大会代表,享受国务院政府特殊津贴。

林传球

林传球,上海染料公司教授级高级工程师,中国化工学会燃料学会第一届理事。

裴纪平

裴纪平,上海市地方工业局工务技术科科长,上海感光胶片厂技术顾问。

秦洪万

秦洪万(1919～2015),江苏无锡人,上海市粮食局教授级高级工程师,中国粮油学会理事、中国粮油学会油脂分会顾问、国家科委粮食组成员,国家科委发明创造评议委员会委员,上海食品学会理事。

1942毕业于沪江大学化学系,此后终身从事油脂行业。

1942年至1943年任无锡祥利肥皂厂技师,不久即加入著名的中央工业试验所工作,与我国著名化学工程专家、油脂工艺研究的开拓者顾毓珍先生共事。先后任中央工业试验所油脂试验室助理工程师、油脂研究室副总工程师。抗日战争时期,曾与中央工业试验所油脂试验室一同迁往重庆北碚。1947年转入中国植物油厂工作。

1949年至1956年先后任上海油脂一厂计划科长,上海油脂三厂生产科长、工程师。在此期间,他负责"薄型无草饼圈"技术革新,开发了水压机冷榨大豆新工艺。他制定的椰子干压榨与碱炼工艺在上海市几大油厂获得推广。1956年至1958年任上海油脂化学公司工程师。1959年至1961年参加上海光明油厂及南汇油厂的筹建、设计及安装工作;主持上海油脂五厂连续浸出成套设备的设计、安装、技术培训及试生产,建成上海市第一套连续油脂浸出设备。

1963年至1972年任上海市粮食学校油脂专业教师。其间,主持完成了国家科委项目"粕中微量溶剂的常规测定方法",指导上海光明油厂平转式浸出生产线的设计、制造、调试,参与指导无锡轻工学院(今江南大学)我国第一个油脂专业研究生丁福祺的"混合油精炼"课题。

1972年后任上海市粮食局工程师、援外组专业翻译、工艺指导和技术顾问及上海市粮食科学研究所顾问等,负责上海市粮食局系统多项引进设备的技术审查工作。1985年赴意大利引进油脂分提生产线,为工艺技术、设备审查把关。

秦洪万在油脂科学知识传播、专业书籍翻译方面贡献卓著,其中最令人称道的是他主译的《贝雷油脂化学与工艺学》,对中国油脂工业和科学技术进步产生了非常重要的影响,有力推动了中国油脂工业和科学技术的发展。此外,他还撰写出版了多本适合国情的油脂专业书籍,例如,与顾毓珍合编《油脂工业》,1961年由上海科学技术出版社出版;1965年为上海水产粮食学校编写中专教材《油脂生产设备》,对油脂装备作了较全面的介绍。

1981年,秦洪万还与毕震等创办了《油脂化学简讯》杂志,后改名为《油脂》,1989年与《上海粮食科技》合并后更名为《粮食与油脂》杂志至今。秦洪万对中国油脂学会的成立和《中国油脂》杂志的创刊也有贡献,在1986《中国油脂》杂志第一届编委会会议上,他当选为副主任委员,并长期担任第二至第五届编委会成员。

秦洪万终身从事油脂专业工作,具有深厚的油脂化学及工艺学专业理论造诣和丰富的实践经验,为现代油脂科学知识的传播和中国油脂工业发展做出了杰出贡献,为油脂行业培养了众多的专业技术人才,在中国油脂界享有很高的声誉。

盛焕伦

盛焕伦,浙江宁波人。上海染料化工三厂高级工程师,专长化学染料。

中学就读于宁波效实中学,1942年毕业于沪江书院化学系。

唐宏源

唐宏源,1920年生,字希曾,香港著名实业家。1938年毕业于无锡辅仁中学高中部,随即以优异成绩考入沪江大学化学系,1942年毕业。

1942年至1944年,任职于上海壬午应用化学研究所,担任研究员。1945年至

1978年，先后在无锡和上海丽新纺织印染总公司负责采购和进出口业务，曾兼任上海丽新纺织二厂厂长职务。

1979年起，唐宏源到香港和加拿大温尼伯投资创办了不少实业，先后担任香港南联实业有限公司执行董事、南联和记企业有限公司常务董事、新南企业有限公司常务董事、香港佳联有限公司董事长、香港东亚太平毛纺织有限公司董事、香港南联地产控股有限公司执行董事以及兼任其他公司董事。

沪江大学香港同学会在1987年为纪念母校建校80周年而创办沪江小学。根据香港法规，同学会申请创办小学，必须先组织一个公司。经唐宏源会长努力奔走，成功注册沪江大学香港同学会有限公司，作为创办沪江小学之机构。

唐宏源十分关心家乡的建设与教育事业，先后在无锡投资创办中萃食品、南洋彩印包装、太平针织、佳福国际贸易中心等多家公司，并以个人及唐氏家族的名义多次捐款资助家乡经济建设与发展教育事业，为建设"太湖明珠"的无锡做出了很大贡献。唐宏源还被授予无锡市荣誉公民，任无锡海外联谊会名誉会长。

唐氏是无锡望族，海内外名人众多，不少是著名的学者、教授、实业家、企业家等，他们热爱祖国、热爱家乡，在国内兴办企业、资助教育，为祖国建设与人才培养做出了重要的贡献。唐氏教育基金会就是为继承和发扬唐君远老先生勤俭持家、开拓事业、办厂兴学、振兴中华的传统精神，在唐君远奖学金的基础上发展起来的，遵照国家培养德、智、体全面发展的建设者和接班人的教育方针，支持教育事业，鼓励青年勤奋学习，培养人才，为社会主义现代化建设服务。1993年，唐宏源任唐氏教育基金会会长，在许多学校设立奖学金。

唐宏源先后担任上海唐氏教育基金会会长，上海市卢湾区工商联常委、主任委员，上海市卢湾区政协委员、人民代表大会代表，上海市科学技术协会副主任，上海市归国华侨联合会副主任等职。

许毓嘉

许毓嘉（1921～2014），浙江海盐人。上海市广播电视公司副总工程师，上海市仪表电讯工业局高级工程师。

许毓嘉于1938年进入沪江大学化学系，1942年毕业。主修化学专业并选修物理课程,其间组装无线电台,是中国早期自己动手装电台、开展无线电业余电台活动的前辈。

据鲁迅之子周海婴先生回忆:"抗战胜利了,电讯方面开禁,市民端出藏在角落里的收音机,光明正大地收听新恢复的当地的广播电台,连短波也可以自由收听了。这时,无线电爱好者们也仿佛突然苏醒了似的,个人业余无线电台如雨后春笋般纷纷开设。我这个无线电爱好者自然也蠢蠢欲动起来,要自己搞个电台。又一时不知道该向谁申报设台的手续。后经许毓嘉先生的指点,向上海的业余无线电协会提了申请。之后,经考试合格取得了CICYC电台呼号的执照。这样,我便进而开始了业余无线电台的活动。……"

抗日战争胜利后,美军将大量战争剩余物资运入中国,一些在华美军也乘机拿一些出来兜售,为中国业余无线电爱好者提供了空前的物质条件,业余电台的功率也普遍有较大提升。

许毓嘉和詹申伯、周海婴的友谊持续终生,一直到2000年之后他们还经常在一起开展无线电交流活动。

许毓嘉是中国业余无线电活动的老前辈,为中国和上海市的业余无线电运动做出重大贡献,他是中国无线电运动协会终身会员,中国业余无线电协会荣誉顾问、上海市无线电运动协会顾问。

严敦燏

严敦燏,1942年毕业于沪江书院化学系,1956年获上海市优秀教师称号,1978年至1983年任同济大学化学系主任。

叶惟勤

叶惟勤,1918年生,浙江镇海人。上海染料研究所高级工程师,从事染料制造及发色原理研究。

1942年毕业于沪江书院化学系,与同届同学黄惟德为夫妻。1947年开始研究染料,1950年成立公泰染料厂,后与庆成、大可、中一等厂合并为中国染料工业公司,又发展为上海中国染料一厂、上海染料化工三厂。

1964年发表论文《染料发色原理——单偶氮染料》,首创染料发色理论的推电子中心与吸电子中心概念,以及有关染料色光变化的四条总规律。

张邦纶

张邦纶(1919~2001),上海人。

1938年考入沪江大学理学院攻读生物化学,1942年毕业于沪江书院,毕业后入中华化学工业原料公司工作。

1916年,德国药学博士马克斯·霞飞(Max A. Joffre)创办了沪上第一家西药房——信谊药房。张邦纶从沪江大学毕业后的第二年即应聘考入信谊药厂任制药工程师,因出色的才干和学识被提升为营业部主任。中华人民共和国成立后,数度从事质检部门和药品销售工作。其专业是制药工程师,副业却是终其一生的足球事业。

张邦纶8岁开始踢球,是足球门将。1939年入选东华队乙组,1942年升为东华队正选门将。1947和1948年,两度代表上海参加沪港埠际赛。1948年入选中国队参加第十四届奥运会。1949至1951年任东华队总干事。1951年入选华东队。1952年入选中华人民共和国首届国家队,赴芬兰参加第十五届奥运会并在苏联和东欧作访问比赛。1953年起历任上海工人队、上海轻工业工会队、全国红旗队教练。1956年起任信谊制药厂工程师,仍用业余时间参加足球运动。1957年当选为全国足球指导委员,兼任上海化工足球队教练。退休后仍任上海市足协委员、上海市足球元老队教练,东华足球会常务理事兼秘书长、上海市老年人体协虹口区分会名誉会长等职。2002年11月12日,张邦纶塑像在青浦福寿园揭幕,像前墓碑上写有简历:早年就读于南洋中学、沪江大学,毕业后在信宜药厂为工程师,一贯热爱体育运动,特别是足球事业……

赵家驹

赵家驹,1942年毕业于沪江书院化学系,中华人民共和国成立后,曾任青岛市印染研究所副总工程师。

1943 届

郭慕孙

郭慕孙(1920~2012),祖籍广东潮阳,生于湖北汉阳。化学工程学家,中国科学院学部委员(院士)、瑞士工程科学院外籍院士,中国科学院过程工程研究所研究员、原所长,是中国过程工程、生物化工和颗粒学三个学科的创建人(图5.14)。

图5.14 郭慕孙院士

1943年毕业于沪江大学化学系,相继在上海汉堡化工厂和上海生化药厂任化学师,1944年4月赴重庆为出国留学作准备,1945年4月赴美入普林斯顿大学研究生院进修化工专业,1946年获科学硕士学位。此后在美国碳氢研究公司(其中一段时间在美国可口可乐公司)任工程师,从事煤的气化等研究。

1956年回到中国,参与筹建中国科学院化工冶金研究所,创建了中国第一个流态化研究室,担任室主任。1959年应邀参加全国群英会,被授予"全国先进工作者"称号。1965年至1993年担任第四至第七届全国政协委员。1978年至1987年任中国化工学会副理事长。1978年郭慕孙任化工冶金研究所负责人,1980年任所长,1986年任名誉所长和多相化学反应开放室主任。1980年当选为中国科学院学部委员(院士),同年被全国总工会授予"全国劳动模范"称号。1986年组建了中国颗粒学学会,并出任首届理事长。1997年当选为瑞士工程科学院外籍院士。2000年主编《流态化手册》。2003年创建《中国颗粒学报》,出任首届主编。2008年被美国化学工程师协会评选为化学工程百年开创时代50位杰出化工科学家之一。

先后获得国家自然科学二等奖(2项)、国际流态化成就奖、中国科学院重大科技成果奖、美国汽水行业契斯特曼奖、何梁何利基金科学与技术进步奖、美国化学工程师学会奖。

郭慕孙兴趣广泛,才华出众。早在沪江大学时,他就喜爱英文写作并选修相关课程。大学一年级就向校刊投稿并发表,得到英文教师的赏识。三年级时,他被任命为英文校刊 *Shanghai Spectator* 的主编。注意到中国科学院过程工程研究所研究生科技英文论文写作能力的欠缺,郭慕孙主动为青年科技人员举办了八期科技英语写作讲习班,撰写并出版了《怎样写好科技英文论文》一书。郭先生拥有一颗年轻的心,为启迪青少年创新思想,将其制作"魔摆"的业余爱好写成中英文对照的科普专著《几何动艺——魔摆》。"郭慕孙几何动艺实验室"落户北京二中后,他亲自为同学们上课,讲述基本理念和创作思想,"道"科学思想、"术"科学方法和"验"科学实践。

邱永麟

邱永麟,1918 年生,江苏苏州人。曾任中国纺织大学纺织化学教授,专长化学工程与化学反应工程。

1943 年毕业于沪江大学化学系。曾在上海中一化工厂工作。历任中国纺织大学纺织化学工程系副主任、染整教研室主任及化工原理教研室主任。主编有《化学反应工程》《化工动态学》等教材。

朱葆元

朱葆元,又名朱明昭,江苏无锡人。

1939 年考入沪江大学化学系,未毕业即赴苏皖解放区,1946 年在淮阴建设大学工作。随军南下后曾在江苏省人民银行、苏州市十六中等处工作。1987 年任苏州市沪江大学校友会副会长,1990 年任会长。

1944 届

蔡伊训

蔡伊训,上海中国电工厂高级工程师,漆包线专家。

龚昭彤

龚昭彤,衢化职工大学教务长。

黄葆同

黄葆同(1921~2005),上海人。中国著名高分子化学家,中国科学院院士。

1940年,黄葆同入上海沪江大学化学系学习,1942年转入重庆中央大学化学系,1944年获理学士学位。1948年在美国德克萨斯农工学院获得有机化学硕士学位,后转到布鲁克林理工学院主修有机化学、辅修高分子化学,并于1952年获化学博士学位。1952年至1955年在普林斯顿大学工学院塑料研究室从事研究工作。

1955年回国到中国科学院长春应用化学研究所工作,任研究员、博士生导师、副所长。1991年当选为中国科学院学部委员(院士)。历任吉林省政协委员,全国人民代表大会第六至第八届代表,中国化学会理事、常务理事,高分子专业委员会委员,应用化学专业委员会主委,省、市化学会副理事长,市科协副主席,《高分子学报》、Chinese Journal of Polymer Science 等5个学术期刊的编委或顾问,《应用化学》主编,中国科学名词审定委员会化学组成员。

黄葆同的五九酸钒新催化剂体系,获中国科学院一等发明奖。在乙丙聚合组开展新催化剂/活化剂的研究,获中国科学院发明一等奖。合成含有聚二甲基硅氧烷段的嵌段和接枝共聚物的研究成果获中国科学院自然科学二等奖。黄葆同主编了《络合催化合成橡胶》《烯烃、双烯烃配位聚合进展》《英汉·汉英高分子词汇》《茂金属催化剂及其烯烃聚合物》,还应邀为美国《聚合物大百科全书》撰写了茂金属催化剂和聚合的两个专题,组织翻译了《聚合物合成和表征技术》《聚异戊二烯橡胶》两本专著。

黄璇赓

黄璇赓,1943年从沪江大学转至重庆中央大学,后赴美深造。留美定居后在孟山都担任研究员工作。

金湘涛

金湘涛,曾任上海石油商品研究所高级工程师,从事石油产品的应用研究。

林兆祥

林兆祥,1921年生,浙江宁波人。1944年毕业于沪江大学化学系。

上海市有机氟材料研究所高级工程师、副总工程师,专长含氟高分子化学、橡胶加工。1966年因氟橡胶FJ—23的合成方法获国家发明奖,1987年因氟硅橡胶中试获国家科技进步三等奖。

林琰

林琰,曾任华东纺织工学院副教授。

刘复光

刘复光,1947年赴美深造,获博士学位。1951年回国,任无锡轻工业学院教授、博导,国务院学位委员会委员,全国政协委员,无锡市政协副主席。

吕为霖

吕为霖,曾任四川医学院无机化学教研室主任。

孙册

孙册,中国科学院上海分院生化研究所研究员,获国家自然科学一等奖及中国科学院科研成果二等奖。

孙广运

孙广运,浙江衢州化工厂研究院情报室负责人。

王兆五

王兆五,上海市机床公司出口经理部副经理。

王贤樵

王贤樵,福建省轻工业研究所高级工程师,食用菌专家。

徐伯英

徐伯英,上海石油化工总厂工程师。

徐萍和

徐萍和,天津药物研究所创办人之一、所长,天津药品检验所名誉所长。

严明霞

严明霞,北京医药公司经理。

杨维德

杨维德,参与筹建我国大型化工企业衢州化工厂,任衢州市政协副主席。

余鑫年

余鑫年,北京轻工业部研究所塑料室高级工程师。

乐嗣传

乐嗣传,北京化纤研究所所长兼总工程师、化纤专家、北京化纤学会会长。

张承谟

张承谟,1940年进入沪江大学化学系,后转圣约翰大学,任上海外国语学院英语教授。

朱家珍

朱家珍,1944年毕业于沪江书院化学系,1947年赴美深造,获博士学位。在美国定居后,从事石油、煤化工等研究工作,任美康公司经理。

1945 届

包叔钧

包叔钧(1923~2012),浙江宁波人。

1945年毕业于沪江大学,1945年至1946年在上海健华化学制药厂任化学师。1946年至1960年,在上海万里造漆厂任技术科副科长。1960年至1984年,在昆明油漆总厂任技术员、副厂长、总工程师。1984年以后到宁波造漆厂任总工程师。曾当选为昆明市政协委员。1949年参加上海世界语者协会举办的世界语广播学习班学习世界语。1950年加入上海世界语者协会,历任国际联络部干事、理事和副会长。1981年至1984年任云南省世界语协会副理事长,1984年以后任宁波世界语协会筹备组组长、会长和浙江省世界语协会副会长。曾任中华全国世界语协会理事。曾在《人民日报》《解放日报》《文汇报》《云南日报》《春城晚报》《宁波日报》《人民世界》发表过有关世界语的文章和译作。

蔡济道

蔡济道,曾任上海化工研究院室主任,深冷和空分稀有气体专家。1964年纯氩试制工艺获化工部新产品试制奖,1982年出版《稀有气体的制取》。

蔡聿豹

蔡聿豹,1920年生,江苏吴县人。上海染化七厂教授级高级工程师。

上海南洋模范中学毕业后考入沪江大学化学系,1945年毕业,后在上海中孚染料公司负责染料生产技术工作。

中华人民共和国成立后,1956年被调到华亨化工厂(后改名国营染化七厂)从事以芳香族的苯、萘、蒽为原料的染料中间体和化工原料的生产技术工作。在苯氧化生产顺丁烯二酸酐的生产工艺、催化剂的研究改进做出了贡献,获国家工业新产品三等奖。曾任上海染化七厂副厂长、总工程师。

陈拱宸

陈拱宸,1922年生,江西靖安人。1945年毕业于沪江大学化学系,曾任上海市日用化学工业研究所高级工程师,专长表面活性剂开发。

蒋华

蒋华,女,1921年生,江苏武进人。1945年毕业于沪江大学化学系,曾任上海化工局副总工程师,高级工程师,专长染料化工。

蒋学权

蒋学权,1924年生,浙江人。北京化学工业研究院副总工程师、高级工程师,中国化工学会化工技术经济和管理现代化学会理事。

1945年毕业于沪江大学化学系。曾在上海联合颜料厂、沈阳化学工业研究院工作。1958年到北京化学工业研究院工作,历任科长、车间主任、院副总工程师等。长期从事化工技术经济研究和大型综合研究院计划技术管理,率先在开发性研究中采用技术经济评价方法,摸索出较为现代化的科研管理程序。参加顺丁橡胶会展获国家科技特等奖。

林超然

林超然,1924年生,广东揭阳人。1945年毕业于沪江大学化学系,曾任上海石油化工总厂高级工程师,专长有机合成。

林尚惠

林尚惠,沪江大学教务长林立(林卓然)次子,造纸和造纸装备专家。

林尚惠从3岁多进幼儿园起,而后小学、中学、大学,都没有离开过沪江。1945年6月,他的父亲——时任沪江教务长林立主持了沪江大学毕业典礼,林尚惠亦是从父亲手中拿到了沪江大学化学系的毕业文凭。

毕业后,林尚惠于1946年进入上海江南造纸厂工作,成为这家当时号称国内私营纸厂第一号的一名技术人员,在这家私营造纸厂的学习为他后来的工作打下了坚实的基础。

后来,林尚惠从轻工业部北京设计院下放到西安造纸机械厂期间,对传统的3150纸机进行整理和改造,实现了产量的大幅度提升。之后,一直以工艺技术见长的林尚惠搞起了机械设备的设计制造工作,并担任了轻工业部机械局总工程师,机械局后来撤销并组建技术装备司。

姚锡福

姚锡福,1924年生,安徽歙县人。教授级高级工程师,享受国务院政府特殊津贴。

1945年毕业于上海沪江大学化学系,获理学士学位和最优等荣誉毕业生称号。后任私营万里造漆厂化验师、厂务主任等职。中华人民共和国成立前加入地下党。

后接管开林油漆厂,任车间主任、计划科科长。历任上海市有机化学工业公司技术科副科长,上海市合成树脂研究所副所长,上海高桥化工厂副厂长兼上海市石油化学研究所所长,上海市有机氟材料研究所所长兼总工程师,上海市化学工业局科技处副处长、副局长,上海市化工局技术委员会主任,上海市科委化工专业委员会主任,中国氟硅有机材料工业协会技术顾问,上海市投资咨询公司专家委员会专家,国家科委新材料组组员兼有机氟分组组长。1993年享受国务院政府特殊津贴。退休后任上海投资咨询公司专家委员会专家、上海三爱富新材料股份有限公司第四届董事会独立董事。

姚锡福在上海开林油漆厂工作期间,从事船舶漆的研制,开发了国内第一代船底涂料。1954年赴朝鲜援助海州市化工厂恢复建设和生产,获朝鲜军功奖章和奖状。20世纪60年代初期,在上海市有机化学工业公司任工程师期间,组织和参与聚四氟乙烯的研制。在合成树脂所任所长期间，曾组织改进有机硅单体二甲基氯硅烷合成催化系统的研究，采用在铜催化剂中添加锌作助催化剂的搅拌床技术，提高了单体的收率。组织上海地区硬聚氯乙烯下水管材的试制和推广，获1985年国家经委科技进步二等奖。在石油化学研究所任所长期间，组织了石油化工产品单体研制的催化剂会战和中试，获1988年国家科技成果奖。在有机氟材料研究所任所长期间，担任国家科委新型化工材料专业组组织员兼有机氟分组组长，先后组织领导了多种有机氟材料的科研攻关。担任年产千吨级有机氟工业技术开发领导小组组长时，组织以F-22水蒸气裂解为特征的新技术开发，包括对有机氟残液的焚烧处理，该项新技术1991年获上海市首届科学博览会金奖，1992年获化学工业部科技进步一等奖，1993年获国家科技进步一等奖。

1988年获中华人民共和国国防科工委"献身国防科技事业"荣誉证书和荣誉证章，1990年获中华人民共和国化学工业部"化工老专家"荣誉证书，1992年获国防化工创业奖章及做出突出贡献的奖励证书等。组织撰写多篇成果报告和学术论文，出版《有机硅》《胶态分散体》等译著。2008年被中国有机氟硅材料协会授予终身成就奖。

张耀祥

张耀祥（1922～2013），江苏太仓人。教授级高级工程师。

1945年毕业于沪江大学化学系。1940年加入中国共产党，曾任沪江大学中共总支书记，教会大学区委委员，领导沪江大学、东吴大学的学生运动。1945年至1949年任上海市十八民校教师、校长，参与民校地下斗争。1949年任中共北郊区委书记。

1949年后，历任上海市郊区工委副书记、市农业局党组书记、市农业局副局长、市农委副业部部长。1962年后任上海市化工局副局长、党委副书记等职。1985年任上海市化学建材公司董事长兼总经理。1985年任上海工业技术发展基金会总经理，后任基金会副理事长。

张耀祥是上海市第一届人民政府委员，上海市第一、第二届人民代表大会代表，上海市第一届政协委员。1988年、1992年两次被授了全国"老有所为"精英奖，

1988年被评为上海市优秀党员，1990年被评为上海市工业党委优秀党员，1991年被评上海市优秀党员。

朱道明

朱道明，1922年生，浙江镇海县人。教授级高级工程师。

1945年毕业于沪江大学化学系。毕业后在上海国际饭店工作，1953年归队到江苏省工业厅工作，1954年受命组建化工实验室，后发展为有五个研究室的化工研究所。1960年至1963年被派去罗马尼亚进修，回国后在江苏省化工厅负责国防化工生产科技管理，历任工程师、副总工程师，兼任省化学化工学会秘书长。1985年获得国家计委、国家经委、国家科委联合授予的国防军工协作先进个人称号。1988年国防科工委颁发"献身国防科技事业二十年"荣誉证章。化工部在1992年授予"国防化工创业和发展中做出了突出的贡献"证书。

叶元铨

叶元铨，1924年生，苏州人。沪江大学1948届校友叶元铮的哥哥，曾任苏州浒墅关红叶造纸厂厂长。

1945年毕业于沪江大学化学系，随即进入苏州浒墅关自家的红叶造纸厂做管理工作，公私合营后作为祖父的代理人担任私方厂长。

1983年退休后，带领一个咨询小组到广西百色支援边疆建设，帮助当地的东笋造纸厂改进设备、提高技术，取得了良好的经济效益。1988年因此而荣获了"全国民族团结进步先进个人"的光荣称号。

1946届

陈祖荫

陈祖荫，1923年生，上海人。曾任北京市食品研究所研究员。

1946年毕业于沪江大学化学系。1947年至1951年任上海黎明火柴厂工程师,1951年至1960年任商业部化工局工程师,1960年至1973年任北京商学院工程师,1973年至1992年任北京市食品研究所研究员。精通英语、德语,译著《主要食品成分的辐射化学》,参加的汉语主题词表课题获国家科技进步二等奖。

程之敦

程之敦,安徽休宁县人。1946年毕业于沪江大学化学系。

初在台湾炼油厂工作,后去美国进修,转业自动控制,编著有《工业仪器学》《工业仪器分析》,1985年退休,晚年定居美国。1991年11月,他曾将历年积累的专业资料和本人著作430册、约1000公斤,从美国自费运达沪江大学校友会,并请代为无偿捐赠给上海机械学院湛恩纪念图书馆。对于这些可为莘莘学子提供极有价值的赠书,图书馆安排专室陈列,并于沪江大学85周年校庆时展出。

戴立信

戴立信,1924年生,北京人,祖籍江苏句容。有机化学家,中国科学院院士(图5.15)。

1942年至1943年在沪江大学化学系学习,1943年借读于浙江大学化学系。1947年毕业后在中华职业学校做教学工作,1948年进入第三钢铁厂化验室工作,1949年先后在上海钢铁公司、华东矿冶局工作。

1953年到中国科学院上海有机化学研究所工作,历任助理研究员、副研究员、研究员。1993年当选为中国科学院学部委员(院士)。历任中国科学院上海有机化学研究所学术委员会和学位委员会副主任,生命有机化学国家实验室学术委员会委员,元素有机化学国家实验室学术委员会主任等职务。先后

图 5.15 戴立信

当选为中国化学会常务理事、副秘书长,上海市化学化工学会常务理事、副理事长、顾问委员会主任,世界华人有机化学家会议国际组委会委员(图5.16)。

图5.16　2013年英国皇家化学会年会上本书主编缪煜清和戴立信院士合影留念

戴立信于20世纪60年代研究有机硼化学,如 α,β-不饱和醛酮的硼氢化反应、高级硼烷的衍生化反应、碳硼烷的合成及转化等。20世纪80年代以后,研究有机合成、金属有机化学、立体选择性的合成官能团化的环氧化合物和氮杂环丙烷化合物等。1997年参与领导"手性药的化学和生物学研究"国家重大项目的研究工作。2002年获得何梁何利基金科学与技术进步奖,2002年、2013年两次获得国家自然科学二等奖,2014年获中国化学会手性化学成就奖,2018年获中国化学会终身成就奖、黄耀曾金属有机化学终身成就奖。2019年被中共中央组织部表彰为"全国离退休干部先进个人"。编著《有机化学战略研究调查报告》及《有机合成化学进展》、*Chiral Ferrocenes in Asymmetric Catalysis-Synthesis and Application*、*Organic Chemsitry-Breakthroughs and Perspectives* 等书,译著有《有机化学中的立体化学》《有机化学——结构与功能》等书,在国内外重要刊物上发表论文220余篇。

戴行洲

戴行洲,1924年生于上海,浙江宁波人。化纤工程设计专家,享受国务院政府特殊津贴。

在中学读书时,戴行洲就对化学很感兴趣,经常在课余时间搞化学实验,还到化工原料行去观察和熟悉化工料的外观状态。

1942年,戴行洲进入沪江大学化学系学习,同时帮助他父亲在家中进行动物胰岛素的提取工作,熟悉利用等电荷点净化胰岛素的方法,并比较从牛胰腺提取的胰岛素和从牛、猪胰腺提取的混合胰岛素对糖尿病的疗效,认为牛、猪混合胰岛素对中国人也有很好的疗效。在大学一年级期末考试时,其化学答卷中对蛋白质的等电荷点论述得到化学系主任的赞赏,因而被评为化学系年度获奖者。1946年毕业后,就职于中国纺织建设公司化验室,任助理员、技术员,开始从事纺织化学工作。1949年后转入华东纺织管理局,任技师、工程师。1956年至1962年任上海纺织科学研究院工程师,开始从事腈纶抽丝技术的探索和研究。1962年调入上海纺织工业设计院,从事腈纶和其他合纤的工程设计工作,历任化纤室主任、副院长、副总工程师、总工程师、教授级高级工程师。1973年担任上海石化总厂一期工程年产3.3万吨维纶厂设计项目总负责人。1981年参加年产1.5万吨涤纶短纤维抽丝成套设备攻关工作,兼任纺织工业部涤纶抽丝成套设备办公室副主任,负责技术领导工作,该项目在1987年获得国务院颁发的荣誉证书。1987年以后,被聘为中国国际工程咨询公司轻纺项目部专家和上海投资咨询公司专家。

戴行洲是上海市1950年劳动模范,上海市第八、第九届人民代表大会代表。1989年被建设部授予"中国工程设计大师"称号。1992年获国务院政府特殊津贴。

李炳安

李炳安,1920年生,山东泰安人。上海石油化工总厂高级工程师,专长有机化学。1946年毕业于沪江大学化学系。

林英棣

林英棣,1923年生,浙江镇海人。上海染料化工十厂高级工程师。1946年毕业于沪江大学化学系。

马竞

马竞,1922年生,江苏人。化工部规划院高级工程师,享受国务院政府特殊津贴。

1946年毕业于沪江大学化学系。1948年参加革命,中华人民共和国成立之初在天津任军代表,后在重工部、化工部规划院等单位从事规划工作。主编有《化工信息》《全国化工产品目录》。

钱崇濂

钱崇濂,1923年生,浙江海宁人。1946年毕业于沪江大学化学系,曾任上海汉阳手帕厂高级工程师,专长纺织染整。

孙曾培

孙曾培(1922~2008),浙江绍兴人。中国药品生物制品检定所研究员,中国著名的仪器分析专家,享受国务院政府特殊津贴。

1946年沪江大学化学系毕业后,孙曾培进入刚从重庆迁往上海的中央卫生署药物食品检验局,负责搭建药品检验仪器,任仪器室主任。

1949年至1950年,孙曾培就职于上海市卫生局药物食品检验所,1950年随单位迁京经改组成立卫生部药物食品检验所,后又改名为中国药品生物制品检验所。1955年抗美援朝期间,中国志愿军战士由于缺乏维生素A,患夜盲症者较多,为此我国进口大量的维生素A原料和制剂。检验发现从某国进口的维生素A含量仅80%左右。孙曾培等同志通过精心实验,以可靠的数据据理向外商提出索赔,不仅挽回了几万美元的经济损失,而且维护了国家尊严。

中华人民共和国成立初期,国家外汇紧缺,没有条件进口先进的药品分析检测仪器。孙曾培知难而进,搜集国外资料,进行分析研究,改进和搭建了比色计、酸度计、极谱仪等仪器。20世纪60年代初,孙曾培看到了气相色谱用于药品检测具有高分辨率、高灵敏度等优点,立即与本所同志一起动手搭建了台气相色谱仪,并投入使用。20世纪70年代,他率先少量引进整机,适量自己组装,把高效液相色谱立即应用于国产和进口的质量检定,基本保证与国际先进水平同步。20世纪80年代,他自己动手研制成毛细管电泳仪,开始用于药物分析检验。随着科学技术的进步与发展,紫外分光光度计、红外分光光度计、高效液相色谱仪、核磁共振仪、质谱仪等进入药物分析领域,孙曾培不仅率领工作人员用仪器完成了各项先进课题,在仪器出现故障时,他能在晶体管、集成块成堆的电路板中查找出损坏的元件,修复正常。尤其在改革开放以后,大量进口分析仪器应用在药物分析领域中,许多单位仪器出现故障都请他去修理,以至于有人认为孙曾培在大学是学电子专业的,其实电子技术只是他的业余爱好。

孙曾培历任第四、第五届国家药典委员会委员,第六届药典会名誉委员,《中国药典》英文版编委,《中国药典注释选编》和《中国药典注释》编委,卫生部第一至第三届新药审评委员会委员,中国药学会药品分析科学第二、第三届委员会副主任委员,卫生部药政局仪器装备专家咨询组成员,《中国药学杂志》副主编、《药物分析杂志》编委等职。被评为全国卫生系统科学技术大会和北京市科技大会先进个人。

王珠翠

王珠翠,女,1925年生,浙江鄞县人。1946年毕业于沪江大学化学系,曾任上海市药品检验所副主任药师,专长化学分析、菌检。

沃文翠

沃文翠,后更名为沃贤清,国家标准局副总工程师、国家质量监督检验检疫总局离休干部。

1946年毕业于沪江大学化学系。在读期间参加地下党工作,1945年入党。1948年曾任职于上海市立实验民众学校并担任班主任,深受学生爱戴。

许菊

许菊(？～2008)，广西桂林人。1946年毕业于沪江大学化学系。

许菊从事编辑工作53年，为科技期刊事业奋斗了一生，是中国科学院少有的资深优秀编辑。1954年至1966年，许菊先后在中华全国科学技术普及协会、科普出版社任编辑，参与编辑"第一个五年计划""劳动保护""全苏科普协会"等知识丛书。

1972年至1989年，许菊任《化学通报》副主编、常务编委、编辑部负责人，协助主编复刊，建立编委会、制订工作制度，确定了"新、基、通、普"为《化学通报》的办刊特色。1981年，该编辑部获中国科学院期刊先进集体，许菊获先进工作者奖。

在此期间，许菊兼任中国化学会编辑出版委员会副主任，起草制订了中国化学会编辑出版工作条例以及关于创办《中国化学快报》外文版的建议。

1981年，许菊积极参与了中国科技期刊编辑学会筹建工作，任中国科技期刊编辑学会第一届理事。1985年许菊参与筹建中国科学院自然科学期刊编辑研究会，担任了中国科学院自然科学期刊编辑研究会秘书长、副理事长、名誉副理事长。1988年许菊参与发起并创办《中国科技期刊研究》，先后担任副主编、主编。

20世纪80年代，教育部、高等学校化学教育研究中心和中国化学会共同创办《大学化学》期刊。编辑加工是项很细致的工作，送审、筛选、排版、校对等，都是在许菊先生的指导下进行的。经过大家群策群力，《大学化学》的创刊号终于在1986年3月问世。

徐积功

徐积功(1924～1981)，浙江崇德人。1946年毕业于沪江大学化学系，1954年获普渡大学博士学位。曾任复旦大学化学系有机化学教研室主任，专长有机氟化学及卡宾化学。

1943年，顾乾麟先生在上海大华路办起了叔蘋图书馆，这里不仅能借书读书，还是一个探讨、开展各种活动的地方。1944年，图书馆里建起了理化实验室，开展中学生理化实验辅导。顾乾麟购置了大批实验仪器和药品,由已考取沪江大学化学系的得奖同学徐积功负责化学实验。

1946年徐积功从沪江大学化学系毕业后,由顾乾麟介绍到台湾资源委员会参加日寇投降后的接收工作。徐积功在中国台湾、日本短暂工作后,1950年进入美国普渡大学,师从E·T·麦克比(E.T.McBee)教授,从事含氟有机化合物合成的研究,1954年获博士学位。1956年回国后,任教于复旦大学化学系。

徐积功对复旦大学化学系的建设及有机化学课程做出了重要贡献。他编写的《有机化学基础》多年来一直是有机化学的经典教材,他的教学风范也影响了众多的复旦学子。曾任复旦大学化学系主任的范康年、上海交通大学生命科学技术学院执行院长林志新在复旦求学时,都对徐积功先生讲授的有机化学留下了难忘的记忆。

张锦芳

张锦芳,1922年生,上海人。上海造纸研究所高级工程师,从事制浆造纸。1946年毕业于沪江大学化学系。

张耀忠

张耀忠,1925年生,江苏太仓人。1946年毕业于沪江大学化学系。

曾任中共上海市虹口区委副书记、上海市委统战部副部长、上海市工商联党组书记、上海沪江大学校友会会长。在维护民族团结、社会和谐,做好多党合作、政治协商以及团结党外代表人士、港澳台同胞和海外侨胞等方面发挥了积极作用。作为沪江大学校友会创始人之一,张耀忠二十多年来一直担任校友会的主要负责人。在他的领导下,沪江校友会在弘扬和传承沪江精神、团结和凝聚海内外校友、支持母校建设等方面做出了突出贡献。在他的积极推动和促进下,2011年3月,沪江大学校友会注册名称正式变更为上海理工大学校友会,是年9月张耀忠当选为上海理工大学第三届杰出校友。

1947 届

陈锦涛

陈锦涛,1926年生,上海人。上海第九制药厂高级工程师,专长制药。1947年毕业于沪江大学化学系。1985年因药用化妆品获上海市科技进步二等奖。

李培智

李培智,1923年生,字濬卿,上海人。染化专家。

1943年毕业于上海南洋中学,1947年毕业于沪江大学化学系。在校期间,在王箴博士的指导下,用热力学、动力学的理论研究直接染料染棉过程中的亲和力、上染率等工艺参数以及色泽坚牢度等的变化规律,写成《论直接染料染棉的研究》论文。

后投考中国纺织建设公司,进入中纺公司第二届印染专业进修班深造结业,分配在上海第六印染厂(后称元通染织厂)任助理技术员、技术员、技师、染色车间主任、计划科长等职。

1956年由纺织工业部抽调去西安,参与我国自行设计的西北第一印染厂的筹建工作,任计划科长兼染色车间主任。期间,因土建尚未开始,被借调到纺织工业部纺织科学研究院任课题组长、工程师,承担科研任务,历时两年。课题完成后,回厂任染色工程师兼厂科研所副所长。1959年,被西安市科学院聘为兼职研究员。1960年,调往陕西省纺织科学研究所任染化研究室主任。

1974年,调往苏州棉布印染厂(现苏州印染总厂)任工程师、总工程师、副厂长。1980年借调任苏州市纺织工业局工程师、高级工程师,主管纺织印染科技工作,并兼印染课题的研究,主编《苏州纺织》刊物。1986年,借调到深圳华联纺织(集团)有限公司任工程师、高级工程师,并任华联发展投资有限公司总工程师、高级工程师,参与生产管理、新厂筹建以及华联纺织(印染)工业区的总体规划,并在深圳联昌印染、东吴染织、南华印染和东南丝绸等四家新建公司董事会任职。

1991年,江苏开发供出口的特阔棉防羽绒布。已退休的李培智受聘担任香港万盛羽毛企业有限公司顾问,在无锡、苏州等地,驻厂帮助研究开发,历时六年。在他的指导和直接参与下,先后解决了外销产品的色泽、透气性、光洁度、柔软度、纬斜、缩水率、不带致癌性物质等多项超国家标准要求的问题,组织生产约500万米布,出口欧美、日本等国。《苏州老年报》曾以专题报导,褒扬了李培智的敬业精神和学术成就。

李培智热心学会工作,自始至终积极参加各级印染学术活动。早在1947年,即为中国染化工程学会会员,并任《染化月刊》编委、《纤维工业》月刊特约撰稿人。1956年,任陕西省纺织工程学会编审委员。1974年,任苏州市纺织工程学会副理事长兼秘书长,江苏省纺织工程学会染整专业委员会委员、主任委员,中国纺织工程学会染整专业委员会委员兼组长。1986年任深圳市纺织工程学会印染组长。

王徵元

王徵元,1924年生,江苏吴县人。1947年毕业于沪江大学化学系,曾任上海染料化工厂高级工程师,专长染料及中间体。

王于上

王于上,1924年生,上海县人。1947年毕业于沪江大学化学系,留校任助教。1952年后在上海第二制药厂从事药物合成工作,专长化学制药、药物情报。

汪钧康

汪钧康,1925年生,浙江吴兴人。1947年毕业于沪江大学化学系。

中华人民共和国成立后任上海明胶厂高级工程师,专长生物化学、明胶工艺。1981年因PA-改性明胶及在胶片上的应用获上海市重大科技成果二等奖。

王孔才

王孔才，1926年生，上海人。1947年毕业于沪江大学化学系。

曾任上海黄河制药厂高级工程师，专长制药。

吴再郎

吴再郎，1919年生，浙江定海人。1947年毕业于沪江大学化学系。

曾任民生墨水厂工程师。中华人民共和国成立后，在上海感光胶片总厂从事感光材料制造，曾任高级工程师，1955年获上海市劳动模范称号。

萧安民

萧安民，1924年生，浙江鄞县人。1947年毕业于沪江大学化学系。

中华人民共和国成立后，历任上海科技大学（现上海大学前身之一）生物工程系主任、教授，食品工业部上海科研所副所长，轻工业部食品工业研究所副所长，轻工业部日用化学工业研究所所长。1988年获轻工业部科技进步一等奖。著有《脂质化学与工艺学》。

周康韡

周康韡，1924年生，浙江鄞县人。上海新建中学毕业，1947年毕业于沪江大学化学系。

曾任上海染料化工十二厂高级工程师、上海市工商联执委。

1948 届

蔡文俊

蔡文俊,1924年生,上海人。1948年毕业于沪江大学化学系。

中华人民共和国成立后在上海感光胶片总厂工作,任高级工程师。

陈大桢

陈大桢,1925年生,浙江宁波人。1948年肄业于沪江大学化学系。

中华人民共和国成立后任上海试剂一厂高级工程师。

陈善芝

陈善芝,1948年毕业于沪江大学化学系。

毕业后进入新光厂漂染部当技术员,并加入中国共产党,在工人中开展党的地下工作,主要从事党的社会调查,这支力量归属于沪江大学。

中华人民共和国成立后担任上海新光内衣染织厂厂长。1957年作为技术人员,调入纺织工业部纺织科学研究院上海分院工作,参与化学纤维前期研究,历任纤维实验工厂厂长、合成纤维研究所所长。

陈再谋

陈再谋,1927年生,浙江鄞县人。1948年毕业于沪江大学化学系。

中华人民共和国成立后任上海市日用化学工业研究所高级工程师。1983年因中草药应用于化妆品获轻工业部科技成果四等奖,因热显色记录纸热敏材料合成获轻工业部科技成果三等奖。

程道庸

程道庸,1925年生,上海金山人。1948年毕业于沪江大学化学系。中华人民共和国成立后曾任上海试剂一厂高级工程师。

计祖光

计祖光,1926年生,浙江平湖人。1948年毕业于沪江大学化学系。

中华人民共和国成立后,曾任上海石油化工总厂腈纶厂高级工程师、副总工程师,专长化纤工艺,从事腈纶生产及开发。1981年因棉型腈纶干卷曲新工艺获纺织部科技成果二等奖,1986年因改良型纺丝线的改造获中国石油化工总公司科学技术进步一等奖。

金耀麟

金耀麟,1926年生,江苏淮安人。1948年毕业于沪江大学化学系。

中华人民共和国成立后任上海市江浦中学(现杨浦区教师进修学院附属中学)高级教师。

李明馨

李明馨,1925年生于浙江杭州。1948年在沪江大学化学系获理学士学位后留校执教。

院系调整后来到华东化工学院,1953年到浙江大学任教。先后担任浙江大学化学系副主任、国家教委工科化学课程教材编审委员会副主任兼《普通化学》教材编审小组组长等。李明馨长期默默耕耘在基础教学的第一线,他把自己所有的精力都投入到了这一领域。集数十年化学教学和教改经验,曾主编、合编有《普通化学》《普通化学实验》《普通化学学习指导书》等教材和教学参考书19种。其中《普通化学》曾被国家教委评为全国高等学校第一届优秀教材一等奖、国家级优秀教材奖等。1986年、1994年两次被评为全国广播大学优秀主讲教师。1991年，荣获国家教委从事高校科技工作四十年成绩显著荣誉证书，享受国务院政府特殊津贴。

李明馨也是一位在宗教界具有相当影响的爱国人士，曾担任中国基督教协会和"三自爱国运动"委员会委员，浙江省基督教"三自爱国运动"委员会副主席、杭州市基督教咨询委员会副主任、杭州市基督教青年会副理事长。

刘文昌

刘文昌，1926年生，浙江镇海人。1948年毕业于沪江大学化学系。
曾任上海石油化工总厂科技情报所高级工程师。

马家秀

马家秀，1925年生于上海。1948年毕业于沪江大学化学系，丝绸印染技术和管理专家。

抗日战争胜利后，受进步思想的熏陶，于1946年加入中国共产党，投身反饥饿、反内战的学生运动，反对国民党反动统治。

1948年至1956年任上海新光内衣染织厂化验员、化验师、试验科科长、工程师，筹建化验室。

1956年至1957年纺织工业部干训班学习俄文，任支部书记。1957年至1958年苏联红玫瑰丝绸联合厂实习，被大使馆指定为实习生组长。在苏联实习期间由于工作认真、关心组员，受到使馆的表扬，并有幸入选去机场欢迎毛泽东主席访问莫斯科，聆听毛主席对中国留学生的讲话。

1959年至1964年，回国后参加杭州丝绸印染联合厂的建设，历任杭州丝绸印染联合厂工程师、印染车间负责人、工程师室副主任。

1964年至1981年任浙江省丝绸公司工程师、丝织印染科负责人、副经理、副总工程师，主要从事全省丝绸印染厂的技术管理和丝绸印染整理的科学研究。

1981年至1983年任浙江省轻工业厅副厅长，主管科技工作，分管丝绸公司。

1983年至1989年任浙江省丝绸公司总工程师、高级工程师,集中抓了"六五""七五"科研项目。

舒昌新

舒昌新,安徽人。1948年毕业于沪江大学化学系。

在上海工作一年多以后到东北吉林,先后在吉林造纸厂、吉林省轻工业厅、吉林化纤厂、吉林省化纤研究所和吉林省纺织工业厅工作。1983年任吉林省纺织工业厅副总工程师。1992年退休后,受聘为吉林化纤厂腈纶项目指挥部技术顾问,在和外商技术交流与合同谈判中担任翻译工作,并为工厂培养了一批年轻的专业英语人才。

吴培芳

吴培芳,女,1926年生,浙江吴兴人。1948年毕业于沪江大学化学系。

曾任上海第十二制药厂高级工程师,从事激素药物有机合成工作。

吴婉卿

吴婉卿,女,1923年生,浙江绍兴人。1948年毕业于沪江大学化学系。

曾任上海工业技术发展基金会高级工程师。

徐忠恺

徐忠恺,1927年生,浙江镇海人。1948年毕业于沪江大学化学系。

曾任上海造纸研究所高级工程师,从事造纸化学助剂工作。1987年因分散松香胶获上海市科学技术进步三等奖。

叶谋坊

叶谋坊,1926年生,浙江镇海人。1948年毕业于沪江大学化学系。

曾任上海染料化工八厂高级工程师,从事染料及中间体工作。

叶元铮

叶元铮(1927～1999),苏州人。

1948年毕业于沪江大学化学系,继承父业到苏州红叶电瓷厂任副厂长。1956年公私合营后任苏州电瓷厂私方厂长。1958年任苏州电瓷厂技术科副科长。1980年任苏州电瓷厂副厂长、苏州市工商联副主委。1981年任苏州市机械局副局长。1984年后任苏州市工商联第七至第九届主委(会长)。1985年后又连任苏州市第七至第九届政协委员会副主席。他还担任过全国第六至第八届政协委员,全国工商联第五、第六届执委,江苏省工商联第三至第六届副主委和江苏省第六至第八届人民代表大会代表。

叶增蔚

叶增蔚,1926年生,浙江鄞县人。1948年毕业于沪江大学化学系。

曾任上海闸北发电厂高级工程师,专长电厂化学,后从事英语翻译工作。

郑炳昌

郑炳昌,1926年生,浙江鄞县人。1948年毕业于沪江大学化学系。

1948年至1958年任上海东方化工厂技术股股长。1960年至1963年任上海合成洗涤剂厂中试室主任。1963年至1969年上海市轻工业局援外办公室援外建厂。1969年至1972年任上海合成洗涤剂厂中试室主任。1972年至1987年任上海石化总厂塑料厂技术副厂长、总工程师、高级工程师。

1955年获"上海市劳动模范"称号,1956年获全国"轻工业先进工作者""上海市先进工作者"称号,1959年获"上海市先进工作者"称号,1960年至1961年获"上海市先进工作者"称号。1988年获光敏降解聚乙烯地膜三等科研奖。1991年复印机墨粉专用树脂获科学技术进步三等奖。

1949 届

鲍忠祈

鲍忠祈,1928年生,浙江鄞县人。1949年毕业于沪江大学化学系,1951年获上海医学院(现复旦大学上海医学院)生化研究所硕士学位。

后任军事医学科学院神经生物学研究室主任、研究员。1952年在国内首先研制成简便的纸电泳仪,为临床生化增加了种蛋白定量的手段,并应用于蛋白质变性作用研究、抗原成分的分析等。20世纪80年代后从事神经生化工作,着重神经递质及其有关酶类研究,主要在乙酰胆碱及其合成酶与分解酶的测定等方面有所建树。在中国首先制备出抗乙酰胆碱血清,阐明了半抗原乙酰胆碱产生抗体的规律,建立了乙酰胆碱的放免测定法,并设计了在国内外独创的乙酰胆碱与胆碱乙酰转移酶同次测定技术。

冯秉中

冯秉中,浙江海宁人。1949年毕业于沪江大学化学系,氮肥专家,曾任上海化工研究院化肥研究中心副总工程师。

凌罗庆

凌罗庆,1928年生,浙江新登人。1949年毕业于上海沪江大学化学系,上海中医学院药物化学教授。

历任上海中医学院化学教研室副主任、中药化学教研室主任,上海中医药研究院中药成分研究室主任。他的乳香和草乌炮制方法的研究获 1982 年卫生部科技成果二等奖。主编教材《有机化学》，合编《中药化学》《中医年鉴》等。

盛沛根

盛沛根，1926 年生，浙江慈溪人。1949 年毕业于沪江大学化学系。

1961 年毕业于苏联科学院巴赫生化研究所获博士学位。曾任中国科学院上海生物化学研究所研究员，从事生物大分子的电子顺磁共振。

唐葆峙

唐葆峙，1949 年毕业于沪江大学化学系。

曾在北京微量化学研究所任职，1999 年、2001 年两次入选中国工程院院士有效候选人名单。

唐孝宣

唐孝宣（1925～2007），江苏无锡人。中国生物制药和生物工程研究的先驱者。

1945 年入上海大同大学化学系学习，同年转入沪江大学化学系，1947 年赴美，入比洛伊大学化学系，1949 年毕业。此后入威斯康星大学化学系攻读硕士学位，并于 1950 年提前完成学业回国。

回国伊始，唐孝宣义无反顾地投身于生物制药行业，担起了复兴上海医药事业的重担，历任上海第三制药厂副厂长、上海生化药厂接管工作组组长等，他为中华人民共和国成立初期上海的抗生素药物及生化药物事业的恢复、发展做出了杰出贡献。

随着中华人民共和国制药事业发展的需要，唐孝宣被派往前苏联进修、深造。实习期间，他曾任前苏联第二制药厂总工程师。1958 年载誉归来后，唐孝宣立即投身于中国第一个五年计划中由前苏联援建的重大项目的负责工作中，他把自己的青春和才华全都倾注于石家庄华北制药厂——中国第一个、也是中国最大的抗生素制药基地的工程建设和投产等一系列艰巨的工作中去。唐孝宣曾任华北制药厂副总工程师、总工程师、技术副厂长等要职,为中国早期生物制药事业的发展、壮大做出了杰出贡献。1976年后,任华东化工学院(今华东理工大学)应用生物学系教授。1981年后,唐孝宣调任河北省医药管理局总工、局长等领导职务,直至离休。

唐孝宣教授堪称中国生物制药和生物工程研究的先驱者,他把全部的经历都倾注于这些领域,著有《发酵工厂设计》《中国大百科全书(化工版)》等著作,并与中国著名生物工程专家俞俊棠教授共同主编了《生物工艺学》。

离休后,他不甘于平静的养老生活,继续积极热情地为培养祖国优秀的医药人才、推动科技知识普及提高和学术交流的广泛开展等做了卓有成效的工作。先后担任原无锡轻工学院(今江南大学前身之一)和上海华东理工大学兼职教授,并在华东理工大学教授博士生、硕士生、本科生的多种课程,还兼任该校生化工程研究所名誉所长。

唐孝宣积极组织和参与各种社会学术活动,担任过中国生物化学与分子生物学会工业生物化学与分子生物学分会名誉理事长、全国生化学会(现中国生物化学与分子生物学会)常务理事、国家医药管理局生物技术专家委员会顾问、国家科委医药组成员、河北省生化学会理事长、首届工业生化专业委员会主任委员。担任《药物生物技术》《中国生化药物杂志》顾问,《抗生素工业生产》主审等多种社会兼职工作。

屠校恒

屠校恒(1926~1996),上海人。1949年毕业于沪江大学化学系。

1950年起,先后在辽宁省营口造纸厂、营口市工业局试验室、营口市轻工研究所、营口人造丝试验厂、营口市科委地热试验站、营口化学纤维厂从事技术工作或担任技术领导工作。

1961年至1965年,担任国家科委下达的研制与中间试验课题"芦苇制粘胶纤维研究"联合试验组副组长。1973年至1976年,担任省科委科研课题"地热发电(热水扩容法)"技术负责人,该成果1987年获全国科学大会奖。1983年至1984

年,组织开展"涤纶,涤/锦复合丝高弹交络丝研制"工作,属全国第一批利用空气变形法研制交络丝课题,该成果获营口市科技成果奖,新产品批量生产。1985年9月,以辽宁省化纤专业委员会主任身份参加北京国际化纤会议。1987年,参加省经委组织的西德专家来辽宁学术讲座,担任英语翻译。在任省、市轻纺系统技术领导职务期间,为营口、鞍山、沈阳、铁岭、抚顺、长沙、中山等市引进了多项先进技术,协助建成多条生产线,多次受到国家、省、市嘉奖。在任营口化学纤维厂副厂长、总工程师期间,为工厂的创建、设备安装、投产以及技术改造、科技进步,做出了重要贡献。1988年,晋升为教授级高级工程师,离休后享受市地级待遇。曾为辽宁省第六届政协委员,营口市第一届政协委员、第五至第八届政协常委,营口市第八届人民代表大会代表。

王运武

王运武,1928年生,江苏江都人。1949年毕业于沪江大学化学系。

历任上海师范学院化学系有机教研室主任、化学系副主任,上海教育学院副院长。主编《有机化学学习指导书》,合编《有机化学》,获1992年国家教委第二届普通高等学校优秀教材二等奖。

杨逸人

杨逸人,1925年出生,上海青浦人。1949年毕业于沪江大学化学系。
中华人民共和国成立后任青浦县教师进修学校高级教师,专长化学教学。

张人龙

张人龙,1929年生,上海人。1949年肄业于沪江大学化学系。
曾任上海工程橡胶厂高级工程师,专长橡胶制品配方。

张致远

张致远(1928～2012),上海松江人。1949年毕业于沪江大学化学系。

历任杨树浦发电厂股长、技术员、化学专责工程师,西固热电厂化学实验室主任、生技科工程师,甘肃省电力试验研究所副总工程师。1978年获水利电力部科技先进工作者称号。关于沪江大学化学系,他曾撰写《忆沪江化学系前辈校友们》《忆沪江化学系前后三位系主任》《忆沪江大学实验室生活》等文章,发表在《沪江校友通讯》上,为后世了解沪江大学化学系的历史,提供了很好的素材。

1950届

董明柏

董明柏,1927年生,浙江镇海人。1950年毕业于沪江大学化学系,是享受国务院政府特殊津贴的专家。

历任上海天原化工厂副总工程师,上海市化学原料工业公司副经理、总工程师、高级工程师,上海化工专科学校(现上海应用技术学院前身之一)校长。主持的PVC疏松型树脂研制和二氯乙烷裂解制氯乙烯均获1978年全国科技大会奖。100吨年/年离子交换膜法制取高纯烧碱中试、生产获1979年上海市科技进步二等奖。多次被评为上海市先进工作者,1977年评为上海市先进科技工作者。著有《技术经济学教程》。

李荫瑞

李荫瑞,1929年生,江苏南京人。1950年毕业于沪江大学化学系。

毕业后,先后在上海天丰药厂、上海第十八制药厂、上海医药工业公司等单位工作,从担任普通的技术员一直到掌管整个上海医药工业技术大权的总工程师,在上海医药行业中孚有声望。

改革开放后,李荫瑞作为上海医药工业公司派出的中方主谈,与美国施贵宝公司展开了既热情友好又斗智斗勇的谈判。1983年签署了合资企业办中美上海施贵宝制药有限公司的合同。1986年出任中美合资国内第一家医药合资企业——中美上海施贵宝制药有限公司董事长,直到1995年7月光荣退休。

1988年,上海市微量元素学会成立,经上海市科学技术协会审查同意,于1991年由上海市民政局核准登记为社团法人,李荫瑞任副理事长。1989年中国化学制药工业协会中外合资企业专业组成立暨第一次会议上,李荫瑞被推选为组长。

裴润

裴润,1929年生,浙江上虞人。1950年毕业于沪江大学化学系。

在沪江求学期间,被同学亲切地称之为"雨人兄",有文艺才能,精于篆刻,拉得一手好胡琴和小提琴。为人风趣幽默,被沪江校友评为"1950届十杰"之最幽默诙谐者。

曾任东升钛白粉厂高级工程师和顾问。

司徒华城

司徒华城(1927~1987),广东开平人。1950年毕业于沪江大学化学系,著名的小提琴演奏家。

司徒华城出身于音乐世家,从小喜爱广东音乐。

1941年秋,司徒华城入沪江附中,1944年秋考进沪江大学化学系。就读期间,曾以137票的最高票数当选沪江大学"1950届十杰"之最有音乐修养者。

在沪江大学就读期的早期,他同时又进入上海音乐专科学校选修小提琴并肄业。19岁那年,司徒华城在上海开了第一次独奏音乐会。1947年,他进入上海市政府交响乐团,从此就开始了音乐演奏家的生涯。后历任上海交响乐团副首席、独奏演员,中央乐团首席、独奏演员、艺委会副主席。作品有《儿童假日组曲》,译著有《我的小提琴演奏教学法》。

1954年,司徒华城任中央歌舞团(1956年转为中央乐团)乐队首席。从1959

年开始,他以广东音乐、各地民间音乐和民歌为素材,创作改编了《旱天雷》《喜相逢》《金蛇狂舞》《哈民心向北京城》等小提琴独奏曲和齐奏曲。

1974年,司徒华城从舞台转到教学岗位,在中央音乐学院任教,先后任管弦系副主任、教授,实验乐团团长等职。

司徒华城学识渊博,集演奏、创作、教学、翻译、外事、鉴定乐器等技艺于一身。他一共举办了800多场音乐会,创作并改编小提琴独奏、重奏、齐奏、练习曲90多首,撰写和发表学术、评论文章60多篇,翻译著作多篇。他曾应邀去英国、联邦德国(今德国)、日本进行学术交流,出任国际小提琴比赛、四重奏比赛评委。还出任由我国首次主办的国际小提琴比赛秘书长,在我国音乐界一些重大的外事活动中,博得国际朋友的赞扬。

孙桂隶

孙桂隶,浙江慈溪人。1950年毕业于沪江大学化学系。

在校期间任化学系班级主席、化学学会主席、化学系系代表、清寒同学减免费委员会主席、第一届学生会执委兼联络部长。

唐茂椿

唐茂椿,1928年生,浙江镇海人。1950年毕业于沪江大学化学系。

曾任上海市医药管理局高级工程师。1980年因参加血吸虫病防治药物吡喹酮研制获上海市重大科技成果二等奖,1985年因精神病治疗及呕吐防治药物舒必利获国家医药管理局科学进步三等奖。

章晔

章晔,女,1927年生,江苏苏州人。1950年毕业于沪江大学化学系。

曾任上海市药品检验所主任药师。

周伟舫

周伟舫，1927年生，浙江镇海人。1950年毕业于沪江大学化学系。复旦大学物理化学教授，博士生导师。先后任复旦大学化学系电化学教研室主任，上海市腐蚀科学技术学会第一、第二届理事，上海市航空宇航学会理事，国家自然科学基金委员会物理化学学科评审组成员，上海市高等学校教师职务评审委员会化学学科评议组成员，《物理化学学报》编委等职务。出版《电化学测量》。

1977年至1982年在解决镉氧化汞电池低温放电电压滞后现象问题上做出重要贡献，致使应用该电池的某武器得以研制成功并获国防科技进步一等奖。1982年在美国凯斯电化学科学中心进修半年，1985年作为中国电动车技术考察团成员去英国考察电动车电池。

朱伯英

朱伯英，1928年生，浙江鄞县人。1950年毕业于沪江大学化学系。曾任上海染料化工十厂高级工程师，专长有机化工制造。

张东南

张东南（1927～1974），浙江慈溪人。1950年毕业于沪江大学化学系（图5.17）。

张东南才华横溢，举止优雅，谈吐幽默，长于辞令，富有感染力。在沪江就读时，被评为"1950届十杰"之最擅长交际者。

毕业后就职于上海泡化碱厂，任工程师。抗美援朝期间，前线战士据守潮湿的坑道，行动极为不便。受工程兵司令部之托，他协助解决了坑道潮湿的问题。研制出硅胶、球形硅胶、炼油硅胶，使得变压器油可循环使用，解决了西方国家对我国的封锁问题。1957年调入上海化学工业研究院。20世纪70年代研究出有毒水质的快速测定方法。

图 5.17　1950 届化学系毕业合影

（来源：1950 年《沪江大学年刊》）

1951 届

陈静霞

　　陈静霞，1928 年生，江苏无锡人。1951 年毕业于沪江大学化学系。

　　1949 年初，任上海市学生联合会执委，从事地下党组织工作。毕业后，1951 年任上海华东教育部科员。1952 年至 1972 年先后在北京的第二机械工业部第四局技术处担任技术员、二机部检查科副科长、三机部五七干校工作。1972 年，为支援三线建设，调往湖南省沅陵县航空航天部五三机械厂工作，曾先后担任中心试验室负责人、厂科技情报科党支部书记等职务，1986 年至 1990 年连续担任沅陵县第六、第七届政协委员。

冯善彪

　　冯善彪，1929 年生，上海人。1951 年毕业于沪江大学化学系。

曾任上海勘测设计院教授级高级工程师,长期从事工程建设用的化学材料及其应用研究工作。20世纪50年代末开发了"环氧砂浆材料的应用"。20世纪60年代初开始研究化学灌浆技术,开发了"丙凝化学灌浆"研究项目。20世纪70年代初又主持了"聚氨酯化学灌浆"项目研究工作。上述项目均先后获得了上海市和水电部的奖励。20世纪80年代开发的"软土地基分层注浆加固"研究项目获得了1988年上海市科技进步一等奖和1989年国家科技进步三等奖。先后主编了《大坝化学灌浆技术经验汇编》和《化学灌浆技术》等专业书,并发表了10多篇科技论文。1989年被授予"全国水利系统劳动模范"称号。

华彤文

华彤文,1929年生于上海,江苏苏州人。化学教育家。

1947年考入沪江大学化学系。1949年转入燕京大学,1951年毕业留校攻读研究生并兼任助教。1952年院系调整时转入北京大学。1954年毕业于北京大学研究生院并留校任教,历任助教、讲师、副教授、教授。1956年至1995年任普通化学教研室副主任、主任。20世纪80年代后任高等学校化学教育研究中心主任,兼任《大学化学》主编,中国化学会理事、常务理事,化学教育委员会副主任、主任,国际纯粹与应用化学联合会(IUPAC)化学教育委员会中国代表,国家教育委员会、高校化学教材建设委员会委员,高校化学教学指导委员会委员,国家教育委员会中学化学教材审查委员,国家教育委员会全国教育考试暨自学考试研究委员会委员。

华彤文任普通化学教研室主任期间,很重视实验教学,在20世纪60年代初主持编写出版了《无机化学实验》,这是一本对化学实验基本操作有系统的明确要求的入门教材,内容丰富翔实。在傅鹰先生病重期间,受北京大学校、系领导的委托,华彤文和杨骏英、严宣申合作,将傅先生写的《大学普通化学》讲义经过整理于1979年出版。该书是傅先生几十年教学经验的结晶,风格独树一帜,得到校内外同行的普遍好评,1987年获首届高等学校教材国家级优秀奖。20世纪70年代末,华彤文和方锡义等合作将当时美国最流行的普通化学教材(*Principals of Chemistry*)译成中文出版,这对广大教师了解国际动态很有帮助,促进了普通化学的教学工作。华彤文和杨骏英合作,总结多年教学经验,编著的《普通化学原理》深入浅出、承前启后、注重实验和史实，1996年获国家教委高等学校优秀教材一等奖。

作为《大学化学》主编，华彤文深知办好刊物对促进教学改革的重要性而甘心情愿为之付出辛勤劳动。该期刊是中学、大学广大化学老师切磋业务交流经验的园地。1996年，《大学化学》荣获国家教委系统优秀科技期刊二等奖。

陆大勋

陆大勋，1928年生，浙江人。1951年毕业于沪江大学化学系。

曾任中国科学院山西煤炭化学研究所研究员，享受国务院政府特殊津贴。

潘维墉

潘维墉，1929年生，浙江慈溪人。1951年毕业于沪江大学化学系。

曾任上海试剂三厂高级工程师、副总工程师。

杨福秋

杨福秋，1927年生，浙江人。1951年毕业于沪江大学化学系。

曾任上海医药工业研究院研究员，是国务院政府特殊津贴获得者。长期从事药物化学研究，先后完成甲基纤维素研制、咖啡因全合成氯霉素和维生素B_6的工艺改进，获化工部新产品三等奖。

张承墉

张承墉，女，江苏江浦县（现属南京市浦口区）人。1951年毕业于沪江大学化学系。

1951年从沪江大学化学系毕业后，与丈夫到第一机械工业部工作，后到长春参加第一汽车制造厂的建设，是"一汽"的第一位女工程师，曾多次当选长春市青联委员会副主席。

2019年3月底,张承墉的女儿代表全家向上海理工大学无偿捐赠珍藏档案,成为档案馆征集到的首份沪江大学毕业证书、成绩册、作业本实物。

1952届(1948年入学)

杜言生

杜言生(真实姓名王林),浙江人。早年就读于中共地下党创办的建承中学,1948年入沪江大学化学系,以学生的身份作为掩护从事地下党工作。他每天化妆去上学,任务是监视特务,组织学生联络网。他在校期间参加杨浦区区委工作,任务是为了迎接解放而战斗,因此未能毕业即离开沪江大学。

杜有生

杜有生,浙江人。1948年保送到沪江大学化学系。

杜有生成绩优异,为人耿直,在哥哥杜言生的影响下,走上了共产主义道路。1949年,国民党政府威逼沪江大学学子在4月底离校。杜有生秉着对共产主义信念的执著和对学校的不舍,与一些志同道合的盟友进行了顽强的护校行动,终因敌强我弱,于1949年7月23日被迫离开沪江大学,开始了他人生的新篇章。

1990年前后任江苏省文化厅副厅长。

冯春源

冯春源,1932年生,浙江慈溪人。1952年毕业于沪江大学化学系。

先后任职于上海中孚染料厂、上海染料农药(集团)联合公司、上海染料化工厂,曾任高级工程师、总经理或厂长。1985年任民主建国会上海闵行区主任委员(1989年连任),1987年当选上海市闵行区人民代表大会代表、区人民代表大会常委会委员。1988当选为上海市第九届人民代表大会代表。1993年任上海闵行区政协常委。曾于1988年获化工部科学技术进步三等奖。

胡壮麒

胡壮麒(1929～2016),上海人。金属材料学家、中国工程院院士,曾任中国科学院金属研究所研究员(图5.18)。1948年1月,考入沪江大学化学系,1952年毕业。

图 5.18　胡壮麒

历任中国科学院金属研究所学术委员会主任、高温合金与特种铸造研究室主任、快速凝固与非平衡合金国家重点实验室主任等职。曾兼任亚太材料科学院院士、中国材料学会理事、英文版《材料科学技术》主编、稀有金属材料与工程杂志顾问、中国材料学会理事、英文版《材料科学技术》杂志主编、《稀有金属材料与工程》杂志顾问等职。曾任东北大学、哈尔滨工业大学、沈阳工业大学等十几所大学的名誉教授和兼职教授。1995年当选为中国工程院院士,2003年获得何梁何利基金科学与技术进步奖。

胡壮麒长期从事高温合金、非平衡合金的研制及其他新材料和新工艺的研究。成功研制出我国首个一级空心涡轮叶片材料及民航机长寿命叶片材料;成功研制出抗热腐蚀定向结晶叶片、定向结晶钴基合金叶片及特种微晶粉末;成功研制出我国首个直升机用增压器;提出了约束性凝固过程中溶质的非平衡再分配理论。先后获国家科学进步二等奖、中国科学院科技进步一、二、三等奖及省、部级各种奖励十余项,其中"发动机配套的多孔气冷铸造一级涡轮叶片的研制与推广"获国家科技进步一等奖。

胡壮麒在国外发表论文411篇,国内发表论文366篇,出版专著4部,译著5部,申请专利14项。培养博士生60名。先后获"辽宁省劳动模范""辽宁省优秀专家""沈阳市荣誉优秀专家""中国科学院沈阳分院优秀研究生导师"等荣誉称号。

黄日侯

黄日侯,江苏嘉定(现属上海市)人。1948年进入沪江大学就读,1951年辍学就业。

此后先在私营厂工作。1956年,公私大合营时上调专业公司技术科,从事建筑五金制品的生产和技术管理。1970年,在南京梅山钢铁公司焦化厂做冷作工,从事化工设备的修理和制造劳动。1976年,在上海石油化工总厂下属机械厂,从事化工、化纤设备的维修和制造,历任铆焊车间技术员、工程师、技术组长、车间技术副主任、厂副总工程师、厂长。卸任厂长后,担任该厂总工程师到1992年退休。退休后返聘两年任出口产品的质保总监。工作期间曾多次获评局级先进工作者。1956年获评上海市机关工作积极分子,1978年获评上海市先进工作者。1992年上海石油化工总厂建厂二十周年时获颁荣誉奖章。1985年沪江大学校友会成立后,担任1952届沪江大学化学系班级联络员(图5.19,图5.20)。

图5.19 黄曰侯校友为上海理工大学化学系师生题字:
从历史里吸取养料,开拓美好未来!

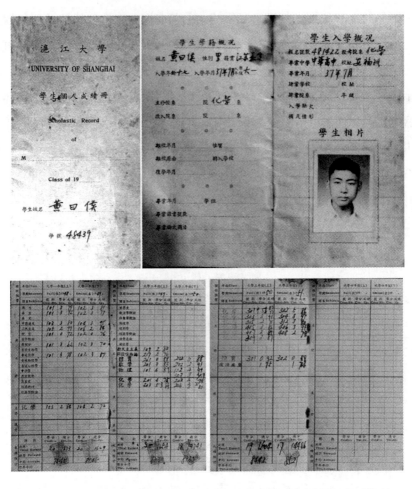

图 5.20　2016 年上海理工大学化学系师生采访黄曰侯时获赠的珍贵资料

廖世健

廖世健,1929 年生,江西九江人。中国科学院大连化学物理研究所研究员,享受国务院政府特殊津贴。1952 年毕业于沪江大学化学系。

毕业后,在中国科学院综合研究所(现长春应用化学研究所)钱保功、刘达夫研究员的指导下,从事络合法分离提纯丁二烯和列别捷夫法催化合成丁二烯的研究,他们的工作为 20 世纪 50 年代初中国开发出第一批丁苯橡胶起到了重要作用。1953 年至 1954 年,他参加了东北人民大学(现吉林大学)唐敖庆教授主持的物理化学研究生班。1956年至1958年在中国科学院化学研究所攻读博士学位。1959年至1964年回到长春应用化学研究所,从事燃烧与火焰的研究,并担任课题组长职务。1964年至1999年在大连化学物理研究所先后任助理研究员、副研究员、研究员、博士生导师、课题组长、研究室主任。其间经洪堡基金会等资助,三次赴德国马普学会煤炭研究所作为访问学者和客座教授,进行合作。

廖世健主持的研究成果曾获全国科学大会奖,中国科学院和省、市的重大科技成果奖、中国科学院自然科学二等奖和科学技术进步三等奖。出版《烯烃聚合的催化剂与工艺研究报告集》,此书成为当时工厂生产、科研和大学教学的参考书。他先后担任《化学通报》《有机化学》《分子催化》《化学学报》《中国化学》《催化学报》等学术刊物的编委。

林云钊

林云钊,1931年生,浙江鄞县人。1952年毕业于沪江大学化学系。

曾任中美上海施贵宝制药有限公司高级工程师,专长制药生产和管理。

刘元方

刘元方,1931年生,浙江镇海人。放射化学家,北京大学教授,中国科学院院士。

1948年至1949年在沪江大学化学系求学,1952年毕业于燕京大学化学系。随后进入北京大学技术物理系任职。1984年起任北京大学技术物理系和化学与分子工程学院教授,2002年任化学生物学系教授。2006年任上海大学纳米化学与生物学研究所所长。

历任国际纯粹与应用化学联合会(IUPAC)放射化学与核技术委员会主席、亚太地区放射化学会议国际委员会副主席、中国核学会和中国化学会的核化学与放射化学委员会主任委员、中国高放核废物处置专家委员会副主任、中国科学院化学学部副主任、《放射化学学报》顾问编委。1991年当选中国科学院学部委员(院士),2008年当选英国皇家化学会会士。

四十年来，刘元方在核化学与放射化学领域作过许多开拓性和创造性的工作，在创立和建设我国第一个放射化学专业的教育事业中做出了贡献。1960年领导建成了我国第一台5万转/分的浓集235U的锥形气体离心机；利用超铀元素重离子核反应首次直接制得251Bk，解决了从几十种元素中快速分离纯Bk的难题，重制了251Bk的衰变纲图等。1994年以来，研究加速器质谱法在生物医学领域的应用以及纳米材料的生物效应研究。著有《放射化学》《核化学与放射化学》等著作。1986年获得国家教委科技进步一等奖。

钱传范

钱传范，女，1930年生于沈阳，祖籍浙江嘉兴。著名农药学家，曾任中国农业大学教授。

1948年高中毕业后就读于沪江大学化学系，1949年转入清华大学农化系学习，1950年院校调整转入北京农业大学，1991年被评为"为发展我国高等教育事业做出突出贡献的学者"，并获国务院政府特殊津贴。

钱传范在1949年前即积极参加上海的学生运动，加入新民主主义学生会，并到上海近郊解放地区的工厂做宣传，组织工会。1952年曾赴辽宁南部参加抗美援朝反细菌战工作。

曾任国家农药标准审查委员会副主任委员、全国农药登记评审委员会委员、国家自然科学基金委分析与环境化学评审组成员、中国植物保护学会常务理事、中国昆虫学会理事、中国农业环境保护协会理事、北京市"食品放心工程"专家组专家等众多学术兼职，曾担任《植物保护学报》《农业环境保护》副主编、《农药学学报》《生态学报》《农药科学与管理》《环境科学》等杂志编委。现仍兼任北京市政府专家顾问团顾问、中国绿色食品发展中心绿色食品专家咨询委员会委员、《农药学学报》编委会顾问。

钱传范教授长期从事农药残留领域的研究工作，主持制定了农业行业标准"绿色食品·农药使用准则"，多次荣获农业部及化工部的科技进步奖。主编了教材《农药分析》和《农药残留分析原理与方法》。曾任《中国农业百科全书》"农药卷"第一副主编及第四分支（农药分析与残留）主编。

沈尧绅

沈尧绅,宁波镇海人。食品分析专家。1952年毕业于沪江大学化学系。

曾参与创办上海光华染织厂。曾任内蒙古轻工科研所名誉所长、中国化学学会内蒙分会常务理事。

谢荣厚

谢荣厚,1930年生,浙江人。1952年毕业于沪江大学化学系,是享受国务院政府特殊津贴的专家。

1953年分配到钢铁研究总院化学室,长期从事光谱分析测试与研究工作。1984年任室主任、1988年任院测试中心总工程师。他是冶金部第一代光谱分析工作者,为金属光谱分析技术的发展做出了重要贡献。

谢洪泉

谢洪泉,1931年生,浙江上虞人。华中科技大学教授、博导,全国劳动模范,享受国务院政府特殊津贴。

1952年毕业于沪江大学化学系。1952年至1973年在中国科学院长春应用化学所从事科研工作,1973年至1987年在湖北省化学所任副所长及副研究员、研究员,1987年至今在华中科技大学化学系任教授。

曾任第二届中国化学会理事及全国高分子委员会委员、湖北省化学化工学会常务理事及高分子会主任。兼任《应用化学》《高分子材料科学与工程》《合成橡胶工业》《弹性体》等杂志编委。1985年荣获全国"五一"劳动奖章及"全国优秀科技工作者"称号。1992年获国务院颁发的政府特殊津贴。

先后开展顺丁橡胶、聚甲醛、氯醇橡胶、聚氨酯橡胶、两性聚合物、多相聚合物、导电高分子、二阶非线性光学高分子、电致发光高分子、电流变液等研究。有10个项目获省部级鉴定,其中顺丁橡胶获全国科技进步特等奖,共聚甲醛获全国科学大会奖与中国科学院重大成果奖,聚氨酯液体胶获湖北省科技成果二等奖,两性聚合物合金及高硬度聚氨酯橡胶均获湖北省科技进步二等奖,多相聚合物获国家教委科技进步二等奖两次。聚甲醛、氯醇橡胶、互穿网络带锈防腐涂料、增稠剂等成果已工业化。

谢洪泉从沪江大学附属中学毕业后直接进入沪江大学就读,并被推举为新生班长。当时附中的校长是李好善,沪江大学化学系主任是唐宁康。谢洪泉还记得沪江大学化学系的特点是重视实验,规定从二年级开始每周有四个下午做实验。每个实验都很辛苦,但也很有用。实验内容分为普通化学、分析化学、有机化学和物理化学。他仍然记得二年级时同学汪尔康眼睛烧伤,大家捐款帮助,表示爱心。

图 5.21　左图戴眼镜者、右图前排戴帽者为谢洪泉。

戴行义

戴行义,转学后毕业于清华大学,在中国科学院上海有机化学研究所工作,任副所长。

陈其妍

陈其妍,后转学,任上海音乐学院钢琴系副教授。

洪善康

洪善康,任教于盐城中学。

沈巩懋

沈巩懋,任职于中国科学院上海生命科学研究院植物生理生态研究所。

陈世民

陈世民,香港卜内门公司工程师。

孙以蓁

孙以蓁,任教于上海轻工业高等专科学校。

陆寿康

陆寿康,先后在地质部武汉实验室、深圳市科委工作。

尹皋文

尹皋文,西安石油勘探仪器厂教授级高级工程师。

杨作桂

杨作桂,任职于南京华东电子管厂。

向仁英

向仁英,任教于长春冶金地质专科学校。

徐元耀

徐元耀,中国科学院有机化学研究所研究员。

徐克薰

徐克薰,机械部上海材料所教授级高级工程师。

陈光渊、钱攸倩夫妇

陈光渊、钱攸倩夫妇,郑州轻金属研究院教授级高级工程师。

徐子培

徐子培,任职于地质部华东地质科学研究所。

蔡在衡

蔡在衡,任职于地质部华东地质科学研究所。

司徒祐

司徒祐,上海轻工高等专科学校分析化学教研室主任。

1952 届(1949 年入学)

中华人民共和国成立,国家正当用人之际,1949 年入学的这一批学生提前毕业,服从分配到大东北、大西北等国家最需要的地方去,在各自的领域做出了突出的贡献(图 5.22)。1978 年召开的全国科学大会,沪江大学化学系 1952 届校友中就有汪尔康、沈之荃、谢洪泉和严文俊四位受邀参加。

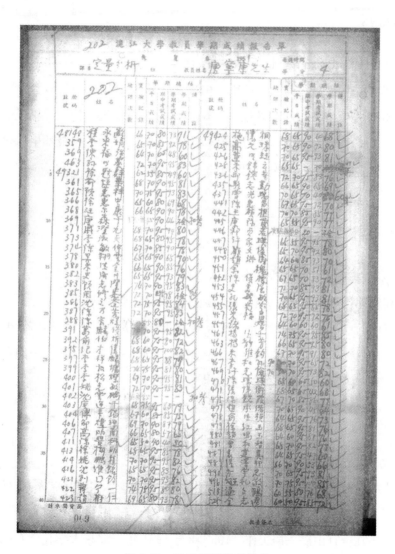

图 5.22 1952 届同学成绩单

戴惠英

戴惠英,1928年生,江苏江阴人。1952年毕业于沪江大学化学系。曾任上海跃龙有色金属有限公司高级工程师。

傅丰昌(锠)

傅丰昌(锠),1952年毕业于沪江大学化学系。

此后,响应国家建设号召到济南二中教书,四年后调至山东省教育学院任教一年半,又调至山东省教育厅高教处。编有《初中化学习题集》《初中三年级学生用化学实验报告册》《高中一年级学生用化学实验报告册》《高中二年级学生用化学实验报告册》《化学标准化考试题型分析与练习》等。

董明珏

董明珏,女,1931年生,浙江镇海人。1952年毕业于沪江大学化学系,中国科学院大连物理化学研究所研究员,享受国务院政府特殊津贴。

历任中国科学院大连物理化学研究所第九研究室副主任、大连市石油化工学会理事。从事金属有机合成、烯烃聚合及烯烃、二烯烃低聚工作,获中国科学院重大科技成果一等奖、中国科学院科技进步二等奖。

顾志澄

顾志澄,1932年生,江苏吴江人。1952年毕业于沪江大学化学系,曾任同济大学化学系主任,享受国务院政府特殊津贴。

早年曾在铜官山矿务局工作。1957年至1961年于北京大学化学系副博士研究生班学习。1961年在山东大学任教,1979年到上海第二医学院(现上海交通大学医学院)任教。1980年到同济大学,1983年至1986年任同济大学化学系主任。

1992年获国务院颁发"为发展我国高等教育事业做出突出贡献"的证书。

金瑾临

金瑾临,1931年生,上海南汇人。1952年毕业于沪江大学化学系。

历任上海杨树浦发电厂化学车间技术员、工程师,华东电业管理局生产技术处工程师等职。1977年获"上海市先进科技工作者"称号。

李和孙

李和孙,1931年生,江苏太仓人。1952年毕业于沪江大学化学系。

曾任安徽阜阳师范学院无机化学副教授。专长配位化学,发表论文有《大学一年级无机化学教学中多电子原子能级图的选择》等。

李松灿

李松灿,1930年生,上海人。1952年毕业于沪江大学化学系。

曾任吉林化学工业公司副经理、高级工程师,中国化工学会理事,吉林省化工学会副理事长,吉林省科协副主席。1978年获全国科学大会暨省重大科技成果奖。1984年被国家经委授予"全国优秀质量管理工作者"称号。1990年被评为"化工部科技进步先进工作者"。

邱镕华

邱镕华,1931年生,浙江吴兴人。1952年毕业于沪江大学化学系。

曾任上海川沙化工厂高级工程师。

沈之荃

沈之荃,女,1931年生,上海人。高分子化学家,中国科学院院士,曾任浙江人学化学系主任(图 5.23)。

图 5.23 沈之荃

1949 年入沪江大学化学系，1952 年毕业。毕业后，曾在苏州大学执教十年。1962 年至 1979 年先后任中国科学院长春应用化学研究所助理研究员、副研究员和室主任。1980 年调至浙江大学化学系工作，历任化学系主任、高分子研究所所长。先后担任中国化学会理事和常务理事、国家自然科学基金会学科评审组成员、国务院学位委员会学科评审组成员、浙江省科学技术协会副主席、*Inorganica Chimica Acta* 编委等职。

基于对我国科研和教育事业所做的贡献，沈之荃于 1978 年被评为全国科学大会先进工作者，1988 年被评为浙江省首届先进女科技工作者，1993 年获"全国先进女职工"称号，1994 年获光华科技一等奖，1995 年获浙江省"十大杰出女性"和"浙江省劳动模范"称号、"全国教育系统劳动模范"称号和人民教师奖章，1995 年当选为中国科学院院士，1998 年当选为第二届中国"十大女杰"。

沈之荃长期从事高分子化学和材料方面的研究工作，主攻过渡金属和稀土络合催化聚合。研制出的三元镍系顺丁橡胶成为中国万吨级顺丁橡胶工厂聚合工艺的基础。并在创建稀土络合催化聚合和开拓稀土化合物作双烯烃定向聚合催化剂，炔烃聚合催化剂和开环聚合催化剂等方面做出了贡献。

施怀炯

施怀炯，1931 年生，浙江鄞县人。曾任上海染料厂高级工程师。

1952 年毕业于沪江大学化学系。因表现优异，入学不久就被评为"大学生劳动模范"，在校期间参与《化学工业大全》《食品添加剂手册》等书籍的编写。

史美强

史美强，1930 年生，浙江余姚人。1952 年毕业于沪江大学化学系。

曾任上海市环境监测中心高级工程师。

汪尔康

汪尔康(1933～　)，分析化学家，中国科学院长春应用化学研究所前所长。1952年毕业于沪江大学（图5.23）。

汪尔康热爱思考、喜欢钻研，没有正式读过小学、初中的他，凭借天赋和努力，不满16岁就考上了沪江大学化学系。因为成绩特别优秀，他被选为学生会执委兼学习部长。

1952年，汪尔康大学毕业。年仅19岁的他积极响应党的号召，毅然奔赴条件艰苦、满目疮痍的东北，来到中国科学院长春综合研究所（中国科学院长春应用化学研究所前身），踏上了他梦想中的科研之路。

图5.23　汪尔康

1955年，汪尔康被选派赴捷克斯洛伐克深造并取得副博士学位（图5.24）。其

图5.24　1959年，汪尔康获颁捷克斯洛伐克科学院极谱研究所副博士学位证书

间,他首次提出"阴离子促使汞电极氧化产生出极谱氧化波的普遍规律"和"与汞形成配合物和形成汞盐膜"的理论。

1991年,汪尔康当选中国科学院学部委员(院士)。1993年当选第三世界科学院院士。主编《21世纪的分析化学》(1999)、《生命分析化学》(2006)和《分析化学手册》(第三版,2016),发表收录论文1000多篇,总引65,000多次,h指数118。国际大会报告100多次,在27个国家和地区作学术报告200多次(图5.25)。获国家自然科学奖4项,省部级奖14项及吉林省首届科技进步特殊贡献奖,国际奖2项,发明专利40项。培养研究生150多名。2017年第13届电分析化学大会上获中国电分析化学成就奖,在第19届电化学大会上获中国电化学成就奖。他是我国极谱及近代电分析化学主要奠基人之一,68年来为发展中国的分析科学做出重要贡献(图5.26)。

图5.25　2011年汪尔康院士应邀访问上海理工大学时,作学术报告交流并为化学系师生题字

汪尔康先生被美、法、日和香港的5所大学聘为客座教授。为9种国际化学杂志编委,国际顾问委员会委员;曾长期担任"分析化学"主编。他是国务院学位委员会化学学科评议组成员(1985~1997)、召集人(1997~2008),博士后化学学科评议组召集人(1995~2008),中国分析测试协会副理事长(1985~2008),长期担任长春市和吉林省化学会理事长、吉林省科协副主席和荣誉主席。1963年他被评为吉林省劳动模范。1986年被国家授予"有突出贡献的中青年科学家""全国优秀科技工作者"的荣誉称号。1992年荣获全国"五一"劳动奖章,并当选为中国共产党第十四次全国代表大会代表;2004年被评为"吉林省特等劳动模范";2005年全国总工

会授予他"全国先进工作者"的荣誉称号。2015年9月3日汪尔康受邀在天安门观礼台参加纪念世界反法西斯战争暨抗日战争胜利七十周年大阅兵。2018年5月30日受邀在人民大会堂出席中国科协成立六十周年双百座谈会。2019年获庆祝中华人民共和国成立七十周年纪念章。

图 5.26　2013年汪尔康院士(中)八十华诞之际，上海理工大学校友会潘淑平处长(左二,)和化学系主任周仕林副教授(左一)、缪煜清教授(右一,)前往拜贺

王桢枢

王桢枢，女，1933年生，江苏江都县(现扬州市江都区)人。曾任上海工业大学(现上海大学前身之一)研究员，专长分析化学、光谱分析。

1952年毕业于沪江大学化学系。先后任职于中国科学院金属研究所、上海工业大学(上海大学)。1981年获辽宁省"三八红旗手"称号，1991年获上海市科技进步三等奖。

奚翔云

奚翔云，1932年生，上海人。染料专家。享受国务院政府特殊津贴。

1952年毕业于沪江大学化学系。历任上海润华染料厂技术员、上海华谊（集团）公司技经委副主任、上海市化工局副局长、上海化学工业贸易中心理事长等职。

奚翔云是中国活性染料开发带头人，著有《活性染料的性能及应用》。1958年，上海各报用大号字体报道润华染料厂25岁的青年技术员奚翔云试制成功中国第一个活性染料红光黄。活性染料的试制成功，填补了国内空白，既为国内印染行业提供了崭新的染料品种，又为国家节约了大量外汇，有力地支援了国家的经济建设，使中国成为继英国、瑞士、德国之后能独立自主地制造活性染料的国家。

严文俊

严文俊，1930年生，浙江慈溪人。1952年毕业于沪江大学化学系，油田化学专家。

曾任玉门油矿采油厂技术员、机械厂工程师、中心试验室采油研究所流体高压性研究室主任，大庆油田开发流体力学采油率研究室副主任、副主任工程师，江汉油田地质研究所副主任工程师，长庆油田规划设计院和地质勘探开发研究院副院长、副主任工程师、副总工程师、高级工程师。1984年起任中国海洋石油总公司东海石油公司培训中心副主任，科技发展部副经理、高级工程师。

严文俊是中国海洋石油学会第一届理事、上海市经济生态学会常务理事中国石油学会装备委员会委员、甘肃省石油学会第一届理事、第四届甘肃省政协委员、《石油学报》第二届编委。他在油田科技领域做出了许多重要的贡献，多次被评为甘肃省及燃化局和油田的先进科技工作者，并以先进科技代表身份出席1978年全国科学大会（图5.27）。他是我国应用PVT仪器测定地层原油高压物性技术的开创者，曾获黑龙江省、甘肃省及全国科学大会奖，国家科委三等发明奖。

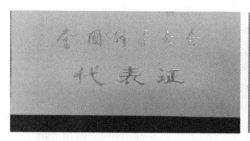

图 5.27 严文俊出席 1978 年全国科学大会代表证正反面

杨德壬

杨德壬，1932 年生，江苏常州人。1952 年毕业于沪江大学化学系，曾任上海师范大学教授。

历任上海师范大学化学系副主任、主任，兼上海市化学化工学会化学教育专业委员会主任、上海市政协委员、中国民主促进会上海市委常委及民进第七次全国代表大会代表。

长期从事教师培养的基础教育和研究工作。在上海师范大学任教同时，还在上海电视大学主讲无机化学课。著有《十万个为什么·化学篇》《数理化自学丛书》中的化学部分，以及《无机化学》《中学化学教师手册》。编译有英国剑桥版教材《无机化学中的一些热力问题》。

2016 年，缪煜清教授曾带领乔取胜、杨海伦、吴陈瑶、王嘉仪几位同学采访杨德壬校友（图 5.28）。交流中杨老特别提到了化学系唐宁康教授的无机化学与分析化学两门课程，对他以后从事化学教育工作产生了很大影响。他还非常怀念教授他们一年级英语的外教 Knabe 教授，当时每个周末都会有许多同学去外教家里一起聊天，欣赏音乐，他很怀念当时纯粹的师生友谊。杨德壬认为应该将枯燥的学科知识与广博的人文情怀融会贯通，他说人文与科学的沟通在大学阶段是非常重要的，有利于品格的塑造。临别之际，杨老赠送了一份弥足珍贵的礼物，是他在沪江大学读书期间学校印发的通讯录。这本小册子也有六十多年的历史了，是走近历史的珍贵史物资料。

图 5.28　2016 年,缪煜清教授(右一)带领杨海伦(左一)、乔取胜(左二)、吴陈瑶(右二)、王嘉仪几位同学采访杨德壬校友(前排)

姚克敏

姚克敏,1929 年生于重庆,原籍浙江鄞县。浙江大学教授,享受国务院政府特殊津贴。1952 年毕业于沪江大学化学系。

毕业后到中国科学院长春应用化学研究所工作,从事由中国资源矿产提取钍的研究工作,提出了提取钍的工艺设计流程。1954 年与同事一起协助锦州石油六厂建立我国第一座钍提取及稀土生产工厂。1958 年公派到苏联科学院地球与分析化学研究所留学,1962 年获副博士学位后回中国科学院长春应化所工作。1979 年升为副研究员,同年底转至浙江大学化学系任教。1985 年初赴美国佛罗里达州立大学化学系作访问副教授一年半,与美国著名配位化学家 G·R·肖邦(G. R. Chopin)合作,开展镧系元素配位化学的研究。

曾任浙江大学化学研究所副所长,浙江省政协委员,《无机化学学报》《应用化学》编委。1992 年起享受政府特殊津贴。主要科研成果无机液体激光显微光谱仪获 1978 年全国科学大会奖。连续波可调谐染料激光器获 1981 年吉林省人民政府科技成果二等奖。

赵鸣玉

赵鸣玉，1931年生，上海人。1952年毕业于沪江大学化学系后，即到沈阳化工学校（先后更名为沈阳化工学院、沈阳化工大学）任教，后任沈阳化工学院教授。

在沈阳化工学校（院）历任化学学科主任、有机化学教研室副主任、化工系主任、有机合成研究室主任、应用化学系主任、精化系主任、有机合成研究所所长等职。兼任辽宁省民盟副主任委员、辽宁省政协委员、沈阳市政协委员、沈阳市政府科技顾问。

1985年，赵鸣玉荣获国家发明奖，同年获辽宁省、沈阳市和化工部"优秀教师"称号，1987年获辽宁省、沈阳市"劳动模范"称号，1988年获辽宁省、沈阳市"有突出贡献科技专家"称号。

1953届

余槐

余槐，1929年生，江苏丹阳人。曾任无锡轻工业学院（现江南大学前身之一）副教授。

1949年至1952年就读于沪江大学化学系，后并到复旦大学化学系。1953年毕业被分配到北京第一机械工业部，参加"计量检定研究所"的建所工作，后调至北京农业机械化学院（现中国农业大学前身之一）任教。1956年后，调至天津工学院、河北工学院任讲师。1963年调至无锡轻工业学院任副教授，历任教研室主任、系实验室主任和院实验室主任。

1958年至1962年，任天津市化学化工学会理事。1963年后，相继加入无锡市化学化工学会、无锡市环境科学学会和江苏省化学学会。曾获"天津市双革积极分子""天津市共青团红旗手"荣誉称号。在无锡轻工业学院工作期间，多次被评为学院先进工作者。

1954 届

1950年入学的学生,在1952年院系调整时并入复旦大学化学系。由于国家第一个五年计划的需要,均提前一年于1953年毕业。

官宣文

官宣文,女,1930年生,广东汕头人。曾任北京大学副教授。

1950年至1952年就读于沪江大学化学系,后并入复旦大学化学系,1953年提前毕业被分配到北京大学化学系工作。

沪江大学附属中学校友

沪江大学及其附属中学于1909年同时开办,两校实施统一管理,附中的行政工作由大学校长万应远兼管,附中的教师、学生也和大学教师、学生生活在一起。最初附中也叫"沪江大学预科"。1915年,附中形成了四年制的中学,大学决定为它建造独立的校舍。1921年开始招收女生,是上海教会学校中第一所实行男女同校的中学。1947年,校董会决定将附中与大学脱离,校名仍为"沪江大学附中"。1952年学校由人民政府接管,与原基督教浸信会属晏摩氏女中合并,改称"北郊中学"。

中国著名烧伤外科专家、中国工程院院士盛志勇(1920～)曾就读于沪江大学附属中学。他回忆当年在附中就读时,十分喜爱自然科学,尤其是化学和地理。当时的化学老师毕业于沪江大学化学系,非常优秀,经常带学生做实验。原本对外面世界充满好奇的青年学生对各种化学实验的神奇反应感到莫名的喜欢。因此,在各式各样化学反应的吸引之下,盛志勇对化学充满了兴趣,当时他的化学成绩全班最好,平时的化学测验总是考到最高分,甚至于学期结束的时候他化学可以免考。

由于和沪江大学实行一体化管理,附中有着优秀的领导层和师资队伍,管理也非常严格,对学生实行住校制度。对此,附中校友谢洪泉回忆道:"附中的第一名学生可以免费、免试进入沪江大学就读。"从附中也走出了众多的、知名的专家学者,他们有:

中国工程院院士侯祥麟、中国工程院院士盛志勇、北京大学校长张龙翔、民族实业家吴志超、民族实业家马任全、浙江大学教授姚克敏、华中科技大学教授谢洪泉、石油专家张国士、朝鲜诗人朱耀瀚等人。

侯祥麟

侯祥麟(1912~2008),广东汕头人。化学工程学家,燃料化工专家,中国科学院、中国工程院两院院士(图5.29)。

图5.29 侯祥麟

1927年入沪江大学附属中学学习。1928年进圣约翰大学附属中学念高中。1931年考入燕京大学化学系,1935年考取中央研究院化学研究所研究生,1945年到卡乃基梅隆大学攻读化学工程学,获科学博士学位。1949年任波士顿麻省理工学院化工系副研究员。1950年回国任清华大学燃料研究室研究员兼化工系教授。1952年任中国科学院工业化学研究所研究员、代主任。1954年任燃料工业部石油管理总局炼油处主任工程师。1955年当选为中国科学院学部委员(院士),1958年调入石油科学研究院,先后任副院长、院长。

曾任石油部副部长、全国政协常委、中国化工学会副理事长,国家发明评选委员会副主任兼化学化工评选组组长,中国石油学会理事长、名誉理事长,国务院学位委员会委员,国家自然科学基金委员会委员,中国科协振华基金会副理事长。1994年中国工程院正式成立,当选为中国工程院院士。1998年6月,国务院决定在中国科学院和中国工程院设立资深院士制度,侯祥麟同时成为中国科学院和中国工程院资深院士。1986年获马太依国际科学技术奖。

第六章

轶事回忆

沈之荃院士一家三代的母校情结

章华明

(原载《上海理工大学校友通讯》2009年第1期)

沪江大学杰出的校友沈之荃是中国科学院院士、浙江大学教授,一大家子三代人中有七人与母校有缘,实属罕见。他们分别是:

第一代有一人,沈鸿模,即沈之荃的父亲。沈鸿模1925年毕业于沪江大学教育系,获文学士学位,1927年至1928年任沪江大学助教,还担任过沪江大学附中心理学教师,后任沪江大学附属小学校长。现在的西北工业大学图书馆和吉林省图书馆里还收藏有沈鸿模主编的师范小学丛书之一《默读教学法百二十种》。这本书是1934年由上海商务印书馆出版的,共计188页。沈鸿模生有六个子女,两男四女。他非常注重对子女的教育,坚持用微薄的薪水供养他们上学。

第二代有四人,分别是沈之荃与姚克敏夫妇以及沈之荃的姐夫高定华、姚克敏的妹夫丁旭昌。姚克敏和沈之荃是沪江大学的同班同学加夫妻,都是1952年沪江大学化学系毕业的。沈之荃在教会学校上海晏摩氏女中高中毕业时,成绩优异,名列全校第二,被保送入沪江大学化学系。

姚克敏是浙江鄞县人,1929年6月出生于重庆,沪江大学附中毕业。大学毕业后被分配到中国科学院长春应用化学研究所工作。1958年,姚克敏公派到苏联科学院地球与分析化学研究所留学。1962年获副博士学位后,回长春应化所工作。同年,沈之荃从苏州大学调往长春应化所,从此开始了18年的高分子化学和材料、镍和稀土催化聚合合成橡胶等研究工作,并取得了重要成果及一系列国家和省部级奖项。1979年底,夫妇俩到浙江大学任教,沈之荃是高分子化学教授,姚克敏是无机化学教授。夫妇俩几十年如一日,志趣相投,相濡以沫,相敬如宾,已度过了金婚纪念。姚教授提起往昔,十分感慨:在长春应化所的时候,生活条件艰苦,一家五口挤在一间18平方米的小房间里。之荃除了事业之外,尚要照顾家事和小孩,十分辛劳。她非常孝敬老人,自己生活极其简朴,照顾老人却是无微不至,按时寄去生活费用。他母亲来小住时,她每晚亲自端水给母亲洗脚。对兄弟姐妹也是极尽照顾。沈教授则表示,家庭也给了自己很大的理解和支持,孩子稍大就被领到爷爷奶奶家,好让自己多腾出一些时间。令二老欣慰的是,几个子女后来都学有所成。

沈之荃到浙江大学后,曾于1982年、1989年先后赴美国和德国的大学深造。就是在这一时期,她确定了自己的主攻方向——高分子化学。她开展的稀土催化聚合研究也得到了姚教授的不少启示与帮助。所以,她感到非常幸运。

沈之荃的姐姐沈之琳在仁济医院担任过护士长,姐夫高定华是1946年沪江大学商学院会计专业的毕业生,现在定居美国,仍与校友会保持密切联系。

姚克敏有个妹妹叫姚克慧,妹夫叫丁旭昌。丁旭昌曾在崇明长江农场砖瓦厂工作,1970年被推荐到上海机械学院(学校办学文脉源于沪江大学)自仪专业上大学,是第一届工农兵学员,在校期间加入中国共产党。1974年毕业后留校工作,成为一名教师。后来出任学校节能技术公司经理,1995年任后勤实业发展中心总经理,直至退休。

第三代有两人,沈之荃、姚克敏之子姚文刚,丁旭昌、姚克慧之子丁慕陶。姚文刚在上海机械学院读的是计算机专业,他学习和课外活动两者兼顾,是班级的团支部书记,1991年毕业时还被评为上海市优秀毕业生,现在美国从事计算机方面的工作,颇有作为。丁慕陶1995年进入上海机械学院商学院国际金融专业,1999年毕业,现已事业有成。

1995年,沈之荃当选为中国科学院院士,是享誉国内外的高分子化学家。她曾任浙江大学化学系主任、高分子研究所所长,中国化学会常务理事、国务院学位委学科评议组成员,国家自然科学基金委学科评议组成员及浙江省科协副主席,国家973项目材料领域咨询专家组成员等职。现在,她是浙江大学高分子系教授、博士生导师,并兼任《中国科学》《中国稀土学报》等十余种杂志编委会委员或名誉委员,以及高分子材料工程、高分子化学与物理等国家重点实验室名誉学术委员等职。多年来的努力使她获得诸多荣誉,如国家科技进步特等奖,国家自然科学二等奖、三等奖,国家教委科技进步二等奖,浙江省科技进步二等奖,第二届中国"十大女杰",浙江省"十大杰出女性",国家自然科学全国先进女职工,全国教育系统劳动模范和人民教师奖章,浙江省劳动模范,光华科技一等奖,何梁何利科技进步奖。

当年沈鸿模为女儿取名之荃,是希望她像荃草那样根植于中华大地,不存闻达依附,但求淡泊人生,荃意芬芳。沈之荃以七十年的努力实现了父亲的夙愿,不仅根植于中华大地,还成为了根深叶茂的参天大树。

忆沪江大学化学系前后三位系主任

张致远(沪江大学化学系 1949 届校友)

(原载 2004 年 12 月编印的《沪江校友通讯》第 80 期)

第一位是徐作和博士,他是沪江大学化学系第一位中国籍系主任,教授有机化学。余生也晚,未能聆听讲述,但知他在任内首办煤气工场,供实验室使用。工场在思晏堂北侧,设备及流程是从印度引进,将重油滴入加热釜中,裂化成煤气,在储罐中储存使用,从此化学实验加热,告别了酒精喷灯,而采用煤气本生灯了。当时上海很多单位纷纷来校取经,徐作和先生在《科学》杂志上有作专文介绍。

徐作和先生还热心于学会事业,曾任中华化学工业会理事(即今上海化工学会前身),后任理事长,直至 1956 年病逝。当时学会有完整的图书阅览室,藏书丰富,并常有学术讲演,大学化学系毕业者均可入会,化学系肄业者若有理事介绍也可入会,可查阅资料、参与学术活动。对于沪江学子,作和先生都乐于介绍。

第二位是李国柱先生,他是密歇根大学化工博士,20 世纪 40 年代前期,曾任沪江大学化学系主任。太平洋战争爆发后,他带学生从美国奔赴内地,办化工企业支援抗战,这可见 41 届学长在《校讯》上所述,不另。

余生也晚,受教于李国柱教授是在 1948 年,那时原聘吴志满教授,因工作繁忙,不能来沪江任教,"化工原理"教职空缺,当时李国柱教授已从事工业,脱离教职多年,但应唐宁康先生之邀,来校任教。他教课时,中间不休息,连续授课两小时,并当场吊黑板做习题,每次告一段落。

还有一事值得一提,李教授授课不收取报酬,后来唐宁康先生将此款购了一套 Thorp 的《应用化学大全》(英文新版影印版),置于图书馆,供学生阅读参考。

第二位是唐宁康教授,芝加哥大学化学博士,早年任教于北京协和医科大学

（见苏祖斐学长《我的医学生涯》），20 世纪 40 年代中期任沪江大学化学系主任，院系调整后，任华东师范大学化学系主任，直至退休。

唐先生在沪江教授分析化学等课程，有一句话令我印象很深、至今不忘，那就是"读书要从书的封面读起"。他教的定量分析化学，用的是 Talbot 教本，最初两页都是参考书目，唐先生就历讲各书特点，对学生指导良深。在教授"工业计算"课时，说该书作者为 Alfred 大学的 Lewis。学校并不大，但以"陶瓷工业"著称，接着又谈及 Maine 大学，以"造纸工业"著称，校不在大，有名专业则灵，可供当时拟出国深造者借鉴。

生物化学是一门选修课，唐先生对此很有造诣，但我未读此课，因唐先生说，这是为女同学开的课，重点是"食物与营养"，如为男同学开的课，则重点在"有机合成"，这可见唐先生学识渊博，因材施教。

点滴回忆和感言

黄曰侯（沪江大学化学系 1948 级校友）

（文字部分摘自《沪江校友忆沪江》）

当年化学系有两个半专职教授。两个教授是系主任唐宁康先生和从美国归来不久的程耀椿先生；半个教授是后来任复旦大学化学系系主任多年的吴浩青先生，他当时是副教授。回忆这三位导师的教学方法，各有千秋，至今印象深刻。受益颇深。这里只谈一下程耀椿先生。他的教学方法是西式的，他本来用英语授课，校方要他改成中文授课，他蹩脚的广东普通话反而影响了他的授课质量。现在看来，既然他的英语表达能力优于广东普通话，不让他用英语授课是没有道理的。我在《英语学习》上看到过一篇文章，作者是一位长期在上海教书的外籍人士 David Crook，不知是英国人还是美国人，论中学教育和大学教育之不同。他说中学教育是让学生学怎么做（to learn how to do），而大学教育则是让学生学怎么学（to learn how to learn）。回想起来，程先生的授课方法应当是后者，也就是所谓启发式教育，重视培养学生的自学能力。程先生要求学生每周在指定的化学专业杂志上自己找一篇文章,范围并无限制,但一般当然是找和当前之课有关的文章,写一篇摘记,字数不能多,要把文章的主要内容完整的摘录下来。这个锻炼在我日后的工作里得益匪浅。我的四十余年工作很杂,虽然一直在搞技术,但横跨多个专业,不加强自学就无法胜任工作,看资料必做摘记成了习惯。我退休前的最后一段工作历程是在上海石化从事化工设备的制造。有较长一段时间担任所属机械厂铆焊车间的技术副主任,负责压力容器、化工化纤设备制造的工艺和施工。上海石化是一个新厂,各生产厂的设备原来都是进口的。当生产厂有设备损坏以后,就由机械厂制造相应的新设备进行更换。从炼油到化工、化纤生产,设备可谓五花八门,因此连续几年内接到的制造任务件件都是"新产品",经常会遇到各种各样的技术难点。制造设备的工艺路线和施工方案大部分由我拍板,关键的一些设备不仅要亲自制定工艺路线和施工方案,还要到现场组织施工。所以自学在我的工作中显得尤为重要。我常常需要到各方面去收集资料,边看边做摘记。上海图书馆也是经常要去的地方。每当我在阅览室里找资料、写摘记的时候,就很自然地回想起当年在沪江图书馆看杂志、做摘记的情景。

　　说到写摘记,有一段有趣往事。我在南京9424焦化厂机动车间做检修工人的时候,有一次在一个技术员处看到一篇论"一齿差"变速机构的文章,感到新奇,就借了来看。当时这东西对我来说毫无用处,完全可以当做看杂文看过算数,但出于习惯,我还是边看边做了摘记。几年以后落实政策调到上海石化总厂所属的机械厂。当时铆焊车间的装备中有两台焊接变位机用沈阳电工机械厂的图纸在沪东造船厂制造。制造过程中,沪东厂提出该图纸的变速机构有误,无法加工。我取回图纸来看,原来它的变速机构采用的就是"一齿差"。我取出几年前的摘记对照研究了一番,发现原图的数据确实有误。焊接变位机是沈阳电工机械厂的定型产品,一般图纸不外供,我不知道这图纸是从什么渠道取得的。传动机构是设备的关键部位,图纸上出现的错误也不知是故意的还是无意的。要联系该厂恐怕不会有什么结果,而且时间上也来不及。我就学习了摘记里记下的计算方法,通过计算,做了修正,只花了两三天时间。后来,根据我的修正数据,该设备就顺利的造了出来。其实我也是第一次接触到"一齿差",解决问题就靠了那一篇偶然做的摘记。

　　有一次在一本化学杂志上看到了一篇泛论"工程师"的文章,我觉得新鲜,就看了,也做了摘记,还就把它作为作业交给程先生,他并没有因我的摘记不是化学方面的内容而有所异议。这篇文章给我的印象很深,文章的题目叫做"Human Equation",内容是讲"工程师＝专业技术＋人际关系",大意是说做工程师光有专业技术是不够的,还必须懂得与人相处的艺术。我经历了几十年的技术工作,不论看到同事的遭遇,还是自己的体会,觉得这个论点是很精辟的。譬如说,制造化工设备是一个团队的工作。我负责结构工艺,就需要横向的铸造、焊接、热处理等人员的合作,更重要的是施工人员和技术工人的实施,人际关系的重要是不言而喻的。"Human Equation"一直是我的座右铭,提醒我在技术工作中要重视人际关系。我多次组织有难度的大型设备制造取得成功,每每感到处理好团队里的人际关系委实是很重要的。

在沪江大学化学系的兼职教师里,我想提一提王箴先生,他教的是"染料的应用"。这是一门很实用而专业范围很窄的课程。作为理学院的化学系为什么会开这个课程?原来新中国成立前后,在上海印染行业的技术人员里,沪江大学化学系的毕业生占相当比重,有好几个大厂的老板都是沪江校友,因此沪江大学化学系学生毕业后在这个行业里比较容易找到工作。起先学校开这门课也许是为了学生的就业需要,后来就成为传统。王箴先生的讲课,我记着他的两个特点。第一,他的讲课内容涵盖了绝大部分当时市场上应用的染料。我在暑期里,到震丰印染厂实习两个月。我就体会到单凭在王先生那里学到的知识,只要稍稍的适应一下环境,我就完全可以胜任车间技术员的工作。第二,王先生也是用英语授课。把他在课上所讲的记下来,不用做大的整理,就是一份讲义。我们在学专业知识的同时也锻炼了听写,对日后工作里做好现场即时记录很有帮助。

我离开学校六十年了,离开工作也已多年。想起母校和老师,总有着深深的怀念。沪江校友会和上海理工大学校友处使我们和母校的联系一直不间断,使我们的怀念有所依托,在此深表感谢。

当时,大学很重视体育。学校每年都举办运动会,组织篮球、足球、乒乓球等班级之间的联赛(图6.1)。我讲一个故事:1951年学校组织足球联赛(七人制小足球),班长谢洪泉喜欢踢足球,因班上没有足球队感到遗憾。篮球队长杨作桂动员篮球队踢足球支持班长。虽然不太内行,但凭着一股冲劲,一路过关斩将到了决赛。对方是商学院的一支队伍,拥有几名校队队员,实力明显强很多。杨作桂提出我们用打篮球人盯人的办法来踢,尽量不让对方出脚。居然打成零比零,加时,还是零比零。换一个日子再比,还是零比零。延长时间,依旧零比零。那个时候没有点球大战,后来裁判硬找了一个机会,判一个点球,让对方获胜,结束比赛,因为马上要大考了,不能再踢下去了。

图6.1 左:1949年冬,化学系二年级篮球队获学生杯冠军时摄影(前排右起:胡壮麒、林云钊、沈尧绅、沈巩懋,后排左起:领队王于上助教、队长杨作桂、徐克薰、黄曰侯);右:1950年冬,化学系篮球队取得联赛冠军时摄影(右二:系主任唐宁康教授)

图6.2 1952届部分同学合影(地点:沪江校园东北角,原来有一段称"小长城"的城墙)

图 6.3　部分同学在思伊堂前

图 6.4　1948 级沪江大学化学系部分同学在实验室（左起：胡壮麒、洪善康、谢荣厚、黄曰侯、徐克薰）

图6.5 当时,军工路上没有公交,到学校的话在外滩乘8路电车到杨树浦路底,步行20分钟,或搭乘黄鱼车到学校。上图为沪江大学同学在杨树浦路底8路电车站前(左起:黄曰侯、蔡在衡、徐克薰、徐子培)

感恩母校哺育,回馈社会国家

姚锡福(沪江大学化学系1945届校友)

(摘自《沪江校友忆沪江》)

1945年夏的一天,我们沪江大学1945届的同学们聚集在上海美琪大戏院,举行毕业典礼,每个同学都戴上了学士帽,被授予学士学位。我在事先毫不知情的情况下按学习成绩被授予"化学系最优秀荣誉毕业生"称号,还获得了博泉奖学金。

回想起我在沪江大学所受的教育,确实为我打下了比较扎实的基础。第一是外文的基础,我们当时读的英文课本是"居里夫人(Madame Curie)",除国文外,其余课程的课本基本多是英文的。第二外语是德文,当时教我们的老师原来是美籍瑞士人Kelhover,太平洋战争爆发后是德籍犹太人Heinrichdorf博士(女)。第三外语是日文,由中文系的朱维之教授兼教。在中华人民共和国成立后又自学俄文。由于以英文为主,又掌握了其他三门外语(虽然掌握程度不同),在查看外国科技文献上是非常有用的。查看文献是我们搞科学技术的基本功。其次是我们化学系的系主任唐宁康博士亲自教授基本化学和理论化学(物理化学),不仅由浅入深,又循循善诱。每次上课前要随意向学生提问,使同学们对以前学到的东西温故而知新。他还教我们用科学的思维逻辑来思考问题。在科学问题上,一般对现象先有一个假设,然后通过实验来观察这个假设是否成立,如成立,假设就会产生理论,再通过大量实验来观察现象是否符合理论,如果符合,理论就会变成定律。王箴教授的工业化学课不仅包含化工各行各业,更是包罗万象,大大地扩大了我们的知识面,暑期还开设多门专业课程,如染料、涂料、制药、冶金等供大家选读,为我们毕业后的就业创造更多的选择机会。

沪江大学校训"信义勤爱"是指导我们的行为准则。首先是一个"信"字,我把这个诚信和实事求是结合起来,讲实话,办实事,我是搞科学技术的,一定要按照事实讲真话,不浮夸,不吹牛,才能取信于人;另一个是"勤"字,勤于工作、勤于学习,因为个人的知识总是有限的,"三人行,必有我师",我在工作中是不断地向书本学习,向有经验的人学习,工作才能取得成功。

我从母校毕业已七十年,现在已是垂垂的退休耄耋老人。幸运的是七十年来,我一直在上海的化工领域工作,见证了上海化工事业的整个发展过程。我从企业到机关,再到研究机构工作;从20世纪50年代末到80年代初一直在研究所工作,最后又回到机关。在此期间我长期在国家自力更生和赶超先进的号召下努力工作。

20世纪60年代初,我被任命为上海市第一批筹建的上海市合成树脂研究所技术副所长,我们在一所已内迁的旧工厂厂房内开始筹建。合成树脂是有机高分子化合物,在求学时还没有这一课程。调来的技术人员都是从制药、染料等行业转来,我们就边学边干,除了请华东化工学院教授每周来上课外,上级还派了两名新分配的华东化工第一届高分子专业毕业的大学生来所。工厂是老建筑,三楼设了一间开架图书室,屋顶大雨时还漏水。我们就这样因陋就简,艰苦创业。开业第一件事就是要定方向,定任务。方向是有机高分子,任务呢? 开始领导笼统地说是高精尖,我们选了有机硅,我首先组织人员做好情报调研,后由上海编译馆出版了一本由所名编译的《有机硅译丛》。后来选了一个有机硅甲基单体合成助催化剂的课题，完成了任务移交工厂生产。20世纪60年代初，国家又提出要为解决吃穿用服务，当时市纺织局合成纤维研究所已成功试验了腈纶的纺丝技术并开始试生产。但合成树脂是进口的，这时市里要求化工局解决。这个任务就落在合成树脂所。化工局领导由于领导科研没有经验，要求每一个所的技术所长都亲自抓一个项目，并写出开题报告，我就亲自查各种文献资料，由于我的外文基础，同时也掌握了查文献的基本功，很快就写出报告。当时担任化工部副部长的国际著名化工专家侯德榜博士来所检查指导工作时，我给了他一份，后来局里的同志告诉我，他在局里很赞许这份报告。大概花了一年的时间就完成了从小试到中试并检定移交高桥化工厂生产。这是一次成功的进口产品替代工作。此后不久我又被调往高桥化工厂担任技术副厂长兼上海石油化学研究所所长。在厂内参与了国内首套油吸收炼油厂废气回收乙烯丙烯的工作(6750吨/年)，这对我来说又是一门新课题(重化工)。我一面自学，一面向有经验的同志请教，在总结过去失败的经验教训后很快取得试验成功。后来又专在石化所抓60吨/年丙烯腈中试，这套装置主要验证石化所自己开发的催化剂，在1964年的春季试车时突然发生爆炸，副产的氢氰酸中和锅锅顶炸飞，锅内的氰化钠溶液漏满整个操作平台，非常危险。在这紧急时刻，我及时用我的化学知识，果断采取措施，避免了更大的中毒事故。原来领导告诉我市委书记陈丕显同志要来视察，我心中很急，希望改期，但是不到一个星期，陈丕显、曹荻秋、王一平、梁国斌等书记处的同志带领各有关委办局的同志一齐来视察，在听了汇报和看了事故现场后，一点都没有指责，而是安慰地说：自力更生么，没关系。勉励大家总结经验教训，再接再厉。在这样的鼓励下，我们全体中试人员日夜奋战，采取了一些改进措施，终于在当年秋天试车成功，取得了合格产品，参加了当年国庆在人民广场举行的彩车大游行。20世纪70年代初，我被调往吴泾的上海合成橡胶研究所工作，1976年被任命为所长兼总工程师，所内课题较多、任务分散，而合成橡胶的原料大部是石油化工产品的气体，运输麻烦，我就提出要集中力量，缩短战线。当时有机氟化工是一个有发展前途的高技术新行业(产品在20世纪50至60年代都被资本主义国家统筹而禁止出口到我国)，被称为塑料王的聚四氟乙烯、氟橡胶在所里已有一定基础(有一个聚四氟乙烯中试车间，氟橡胶的小型生产装置)。我和大家商量后向局和部领导汇报后改名为上海市有机氟材料研究所(即现在上市的3F新材料公司前身），在这期间，除了发展各种新产品外，我当时又是国家科委新材料组组员兼有机氟分组组长，组织了四氟乙烯裂解新工艺的会战，使原来的单体收率提高了一倍左右，提高了产品质量，降低了成本，使国防军工需要的含氟材料推广民用打下了基础，我又在上海市工人文化宫举办了国内第一个介绍含氟材料的展览会，后由化工部在全国展览推广，使原来滞销的含氟材料打开了销路，促进了含氟材料工业的发展。由于我在有机氟研究所的工作，在1988年，获国防科工委"献身国防科技事业"荣誉证书和荣誉奖章，1990年获化工部"化工老专家"证书，1992年获"国防化工创业奖章及作出突出贡献的奖励证书，2008年被中国有机氟硅材料协会授予终身成就奖。我认为这是母校教育给我打好的知识基础和为人践行"信义勤爱"校训的结果。

谦谦学者风范　殷殷爱国情怀
——专访化学系校友姚锡福

姚锡福口述，汪婷整理

（摘自《沪江校友忆沪江》）

　　根据我校110周年校庆活动安排，为进一步继承和发扬沪江大学化学系的精神，4月14日上午，理学院党委书记彭宗祥、化学系教授缪煜清一行对沪江大学化学系1945届校友姚锡福先生进行专访。

　　姚锡福，教授级高级工程师，1945年毕业于沪江大学化学系。1988年获国防科工委"献身国防科技事业"荣誉证书，1990年获化工部"化工老专家"证书，1992年获国防化工创业奖章及做出突出贡献的奖励证书，2008年被中国有机氟硅材料协会授予终身成就奖。

　　姚老虽已93岁高龄，不良于行，但依旧精神矍铄，每天都要上网、聊微信，紧跟时代的发展；尽管已不开展学术研究，却时时关注国内国际现代化学发展动态，采访时我们能从话语间时刻感受到其谦谦学者风范、殷殷爱国情怀。

　　当追忆沪江校园生活时，姚老觉得他在沪江大学的点点滴滴都历历在目：全英文式的互动教学模式,课后骑脚踏车回家吃饭,打字机打出的成绩单,严格的实验室指导老师……一幕幕场景仿若眼前。交流中姚老对化学系主任唐宁康教授记忆深刻。据姚老回忆,唐教授教学严格认真,由浅入深,循循善诱,重视逻辑思维的培养,这对同学们以后的工作学习产生了重要影响。姚老说"创新精神离不开逻辑思维,科学的思维是重要的,科技本来就是创新"。姚老强调,自己工作上的成绩源于母校对基础知识教育的重视,培养通才的教育模式。同时,扎实的专业基础和学科素养,有利于其对未知领域的学习做到触类旁通。

一个学者是否具有为世人称道的学者风范,首先在于他的学问与见识,同时也需有一种对科学的信仰,一份广阔的爱国情怀。沪江大学化学系的精神传承离不开这种学者风范和爱国情怀。多年以来,工业强国的梦想一直支撑着姚老不断去探索研究化工领域。20世纪40年代末期,姚老从事船舶漆的研制并开发国内第一代船底涂料;20世纪50年代中期,姚老赴朝鲜民主主义人民共和国,援助海州市化工厂恢复建设和生产;回国后,姚老担任有机氟材料研究所所长为现代工业研发新材料,推动有机氟材料工业的发展。他所主持的技术开发项目先后获得1985年国家经委科技进步二等奖,1991年上海市首届科学博览会金奖,1992年化学工业部科技进步一等奖,1993年获国家科技进步一等奖。

专访最后,姚老给理学院化学系题字寄语:"继承和发展沪江大学化学系的传统,培养更多的具有科学思维和创新精神的化学化工人才,为实现中国梦做出贡献。"(图6.6)

图6.6　校友姚锡福给上海理工大学理学院化学系题字

图 6.7 彭宗祥书记（后排左三）、缪煜清教授（后排右三）带队采访校友姚锡福（前排左一）、黄曰侯（前排右一）（王博/摄）

砥砺前行六十载 久久为功今犹璨
——专访沪江大学化学系校友严文俊

严文俊口述 汪婷整理

（摘自《沪江校友忆沪江》）

为进一步挖掘沪江大学化学系资源，传承沪江大学化学系精神，2016年5月20日上午，理学院党委副书记孟志雷、化学系教授缪煜清一行，走访1952届校友严文俊（图6.8）。

严文俊，浙江慈溪人，生于1930年，1952年毕业于上海沪江大学化学系，油田化学专家，一级高级工程师，曾任大庆油田开发研究院流体力学、采收率研究室副主任，获黑龙江省及全国科学大会奖。

专访伊始，严老就拿出珍藏多年的旧物，1952届校友通讯录、国家发明奖证书、各类发明奖章等，如数家珍，追忆往昔。尽管已毕业60多年，但谈起沪江大学的时光，严老就打开话匣子，滔滔不绝。回首半生，难忘沪江求学时光。在沪江大学里,学习方法和学习能力是专业老师们教学的重点。据严老回忆,唐宁康老师强调学科框架意识培养,从知识的缘起、发展到前景展望,都深入浅出的阐释分析;吴浩青老师则重视逻辑意识塑造,每个知识点都有章有法讲解透彻;程耀椿老师对学生们的实验操作要求严格,教学上时刻注重理论性与应用性相结合;王箴老师则采用课题教学方式,提倡学生自主查阅文献,提升解决问题。老先生笑称,大学里学业上不敢稍作偷懒,一有闲暇就直奔实验室或者图书馆,否则就感觉自己亏了。

图 6.8　孟志雷副书记(左二)、缪煜清教授(右二)与校友严文俊(右三)合影

铭记校训精神,投身重点行业

百年沪江薪火相传,凝练的"信义勤爱"四字校训更是意蕴悠长。在严老的眼里,这四个字体现的是诚信、仁义、勤劳、爱国,内含立身治事之道。在日后的工作生活中,严老一直牢记校训精神,从懵懂、青涩的青年蜕变成成熟、有担当的科学工作者。

毕业后,为响应国家以第一个五年计划建设中华人民共和国,大学生们纷纷被分配至大西北。带着一个行李箱和一床铺盖,严老辗转南京、北京、西安,来到兰州天水参加玉门油矿建设。进口机器前所未见,只能自己学习。翻阅杂志,虚心请教,不断尝试,终于从取样到实验器材操作形成专业、系统化的报告,在实践中不断提高专业素养。严老强调,大学里的学习更重要的是培养学习能力,开阔视野。思想解放了,才能提升创新意识,优化生产方式提高生产力。

辛勤耕耘,终迎来"科学的春天"

当提及严老一生中最激动人心的时刻,莫过于1978年的那个春天,严老受邀参加全国科学大会并获大会奖(图6.9)。会上,邓小平同志发表重要讲话,确立尊重知识、尊重人才的根本方针,提出"科学技术是生产力",为制定科教兴国战略、人才强国战略奠定了基础。严老表示深受鼓舞,科学技术第一次得到如此完整、系统的阐述,科学受到党和国家的高度重视,也就意味着所有的研究更有明确的方向,荣誉越大,责任越大。严老一一展示了悉心保存着的大会邀请函、代表证、会议印发的叶剑英副主席的诗篇《攻关》,依然难掩内心的激动之情。

图6.9　1978年,石油化工系统全体代表出席全国科学代表大会时合影

寄望上理,翰墨飘香

值此上海理工大学110周年校庆之际,严老给理学院化学系题字寄语,一笔一画中饱含着对母校的殷切希望,希望学子们能够传承沪江大学化学系优秀精神,同时祝福学院越办越好(图6.10)。

虽然与严老的交谈仅仅几个小时,却真有"与君一席谈,胜读十年书"的感觉。

严老的一言一行均体现着沪江大学化学系精神——博学善思笃志的品格,严谨认真的科学研究态度,没有条件也要创造条件解决困难的坚持。

图6.10 严文俊为上海理工大学化学系题字

第七章

薪火相传

1952年秋,全国高等学校进行院系调整,沪江大学各系科(组)分别并入复旦大学、华东师范大学、上海财政经济学院(今上海财经大学)、华东政法学院(今华东政法大学)、交通大学等院校。华东工业部接管沪江大学原址和校舍,建立上海工业学校,下设机械、电机和化工三个专业。

1960年,学校升格为本科院校"上海工业学院",随即更名为"上海机械学院"。1978年,上海机械学院基础教学部成立,戴鸣钟教授任主任。1985年,吴益和任基础部副主任(后任主任)及化学研究室主任,为本科生开设配位化学、计算化学、配位场理论、物理化学等课程。同年,基础部成立了应用化学研究室,主要以配位化学理论为基础,研究配位化学在应用电化学、节能环境保护学、金属表面和化学处理等方面的实际应用,同时在课题选择上考虑高分子化学等实际应用的研究,该研究室加强理论研究和计算机的应用,重视理论联系实际。

至1988年,基础部为全校本科生开设课程70门,开出物理实验和化学实验33项。

1988年,基础部应用化学研究室与德国Clanthal工业大学无机和分析化学研究所合作研究了"对在水中、土壤和食品中无机和有机物质溶液色谱法痕迹分析、元素分析、离子色谱"。

1988年,由基础教学部、科技外语系组建成立文理学院。1990年,文理学院又分为科技外语系和基础部两个部门,设立了数学、物理、化学、体育、科技英语、科技德语、大学英语、英语、第二外语和大学语文等10个教研室,还设有物理实验室、化学实验室,应用物理研究室、应用化学研究室,语言实验室、听音室、打字室等语言实验设施以及资料室。为全校研究生、本科生和专科生开设课程119门,其中物理实验和化学实验33项。1993年起,基础教学部数学、物理、化学学科有了副教授评议权。1994年,商品检验系成立,与基础教学部合为一套班子,两块牌子,负责人由基础教学部主任兼任,下设商品检验教研室与应用化学研究室。该系的商品检验专业于1994年8月招收了第一届专科生30名。

1994年,上海机械学院更名为"华东工业大学"。1996年,华东工业大学与上海机械高等专科学校受命组建上海理工大学。1997年,华东工业大学基础教学部与上海机械高等专科学校物理教研室、数学教研室正式合并,组建上海理工大学基础教学部,张启仁教授任主任,下设商品检验教研室、化学教研室、数学教研室、物理教研室、物理实验教研室等5个教研室,应用物理研究室、应用化学研究室两个研究室,以及物理、化学两个实验室。1999年,增设了凝聚态物理研究所和造纸湿部化学研究所。

2007年,上海理工大学理学院恢复化学教研室,同年成功申报应用化学本科专业,2008年开始招生,2010年成立化学系,下设大学化学教研室、应用化学教研室、化学实验教学中心以及应用化学研究所。2021年,为了推动学科的发展,学校决定将化学系与材料学院合并,化学学科迎来了进一步大发展的新机遇。

还是原来的校舍,还是原来的江畔,还能听到江中的汽笛。原来,不知不觉中已过了一个甲子。重建,是为了继承当年的梦想,是为了恢复往日的圣光,是为了创造未来的辉煌。上海理工大学化学系秉承沪江大学化学系的优良传统,一定会重现往日荣光!

为了沪江的荣耀与辉煌,为了上理的激情与梦想,一个学校,一个学院,每位师生,尽一份心,做一点事!

黄浦江畔,汽笛声响!

百年基业,万古流芳!

沪江美文,上理名言

缪煜清

"开往上海的每一艘轮船都会经过这所大学的视线;在这样一个校园里,任何一名有思想的学生都能感到世界的浩瀚。"这句上海理工大学师生耳熟能详的名言,体现了沪江大学创办者开阔的视野和深邃的思想。它的英文原文如下:

Every ship that goes to Shanghai must pass within full view of the College, (and vessels from every land, as well as the coast points and the interior of China, go to Shanghai). Any thoughtful student on such a campus is compelled to live in a large world.

— Dr. James H. Franklin

近日,笔者在学习沪江大学化学系史的过程中,发现了一篇异曲同工却又别具韵味的美文:"The college campus is located on the harbor of Shanghai. The college is the first sight that is seen by the visitor to Shanghai by water. The student body has the constant inspiration of seeing the pulsing life of the world as the ships of all nations pass by."这句话出自1922年的《沪江大学年刊》(*Shanghai College Bulletin*),然而可惜的是,美文犹存,作者无考。仔细对比这段文字和弗兰克林博士的名言,可以看出其间具有一定的相通性,可能是同一人所写,也可能是他人在前文基础上的提升。为了更好地表达这一句的思想,笔者尝试意译如下:

"沪江大学坐落在黄浦江畔,各国轮船沿江进入上海,最先映入其眼帘的就是这所大学。岸边伫立的学子看着往来的船只,不由得心怀激荡,感应世界的脉动。"

弗兰克林博士的这句名言是从岸边的学校和学子的角度来说的,而后一段美文既体现了轮船及其乘客的视角,也体现了岸边学校和学子的视角,颇具哲理,意味深长。在这段话中,前者是行进中的轮船,为"动"、为"他人"、为"外物";后者是岸边伫立的学子,为"静"、为"自己"、为"内心"。来自世界各地的轮船,让岸边学子意识到眼前的这条江是通向全世界的,来往的每一艘船只把世界和上海、和自己连为一体。就像一个石子投入水中,打破水面的平静,激起一圈圈的涟漪;眼前船只的往来体现了世界的脉动,以小见大,视野磅礴,正所谓"一花一世界,一叶一菩提"。这种脉动也打破学子心中的局限,在学子的心中形成了共振。因此将"constant inspiration"意译为心潮澎湃或心潮激荡,可以和世界的"脉动"形成极好的对应。"感应"一词则进一步体现两者之间的共振,不仅仅是被动的感受,也有感受之际的相应。

这句话和卞之琳的名作有相通之处:"你站在桥上看风景,看风景的人在楼上看你。明月装饰了你的窗子,你装饰了别人的梦。"子在川上曰:"逝者如斯夫,不舍昼夜。"在这里,流动的是江水、是船舶、是乘客,岸边伫立感应的是学子,收获的内心的丰富与激情。潜移默化中,沪江学子受益于这样的全球化视野和深刻的思想。在当时相对封闭的中国,沪江学子的视野已经沿着身边这条黄浦江通向了世界。这种视野与激情也成就了沪江学子的辉煌,他们从这里走向全国、走向世界,又回到中国,为国家和为民族做出了重要的贡献。

参 考 文 献

[1] Seminary C T. Prospectus of the Shanghai Baptist College and the Theological Seminary[M]. Shanghai：The American Presbyterian Mission Press，1907.

[2] Mabee F C. The Shanghai Baptist College[J]. Educational Review，1916，8(7)：218-225.

[3] Bulletin of Shanghai Baptist College and Seminary[M]. Shanghai：Shanghai Baptist College and Seminary，1918.

[4] 梅佩礼,徐作和.理科实验法[M].上海:伊文思图书有限公司,1925.

[5] 最近之二十年[M].上海:沪江大学天籁社,1926.

[6] 私立沪江大学一览[Z].上海:沪江大学,1931.

[7] 私立沪江大学一览[Z].上海:沪江大学,1935.

[8] 沪大科学[Z].上海:沪江大学理学院出版委员会,1936.

[9] 私立沪江大学一览[Z].上海:沪江大学,1936.

[10] 沪江大学一九五〇年年刊[Z].上海:沪江大学,1950.

[11] 朱博泉.沪江大学校史述略[M]//上海文史资料选辑.上海:上海人民出版社,1984:206-212.

[12] 沪江大学纪念集(1906-1986)[Z].上海:沪江大学校友会,1986.

[13] 沪江大家庭(1906-1991)[Z].上海:沪江大学校友会,1991.

[14] 王立诚.美国教会高等教育在中国:沪江大学个案研究[D].上海:复旦大学,1995.

[15] 沪江大学九十周年纪念集[Z].上海:沪江大学校友会,1996.

[16] 王立诚.美国文化渗透与近代中国教育:沪江大学的历史[M].上海:复旦大

学出版社,2001.

[17] 王治浩.化学教育家和化学史家张资珙:纪念张资珙教授诞辰100周年[J].中国科技史料,2004,25(4):283-291.

[18] 海波士.沪江大学[M].王立诚,译.珠海:珠海出版社,2005.

[19] 王细荣.大世界里的丰碑:湛恩纪念图书馆的前生今世[M].上海:上海交通大学出版社,2014.

[20] 上海理工大学校史研究室.栋梁气贯大世界:上海理工大学工程教育百年[M].上海:上海交通大学出版社,2011.

[21] 王细荣.张资珙的中国科学史研究分析[J].科学技术哲学研究,2011,28(2):82-86.

[22] 章华明.刘湛恩纪念集[M].上海:上海交通大学出版社,2011.

[23] 章华明.淹没在刘湛恩光环背后的魏馥兰[J].天风,2011(6):28-31.

[24] 王细荣.沪江大学早期的图书馆:上海理工大学图书馆的发轫[J].上海理工大学学报(社会科学版),2012,34(4):299-324.

[25] 董中锋.中国分析化学理论体系的建构者张资珙[M]//董中锋.华大精神与人文底蕴:学人·学术·学养.武汉:华中师范大学出版社,2013:331-334.

[26] 吴禹星.1916:徐志摩在沪江大学[M].上海:上海交通大学出版社,2014.

[27] 上海理工大学档案馆.葛德石与沪江大学[M].上海:上海交通大学出版社,2015.

[28] 吴禹星.大哉沪江[M].上海:上海书店出版社,2016.

[29] 上海理工大学档案馆.沪江校友忆沪江[M].上海:上海交通大学出版社,2016.

[30] 王细荣,缪煜清.朱谱康的家国情怀:上[N].上海理工大学报,2020-11-25(4).

[31] 王细荣,缪煜清.朱谱康的家国情怀:下[N].上海理工大学报,2020-12-25(4).

后　记

　　2011年，第一次听说沪江大学，立即被她悠久的历史所打动。稍加探究，一个个熟悉的名字出现在眼前：纪育沣、王序、郭慕孙、汪尔康、胡壮麒、沈之荃、戴立信、黄葆同、刘元方、吴浩青、侯祥麟、王箴、韩组康、徐作和、顾毓珍、程耀椿、卞柏年、贺闿、秦洪万、吴志超、陆宗贤……他们是中国化学事业的奠基人与开拓者，是化学领域的前辈与先贤。作为化学教师，这些名字和我们有着天然的情感联系。

　　深入探索沪江大学化学系的历史，越来越多令人吃惊的成绩被发掘出来，我们惊喜地发现脚下的这片土地在历史的长卷中曾经如此绚丽夺目！韩组康是中国化学仪器、仪器分析、极谱学、分析化学的先导者，其研究的许多成果填补了中国仪器分析方面的空白；王序是中国药物化学先驱；唐孝宣是中国生物制药和生物工程研究的先驱；陈大猷是中国有机氟研究创始人之一；郭慕孙是中国过程工程、生物化工和颗粒学三个学科的创建人……

　　在整理这一段历史的时候，我们对她的敬爱之情油然而生。回望过去，仰慕先贤，这曾经的荣耀与辉煌承载着怎样的梦想啊！

　　在资料搜集、整理的过程中，我们发现前人关于沪江大学的校史已经有了很好的积累。复旦大学王立诚博士很早就开始对沪江大学的研究，其1995年的博士论文就是《美国教会高等教育在中国：沪江大学个案研究》，此后出版的著作《美国文化渗透与近代中国教育：沪江大学的历史》《沪江大学简史》及译作《沪江大学》都具有重要的史料价值。百年校庆之际，沪江大学的辉煌历史引起了上海理工大学的关注与重视，学校档案馆、校友会对沪江大学的历史进行了进一步的挖掘与整理，陆续出版了《刘湛恩纪念集》《栋梁气贯大世界》《徐志摩在沪江大学》《大世界里的丰碑》《沪江校友忆沪江》《大哉沪江》等著作以及校友回忆录等。这些宝贵的资料对我们进一步梳理沪江大学化学系史具有极大的帮助，在此表示感谢。每次和图书馆王细荣老师、档案馆吴禹星老师的交流讨论都能有所收获与启发,他们在沪江大学史方面做了细致而严谨的考证,令人尊敬。尤其是他们对张资珙、徐志摩的考证深深地打动了我,让我深入了解一个学贯中西、才华横溢的化学教育家张资珙,让我知道一个曾经喜爱化学,并和化学结缘的才子徐志摩。

在我学术成长过程中,一直得到汪尔康院士的指点和帮助;在英国皇家化学会会士年会上,也有幸目睹90岁高龄的戴立信院士优雅地为身边的女士让座。承蒙两位院士欣然为我作序,感激不尽。有幸和张资珙先生的女儿张祖武教授取得联系,文中内容得到她的审阅和肯定。感谢前辈们对我的帮助!冥冥之中似乎自有天意,2018年底从导师官建国教授那里得知,他的导师谢洪泉教授也毕业于沪江大学化学系。没有想到,我对沪江的情怀竟然还有这样的有趣的渊源!感谢谢洪泉教授为我提供了沪江大学化学系许多有趣的细节。

有幸聆听两任档案馆馆长的讲座,无论是章华明馆长讲解的"沪江大学",还是孔娜馆长介绍的"沪江理科",都让人受益匪浅。理学院原党委书记彭宗祥组织了对沪江校友的多次采访活动,让我有幸和姚锡福、黄曰侯、严文俊、杨德壬等校友面对面学习、交流。《沪江大学化学系史》的出版是"四史"学习的重要成果之一,时任理学院党委书记的刘德强同志积极鼓励我尽快完成书稿,并把本书作为学科发展史的珍贵资料。为了保证文稿质量和考究的准确性,他多次和我一起探讨,仔细斟酌,逐一校验。在他的支持和推动下,我们把沪江大学化学系史教育和"四史"学习以及课程思政工作有机结合,取得了很好的效果。

沪江大学有着厚重的历史底蕴,历经岁月的积淀,形成了极其深厚的校史资源。2011年动心,2012年动手,从2012年执笔撰写算起,到书稿完成,历时九年,其间寒暑易节,冷暖自知。在"化学史话""人类文明与化学""普通化学"等课程教学中,笔者也有意融入沪江大学化学系史教育。由于所呈现的思政教育素材就是脚下这片土地曾经发生的事,学生普遍感到真实可信,较简单说教更容易接受。以生动的教材宣传沪江大学化学系辉煌的成就和化学系先贤的爱国情怀和敬业精神,更能激发学生对国家、对学校、对专业的荣誉感与使命感。笔者也曾为理学院师生开展相关讲座,宣传沪江大学化学系以及沪江理科的辉煌成就。

我的妻子,以及化学系的同事经常听我唠叨沪江大学化学系的历史,感谢你们的耐心和鼓励。

在写作过程中,我们查阅并参考了大量的资料,在此真诚致谢!

本书最大的遗憾是,鉴于水平有限、资料有限,难免存在遗漏、错误之处,在此表示歉意!特别是对沪江大学化学系学生名单的考证不够准确和全面,但是考虑到这些名单对后续深入研究沪江大学化学系或沪江理科仍然具有一定的参考价值,特别予以保留,以待方家批评指正。期望将来能看到一份完整可靠的名单,以慰此心!

缪煜清

2020 年 4 月 10 日